The TRAVELS of MARCO POLO

马可波罗行纪

带领世界进入地理大发现

Arthur Christopher Moule
Paul Pelliot

[意]马可·波罗/著
[英]慕阿德/编
[法]伯希和/编

兰莹/译

江苏凤凰文艺出版社

果麦文化 出品

contents
目录

第一卷　　　　1

第二卷　　　　73

第三卷　　　　155

chapter 01
第 一 卷

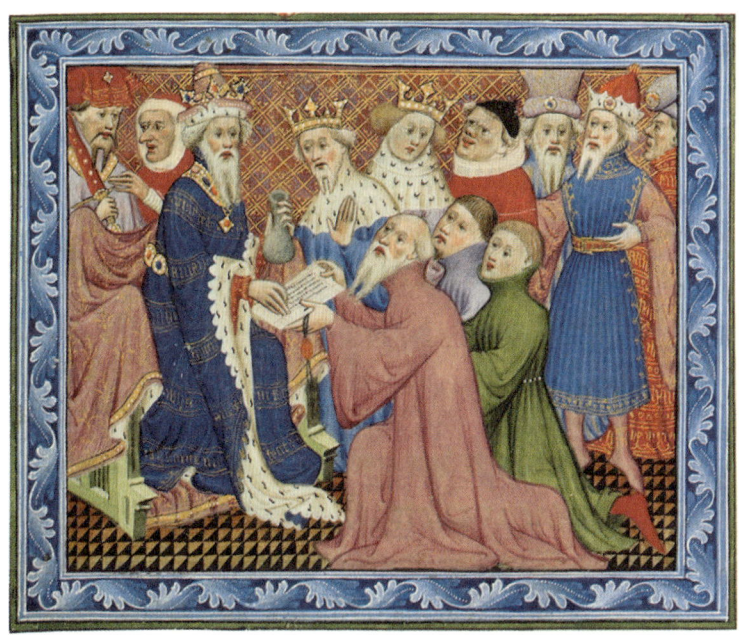

引言／君士坦丁堡／速达克／不花剌城／觐见大汗／阿迦城／威尼斯／罗马教皇／
大汗之驻跸地开平府／小亚美尼亚／突厥蛮州／大亚美尼亚／谷儿只王及其国是／毛夕里国／
报达大城及其陷落／帖必力思城／移山神迹／波斯大州／波斯八国／耶思德城／起儿漫国／
哈马底城／大斜坡上忽鲁模思城／忽必南／山中老人／撒普儿干城／巴里黑大城／盐山／
巴达哈伤大州／帕筛州／怯失迷儿州／巴达哈伤大河／可失合儿国／撒麻耳干大城／鸭儿看州／
忽炭大州／培因州／车尔成州／罗不城／唐古忒州／哈密州／欣斤塔剌思州／肃州／甘州城／
亦集乃城／哈剌和林城／成吉思汗为鞑靼第一汗／巴儿忽平原及鞑靼别部／额里湫大国／
额里哈牙国／天德大州／上都城及大汗之华丽宫阙

《马可波罗行纪》之引言

上至王公贵胄,下至商贾走卒,若乐于且希望了解前人后世之历史、世间各国各地之差异和风土人情,以及东方各国、各省、各地区的种种奇事和当地习俗,可细读此书。它按时间顺序记述了马可·波罗,一位睿智高贵的威尼斯公民,向北方、东北和东方游历大亚美尼亚、小亚美尼亚、波斯、米底、突厥、鞑靼和印度等地,以及亚洲米底和部分欧洲国家时亲眼所见的最伟大的奇观和千差万别的风物。有些并非他亲见,而是从旁人处得知,但消息来源真实可信,值得引用。他亲见和听闻的事项会在行文中标明,以使此书招人喜爱、真实可信,不会被人当作无稽之谈。请所有读者或听说过此书的人都相信本书内容，因为它记录的都是再真实不过的事情。自上帝亲手创造人类始祖亚当和夏娃以来，没有人像马可·波罗一样，游历过世上那么多地方，看过、了解过那么多伟大的奇迹，或拥有看到和理解它们的能力。从他的生平也能推断出，这位高贵的公民具有卓越的理解力，因为他无论走到哪里，都受王公贵族推崇。因此他觉得，若不将自己所见所闻之奇事都记述下来，供那些无缘见闻者了解，真可算作罪大恶极。最后我要指出，这些见闻都是他在26年浪迹天涯期间，也就是从年少时起到40岁期间累积下来的。后来他成为战俘，被囚在热那亚的地牢里时，不愿浪费光阴，打算编纂上述书籍，以供读者欣赏。请注意，他只写下几件尚能记起的事，与他丰富经历相比微不足道。若相信自己会归于西方世界，他就不会多着笔墨；但他觉得自己终将回到大汗，也就是鞑靼国王治下，于是只写了几件小事。现在，1298年，他向热那亚的狱友，比萨的鲁斯蒂谦先生口述平生经历，由后者将其辑录成书。该书共分三部分。

第一章
尼科洛和马菲奥阁下从君士坦丁堡出发周游世界

鲍德温（Baudoin）做君士坦丁堡皇帝，同时威尼斯的庞特（Ponte）阁下以威尼斯公爵的名义统治君士坦丁堡时，即1252年，威尼斯的两位贵族公民，即马可·波罗的父亲尼科洛·波罗和叔父马菲奥·波罗从威尼斯港口出发，乘装满各种珍贵货物的商船启航驶进深海。一路顺风，又凭上帝指引，他们的船只载着货物安全抵达君士坦丁堡。他们高尚、明智、谨慎，行事无错。在君士坦丁堡短暂停留并大大获利后，他们商量要带着货物再次渡过黑海，碰碰运气。然后，他们买下大批精美昂贵的珠宝，乘船从君士坦丁堡出发渡海，来到速达克（Soldanie）城的海港。

第二章
尼科洛和马菲奥阁下离开速达克

他们在速达克待了一段时间后，发现再待下去也不会有什么收获，就打算继续上路远行。他们从速达克出发，抵达亚美尼亚，骑马上路，日复一日地骑行，一路无话，直至别儿哥汗（Berca Kaan）的宫廷。这位鞑靼大汗是金帐汗国的君主，在不里阿耳（Bolgara）和撒莱两地交替驻跸。别儿哥汗得知两位拉丁人到来，希望见他们。交谈时，他见这两人很出众，十分欢喜，对两人大加礼遇。这两兄弟见他伟大且彬彬有礼，就把自己从君士坦丁堡带来的所有珠宝都献给他。别儿哥汗欣然笑纳，对此非常高兴。像所有仁慈慷慨的君主一样，他回赠的物品价值只多不少：是珠宝原价的两倍多，算是份厚赐。兄弟俩各处贩卖这些礼物，销路很好。当兄弟俩在别儿哥汗治下的这座城市待了一年后，想回威尼斯。这时，别儿哥汗与另一支鞑靼势力——伊利汗国的旭烈兀汗（Ulau Kaan）之间爆发了激烈战争，两国斗得你死我活，伤亡惨重。但最后别儿哥汗落败，军队伤亡惨重，旭烈兀汗胜利。战火四起，行路危险，没人能从陆上穿过没被占领的区域。他们的来路被阻断，但继续向前是一片坦途，还能安全返回。兄弟俩见无法返回，就商量说：既然不能带着货物返回君士坦丁堡，那就向东方继续前进，直到能寻路绕过别儿哥汗统治的地域，最终可以用另一种方式返回威尼斯。他们做好准备，离开别儿哥汗上路，安全到达位于金帐汗国边境名为兀迦克（Oucaca）的城市，又从这里出发，渡过底格里斯河[1]——传说中从欢乐天堂流下来的四条天河之一。他们花十七天穿过沙漠，其间，没见到城镇乡村或要塞，但发现许多鞑靼人。这些人在开阔的原野支起帐篷居住，放牧牲畜，以牲畜的奶汁果腹。

第三章
兄弟俩穿过沙漠抵不花剌城

走出沙漠后，他们来到不花剌（Bucara）城，该城大而富庶，在全波斯首屈一指，所在的行政区也以它为名。这里的国王名叫八剌（Borak）。兄弟俩来到该城后，道路被鞑靼人之间的大战阻断，他们进退不得，于是决定留下，在不花剌城住了三年。在此期间，两个鞑靼汗国停战。几天后，旭烈兀汗派来的使者到达这里。他要向正北和东北之间的方向，一直走到地之尽头，去觐见鞑靼人的共主，也就是忽必烈大汗。这位聪明的信使得知有两位拉

---

[1] 经后人核实，两兄弟渡过的是伏尔加河。

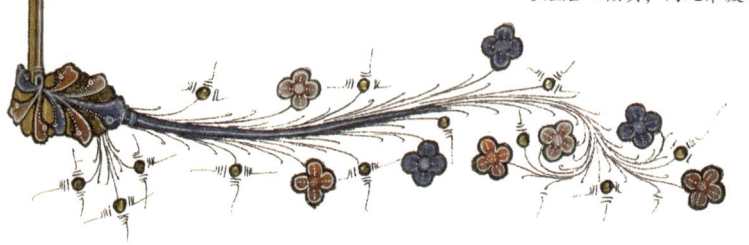

丁人住在那里，又见兄弟两人已经完全学会鞑靼语，感到非常惊讶，而且欢喜无限，因为他之前从未在这个国家里见过拉丁人。他与他们交往多日后，发现他们礼节颇周。他知道两人都是商人，于是说服对方与自己一起去见鞑靼人最伟大的君王。他对这兄弟二人说："先生们，若你们相信我，你们会名利双收。"兄弟俩对他说，如果能做到的话，他们很乐意相信他。使者对他们说："先生们，听我说，鞑靼人的大汗从没见过拉丁人，非常愿意一见。所以，若你们愿意跟我一路去见他，你们这样高贵聪明的人会让他非常高兴。他会给你们极大的荣誉和好处，也会高兴满足地听你们讲述本国的消息和情况。因为他有无上权力，也非常希望听到新鲜事物。你们与我同去，就可以平平安安，不受恶人的阻挠，也不会受到攻击。"

第四章
兄弟俩被觐见大汗的使者说服

兄弟俩听了信使的话后非常高兴，因为他们知道，要克服回途的长途跋涉和重重险阻等困难很不容易。于是他们准备好行囊，对信使说愿与他一起去见鞑靼人

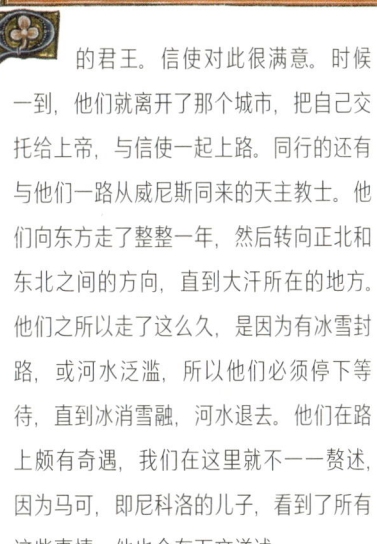

的君王。信使对此很满意。时候一到，他们就离开了那个城市，把自己交托给上帝，与信使一起上路。同行的还有与他们一路从威尼斯同来的天主教士。他们向东方走了整整一年，然后转向正北和东北之间的方向，直到大汗所在的地方。他们之所以走了这么久，是因为有冰雪封路，或河水泛滥，所以他们必须停下等待，直到冰消雪融，河水退去。他们在路上颇有奇遇，我们在这里就不一一赘述，因为马可，即尼科洛的儿子，看到了所有这些事情，他也会在下文详述。

第五章
两兄弟觐见大汗

尼科洛和马菲奥被引荐给鞑靼君王忽必烈汗，忽必烈汗和蔼微笑，以极高规格的礼节接见他们，他们快乐非常、喜气洋洋。大汗从未见过拉丁

人，因此见到他们非常高兴——在他那个时代，还没有西方人来到他的治下。他问他们许多西方国家的事，如罗马皇帝如何公正地维护领主及其领地、如何处理大事、如何打仗、如何处理外交事务，以及所有其他行为和情况。此后大汗又问及其他君王、基督教首领以及所有贵族的事迹、习惯和权力。

第六章
大汗向两兄弟问及基督教事务

此后，他详细询问罗马教会的一切事务，还有拉丁人的所有礼节和习俗。两兄弟把所有实情一点点讲给他听，逻辑清晰，十分精明，就像深谙鞑靼人和鞑靼语的智者一样。于是他们赢得了大汗的喜爱，他很愿意与他们交谈，了解西方事情，常常召见他们。

第七章
大汗派两兄弟为使往见罗马教皇

君主中的君主、普天之下鞑靼人的共主、广袤东方绝大部分领土、王国和地区的大君忽必烈汗听到兄弟俩娴熟清晰地讲述拉丁人的作为和习俗，无比喜悦，心想总有一天要派这两人去罗马教廷。他想先征求贵族意见，于是召人议事，他说想派使者去见基督教会的教皇，贵族们异口同声称颂。然后他召来波罗兄弟，温言请他们与麾下某贵族为使，往见教皇。两人谨慎受命，说会立刻准备好，彻底执行他的旨意，就像他是他们的君主一样。"但是，"他们说，"我们离开那些地方已经很久了，不知道这段时间内发生过什么事，也不知道会不会物是人非，因为那些国家的情况已发生变化，我们担心无法执行您的旨意，然而我们仍然准备尽力完成您的一切命令，并凭借上帝的恩典向您许诺会尽快回来复命。"大汗听到他们的话，就唤来手下一位名叫豁哈塔勒（Cogatal）的贵族，命他做好准备，同两兄弟一起去教廷。他回答："陛下，我是您的臣子，我准备尽全力执行您的所有旨意。"然后大汗签署特许状，命治下诸侯礼遇使节，随后以突厥语修书，命兄弟俩和豁哈塔勒呈给教皇，并带去口信。忽必烈汗向教皇传达的信息如下：他请教皇派遣百名熟习基督教宗教和教义的智

者——他们应该通晓七艺[1]，适合教导他的子民；应该清楚地知道如何向他自己、崇拜偶像者和王公走卒证明他们所信的教是伪教，所有供奉在家里的偶像都是魔鬼；应该知道如何清晰陈述基督教信仰和宗教比他们信奉的正确。如果他们能做到这一点，那么大汗和他的臣民都将皈依教廷。写完信后，大汗又谆谆叮嘱兄弟二人：他们回来时，一定要把在耶路撒冷、耶稣基督的坟墓上方那盏油灯的油带回来。他对基督无比虔诚，因为他相信基督是众多能带来好运的神祇中的一员。他们答应大汗，回来时会带灯油给他。以上就是大汗命觐见教皇的三人使团，即尼科洛·波罗、马菲奥·波罗和鞑靼贵族完成的任务。

第八章
大汗以金牌赐兄弟二人

大汗交代完三人后，命人赐他们依国内习俗，刻印有御玺并有御笔签名的金牌。金牌上载：三位使者乃大汗亲遣，王土之内，其所到之处如大汗亲临，各处诸侯必提供住所、船只、马匹、护送人手，以及他们旅途中需要的一切东西，违者将失大汗之欢心。这三位使者尼科洛、马菲奥和鞑靼贵族备好行装，就骑上马，带着大汗的书信和金牌，向大汗辞行后上路。同行二十天后，鞑靼贵族豁哈塔勒得了一场大病，无法继续前行，留在名为阿鲁（Alau）的城中。尼科洛和马菲奥看到鞑靼贵族病成这样，多日后仍无法骑马上路，觉得最好还是把他留在这里——这不仅是病人自己的愿望，也是大家的建议。于是他们把他留在此处养病，自己上路继续前行。他们所到之处，人人顶礼，极受尊崇。所有要求都能被满足，还有人一路护送——这都是金牌和大汗威严的功劳。接下来我该讲点什么呢？他们日夜兼程，克服恶劣天气、严寒冰雪、暴雨洪水的阻碍，辛苦走了整整三年，才到达小亚美尼亚的剌牙思（Laias），一座滨海城市。

第九章
兄弟二人抵达阿迦城

他们到达剌牙思后，只作短暂停留，

---

[1] "七艺"指创立于古希腊的学校课程方案，包括文法、修辞学、辩证法、算术、几何学、音乐、天文学等。

随后登船启航，前往阿迦（Acre）。漂洋过海多日后，他们于1269年4月中旬到达阿迦。尼科洛和马菲奥发现教皇克雷芒四世新近辞世，非常悲痛。他们去见一位博学的神父，即罗马教皇派驻埃及全境的教廷使节，他正取道阿迦前往耶路撒冷。此人名叫提奥巴尔德，很有威望，影响力也很大。他们把鞑靼大汗遣使的外交意愿和盘托出，而教廷使节惊喜交加。在他看来，这项使命可为整个基督教世界带来巨大的好处和荣誉。他对两位信使说："先生们，你们也知道，教皇已经去世了。所以无论如何，你们都应该等到选出新教皇。到那时，你们就能完成使命。"两兄弟很清楚，教廷使节说得没错，他们认为在选出新教皇之前无法完成使命，于是同意等待选出新教皇，在此期间打算回威尼斯家里看看。然后他们马上告别提奥巴尔德，登船从阿迦出发，前往奈格勒朋（Negrepont），接着从奈格勒朋乘船回到威尼斯，打算待在家里等教皇选举结果。回到威尼斯后，尼科洛发现自己第一次离开威尼斯时正怀孕的妻子已经去世，留下15岁的小儿子，名叫马可。

这是父子两人第一次见面，因为尼科洛离开威尼斯时，马可还没出生。而这位马可正是本书的主人公——此后我们就会看到他周游世界，遍览世情，并写下了这本书。但新教皇迟迟选不出来，尼科洛和马菲奥两兄弟待在威尼斯两年之久。在这段时间里，尼科洛再婚，又生下孩子。

第十章
兄弟俩携尼科洛之子马可从威尼斯返见大汗

兄弟俩在威尼斯等待已久，却不见新教皇选出。他们认为如果再等下去，就可能耽搁太久，无法向大汗复旨，害怕大汗会因为他们久久不归而不安，会认为他们再不会回来。于是他们带着之前提到的名叫马可的年轻人从威尼斯出发，走海路直奔阿迦。他们到达那里后就找到教廷使节，就是之前说到的提奥巴尔德，把现实情况都告诉了他。他们在阿迦逗留多日后辞行，请教廷使节允许他们去耶路撒冷取耶稣基督墓上的灯油。大汗曾让他们取灯油回去，因为他的母亲是基督徒。使节给了他们许可。于是两兄弟从阿迦出发，乘船去耶路撒冷，取了基督坟墓上的灯油。离开圣墓后，他们回到驻阿迦的使节提奥巴尔德那里,并对他说:"阁下,既然教皇还没选出,我们想回到大汗那里,因为我们没想到会耽搁这么久。若您准许,我们打算回去。但有个请求不知您可否答应?您可否修书一封,证明我们前来执行使命,却见教皇已去世,只好坐等新任教皇选出。但我们苦苦等待已久,仍未有新教皇选出,请您为这一切做证。"教廷使节、罗马教廷中最伟大的神职人员之一对他们讲:"既然你们要返见大汗,我很高兴。"

于是他修书一封,向大汗证明:尼科洛和马菲奥两兄弟认真地执行使命,等新任教皇选出,但由于一直没有教皇,他们也无法完成使命。他把信交给两人,说若新教皇选出,他会马上向其转达两人使命,教皇必将做出相应安排。

第十一章
兄弟二人携马可从阿迦出发(兄弟二人赴罗马面见教皇)

两兄弟收好使节的信,立即从阿迦出发返回大汗宫廷。他们走到刺牙思城时听到消息,说那位教廷使节被选为新教皇,称格雷戈里十世,此后他在里昂的罗讷河畔召集教廷集会。兄弟俩非常高兴。此后不久,那位被选为新教皇的使节派信使来到刺牙思,告知尼科洛和马菲奥自己被选为教皇的消息,并对他们说,如果他们还没离开刺牙思,必须立即回来见他。他们当时无法继续前进,仍然逗留在刺牙思,因为大汗的孙子、基督徒扎里则拉(Chariziera)从大汗那里叛逃出来,一路挖了许多巨大的战壕和沟壑,毁掉了沙漠里所有道路,免得军队追上自己,因此兄弟俩在城里羁留多日。就在这时,新教皇派来找尼科洛和马菲奥的使者来到,告诉他们新教皇已被选出,他们必须回去见新教皇。兄弟俩欣然从命。亚美尼亚国王为两兄弟准备了一艘武装战船,他们和教皇使者一起上船。使者以礼事之,欢欢喜喜将他们送到阿迦见新教皇。

第十二章
两兄弟往见罗马教皇(两兄弟携马可赴开平府见大汗)

多日后他们荣归阿迦,毫不迟疑地上岸,满心欢喜地去见新教皇,并谦恭地向他致敬。新教皇以高规格待遇迎接他们,为他们祝福，还设宴款待他们，希望在自己履新之际，他们能为教会增添光彩。过了几天，新教皇把两位博学的修士介绍给尼科洛和马菲奥，命这两位传教士作为自己的使节，同两兄弟一起去见大汗，满足大汗的需求。这两位传教士当时确为该教省最有学问之人，一名维琴察

的尼古劳（Nicolau de Vicense），一名特里波利的纪尧姆（Guilielme de Tripule）。他为他们提供一切旅途所需，并赋予他们特权、特许状和信件，允许他们所过之处，如教皇亲临，还允许传教士任命主教和神父，像他本人一样驱使神职人员。他还赐他们许多水晶珠宝和其他礼物，命他们送给大汗。除此之外，他还请东鞑靼国王、大汗的兄弟阿八哈（Abaga）帮他们渡过大海。尼科洛、马菲奥和两位传教士领受了使节的特权、信件和外交使命后向他辞别，得到了他的祝福。他们四人以及马可一起从阿迦出发，直奔剌牙思，走陆路进入亚美尼亚。他们到达后，得知巴比伦（Babilonie）的苏丹奔多达里（Bondodair）率大批萨拉森人[1]袭击亚美尼亚，在全境大肆杀人放火。若他们继续往前走，要冒被杀或被俘的巨大风险。两位传教士见此情况不愿再往前走，怕在见到鞑靼国王之前就丢了性命。于是他们对兄弟俩说能到达这里就心满意足了，不想再往前走了。他们写信给大汗，讲述如何来到这里，以及留下的原因，然后把所有特许状、信件和教皇的礼物都交给了尼科洛和马菲奥，最后留在亚美尼亚，和圣殿教会主事官（Master of the Temple）一起从海边返回阿迦。

第十三章
两兄弟携马可至大汗之驻跸地开平府（两兄弟和马可谒见大汗）

于是尼科洛和马菲奥两兄弟，以及

---

[1] 萨拉森人（Saracen）广义上指中古时代所有的阿拉伯人，也可以说萨拉森人就是阿拉伯人，绝大部分信奉伊斯兰教。

尼科洛之子马可不久后离开亚美尼亚，冒险跋涉，冬夏兼程，穿越沙漠和崇山峻岭，一路向东北和正北方向前进，直到安全抵达大汗行宫。大汗当时住在大而富庶的开平府。大汗欢天喜地地迎接他们，就好像他们是从天涯海角回来一样。在旅途中他们见到许多奇观，将在下文依次讲述，在此不再赘述。他们从刺牙思出发，花了三年半才重新见到大汗交差，因为路上恶劣天气、高山大河、他们必经之国的西南大风，以及骑马难行的冬季阻碍了行程。大汗知道他的使节尼科洛和马菲奥阁下风尘仆仆地从基督徒的土地回来时非常高兴，派人准备好他们需要的一切，迎出整整四十天的路程。蒙主庇佑，他们终于回到大汗宫廷。他们的要求马上能得到满足，供应者皆以为荣幸。

第十四章
两兄弟携马可入宫见大汗（两兄弟携马可自阿迦出发入宫见大汗）

尊贵的尼科洛、马菲奥和马可阁下来到大汗驻跸之城，立即前往正殿，觐见大汗和众多贵族。他们毕恭毕敬跪在他面前，态度谦卑，五体投地。大汗命他们平身，以最高规格接待他们，大排筵宴，问他们一路情况。这兄弟俩告诉他，蒙上帝庇佑，一切顺利，很高兴能见到陛下仍然健康、强壮、快乐。然后他问他们与教皇的会面如何。他们滔滔不绝、条理清晰地陈述如何完成使命。大汗和所有贵族都久久不发一言，被他们长途跋涉的辛苦和遇到的艰难险阻惊呆了。然后，他们献上教皇格雷戈里签发的特许状、信件和礼物，博得大汗欢心。他欣然笑纳，不吝赞扬他们的忠诚和勤勉。接下来，他们把圣油献给他。那圣油来自耶路撒冷耶稣基督坟墓上的油灯，是大汗惦念已久的。他非常高兴，极其珍视它，并下令小心保存它，因为没有什么比这更珍贵、更受欢迎的了。然后大汗看到马可，就问这个样貌高贵的年轻人是谁。"陛下，"他的父亲尼科洛说，"他是我的儿子，也是您的仆人，是我在这个世界上最亲爱的人。我冒着巨大危险，不辞辛劳，从遥远国度把他带到您面前，让他为您服务。"大汗说："愿他一切顺利，这让我非常高兴。"他非常宠爱马可，引他去见其他皇室成员，因此宫廷内外的人都不敢怠慢他们。使节归来，大汗和文武百官、领主和贵族、上上下下都喜气洋洋、大吃大喝。使者们被照顾得无微不至，尊崇已极。他们住在大汗宫里，得到大汗专宠，所受礼遇通常要高于其他贵族。

第十五章
大汗派马可出使

这位待在大汗宫廷里的尼科洛之子、年轻人马可头脑出众，对鞑靼人的风俗习惯、行事、语言、文字和射箭都了如指掌，令人惊奇。他在大汗宫廷中待了很久，学会了几种语言，还会写四种不同文字，能以上述任何一种语言流利地读写。此外，他心地举止高贵，无人可及，对所有人都和蔼可亲，受到所有人的爱戴和欢迎。这位高贵的年轻人年纪正好，他聪明谨慎到了不可估量的程度，而他善良和英勇的品质最受万人之上的大汗重视。大汗见马可如此聪明，想试试他的能力，因为他暗地里希望马可有能力为他获取想要的东西。他派马可去远方哈喇章（Caragian）城为皇室做一笔生意。他在路上花了足足半年，圆满完成任务。他很聪明：只带必需品上路，到了那里再补充给养，然后回来见大汗。他多次看到或听说：大汗派往各地的使者回来交差时，无法讲述他们所去国家的其他消息，被大汗斥为蠢笨。大汗说更希望听到那些陌生国家的新事物、习俗和习惯，而不仅是外交使命汇报。马可知晓这点后，办差时就会注意记录新奇见闻，返回时向大汗讲述这些国家，满足其好奇心。他还带回许多珍奇物品，使大汗非常高兴。

第十六章
马可完成任务后回见大汗复旨

马可出使归来后见大汗，以出色的头脑向大汗报告功绩，然后讲述一路上看到的新奇伟大的事物——这是大汗之前派出的使节做不到的。他讲得非常好，大汗和贵族们听得津津有味，非常惊讶，并称他聪明善良。在大汗看来，这位高贵的年轻人似乎有着超凡入化的理解力。大汗越是了解他的美德，就越是宠爱他，直到整个宫廷众口一词，认为这位高贵青年的智慧无与伦比。他们私下说：“若假以时日，他一定会成为智勇双全的人。”自从圆满完成这次使命起，他们就不再视马可·波罗为年轻人，而视其为长者，在朝廷上称其为"马可·波罗阁下"，本书将来也会这样称呼他，因为他凭着美德和智慧，应该得到比"马可阁下"更响亮的名号。长话短说。他完成任务回来后，大汗凡有外交任务就会派他去。要知道，马可阁下陪伴大汗左右十七年之久，其间，一直受大汗派遣，在不同国家执行使命——也许有时在办私事，但也是出于大汗授意。大汗见马可能从四面八方带回消息，各项差事也都完成得很好，于是把所有须远行的重要差事都交给他办。这个聪慧且对大汗了如指掌的人费尽心思，打听能取悦大汗的一切消息。感谢上帝，他很好地完成了这项任务，并且知道如何给大汗讲述奇事。大汗很喜欢他的办事手段，十分宠爱他、礼遇他，让他做自己的近臣，以至于其他贵族对此感到非常恼火。但是，马可·波罗阁下把好事坏事都记录下来，并向大汗汇报，所以他比任何其他人都更了解各国。而且他关注这些事情，乐于窥探询问，以便报告给大汗。从那以后，再也没有人比马可去过的地方更多，也没有人听到的奇事比他更多。这些事情都写在下面了。

第十七章
尼科洛和马菲奥携马可向大汗辞行

正如大家已听到的，尼科洛、马菲奥和马可在大汗宫廷中逗留多年，有一天，他们商量说到要返回故乡。尽管他们已经非常富有，拥有大批贵重珠宝和黄金，又受人尊敬，受大汗宠爱，但心中始终渴望重归故里。大汗年事已高，他们担心，若他在他们离开之前驾崩，因为路途遥远，危险无穷，他们就可能永远无法回家。当然，他们希望大汗尚在世时离开。于是某日尼科洛见大汗心情颇佳，就跪求大汗放他们回乡。大汗听到这个请求很不安，问他："难道你们想殁于路上吗？告诉我为什么要回去。如果你们需要黄金，我会给你们黄金，比你们现在有的还多。你有别的要求都可以提，我可以赐予你们任何荣誉。"然后尼科洛回答说："我的陛下啊，我并不缺少黄金，我的妻子还在家乡，她活在世上一天，我就不能抛弃她。"最后，因为实在宠爱他们，大汗说："无论怎样，我决不希望你们离开我的王国，但我愿意放你们去想去的地方。"他们数次向大汗请辞，想回家乡见家人，说尽好话央求。但大汗非常宠爱他们，执意要他们留在身边，说没有任何理由放他们离开。过了一段时间，伊利汗国国王阿鲁浑（Argon）的王后卜鲁罕（Bolgana）去世，弥留时请国王垂怜，以其在契丹[1]（Catai）的族人承其后位。于是阿鲁浑大张旗鼓地派出三个聪明手下兀鲁䚟（Oulatai）、阿必失呵（Apusca）和火者（Coja），让他们带上众多随从，作为他的使节觐见大汗，请他挑选亡妻卜鲁罕的同族女子来做自己的王后，完成她的遗愿。三人来见大汗，把他们的来意如实相告。大汗隆重接待他们，设宴款待。鉴于阿鲁浑是其挚友，他派人召来一位名叫阔阔真（Cocacin）的贵女，正是他们需要的卜鲁罕王后的族人。她芳龄十七，美丽高贵，和蔼可亲。她来时，他对三人说，这位淑女就是他们要找的人。"带她回去见你们的主人阿鲁浑吧，她就是他要求的家族中的一员，他可以放心娶她为妻。"他们听到这话非常高兴。当一切就绪后，有支大军光荣地护送准王后去见阿鲁浑。使节们辞别大汗，踏上那条来时花了他们八个月的路。路上他们发现，由于鞑靼两国刚刚开战，道路不通，无法前进，他们只好回到大汗宫廷，把一切情况告诉他。就在三名使节之前来见大汗时，马可带着印度使团回朝。他之前受大汗之命出使，正好穿越阿鲁浑的领土。他告诉三名使节自己在路上的所见所闻，讲自己如何穿过外国各州、奇异的海洋，还讲述了那个国家的许多新奇事物。三位贵族见到聪明的拉丁人尼科洛、马菲奥和马可，十分惊讶。三名使节听说他们想回乡，就私下商量，说希望能同他们一起乘船走，好带准王后从海上回国，免得走那遥远而危险的陆路。他们立刻去找大汗，请求他帮忙，从海上把他们送走，又请三位拉丁人送他们回国，这就算帮了阿鲁浑大忙了。另一方面，他们很乐意与三位拉丁人为伴，因为后者，尤其是马可，已看到并探索了印度海域的大部分，以及他们必须前往的国家。正如我介绍过的那样，大汗非常宠爱这三位拉丁人，于是他非常不情愿地答应使节所请，命他们与三名使节同归。

---

1 契丹（Catai）在元朝指中国北方地区。

第十八章
尼科洛、马菲奥和马可辞别大汗

尼科洛、马菲奥和马可同使节辞行前,大汗召三人来御前,一再勉励,表达对他们的宠爱,命他们答应在基督徒的土地上待一段时间后再回来见他。他还赐他们两块盖着御玺的金牌,上面写他们所过之处,不必担一切费用,可在大汗治下安全通行。所经之处的官员必须负担其所有花费并派人护送,保证其一路平安。他交给他们许多任务,命他们往见教皇、法国国王、英国国王、西班牙国王和其他加冕的基督教国王。然后,他为准王后派出14艘船,每艘船都有4根桅杆,可张12张帆。我可以详细告诉你们这种船是如何造的,但说来话长,就不在此赘述,待下文时机恰好时再谈。上述船只中,至少有四五艘可载船员从250人到260人不等。当船只装备齐全,配备了食物和一切必要东西后,3名使节、准王后和3位拉丁人尼科洛、马菲奥和马可就准备去见阿鲁浑国王。他们向大汗辞行,欢天喜地登船,船上已聚集了大群随从。大汗赐他们许多红宝石和其他珍贵珠宝,还有够花10年的开销。他们在海上航行整整3个月,来到昼夜近于等分的爪哇岛(Java)。该岛上有许多奇妙事物,我将在本书中清楚地告诉你们。然后他们从那座岛出发,在印度洋上航行18个月,直到阿鲁浑的国家。在这段旅程中,他们看到了种种奇观和伟大奇迹,在下文会告诉你们。他们抵达伊利汗国时,发现阿鲁浑已去世。使节们便把阔阔真交给阿鲁浑之子合赞(Caçan),让他娶她为妻。我可以肯定,他们辞别上船时,船上不算水手,仅随从就有600人。当他们到达目的地时,只有18人幸存,其他人都死了。三名使节中只有火者活下来。在所有的妇女和女孩中,只有一人死亡。他们发现,因为阿鲁浑之子太年轻,无法统治国家,朝政被阿鲁浑之弟乞合都(Quiacatu)把持。他们告诉乞合都自己如何按阿鲁浑的命令把准王后带来,听从他的安排。乞合都回答说,他们应该把她交给阿鲁浑的儿子合赞。合赞当时镇守遥远的枯树(Dry Tree),位于波斯边境。他率六万人守卫关隘,免得敌人侵扰国土。于是使节带阔阔真去见合赞,完成了他们的使命。完成大汗的使命后,尼科洛、马菲奥和马可又回到乞合都那里——因为这是他们的必经之路——在那里待了九个月。然后他们辞别乞合都上路。出发前,乞合都赠他们四块金牌,其中两块镌着猎鹰,一块刻狮子,一块空白。每块金牌长一腕尺,宽五指,重三四马克[1]。上面的铭文说:"长生天护佑,大汗之名永被尊崇,违者必被处死,财产必被没收。此三使在朕治下所过之处,如朕亲临。马匹、花销及护送人手须如其所欲。"事实确是如此,他们在大汗的疆域上行走时,所有马匹和开支,以及所有必要物资一路都有人供应,而且质量上乘,数量慷慨。很多时候,有200名骑兵护送他们从某地到另一地。大多数情况下,这样规模的护卫队很有必要。因为当下执政者威望不高,论血缘也不该继承王位。国家没有正统继承人,就镇不住各方势力。尼科洛、马菲奥和马可在路上听说大汗驾崩,就不愿再回去。为了让你们直观了解尼科洛、马菲奥和马可的卓越地位,我给你们举个例子。大汗信任、宠爱并尊敬他们,于是把阔阔真和陪嫁的南宋宗女托付给他们,命他们护送到阿鲁浑处。他们奉旨带着大量人手,花费巨资才将她们从海路带到目的地。路上这两位贵女由这三名使节照顾,他们呵护她们,就像她们是自己女儿一样,因此这两位年轻漂亮的贵女视他们为父,言听计从。他们把她们交给鞑靼国王,而阔阔真嫁给了现任国王合赞,夫妻二人感激三名使节,视其如父,凡有所求必遵从。三人离开她回国时,她为此悲伤哭泣。你看,这三人不远万里,带着两位贵女去见君主,这个故事值得一讲再讲,但我们就讲到这里吧。三人离开伊利汗国,上路长途跋涉,走过无数国家和地区,蒙上帝庇佑,历尽千辛万苦,终于抵达黑海边的特烈比宗德(Trepesonde),从此至君士坦丁堡,又从君士坦丁堡至奈格勒朋,最后带着许多财富和大量随从上船,安全抵达威尼斯——感谢上帝把他们从艰难险阻中解救出来。此时是1295年。好了,我已经把前事悉数告知,接下来要正式描述马可·波罗阁下和他的叔叔在各地的见闻。

第十九章
小亚美尼亚

实际上有两个亚美尼亚,一为大亚美尼亚,一为小亚美尼亚。

---

[1] 马克(Mark)是旧时西欧使用的金银重量单位,一般合8盎司,约226.8克。

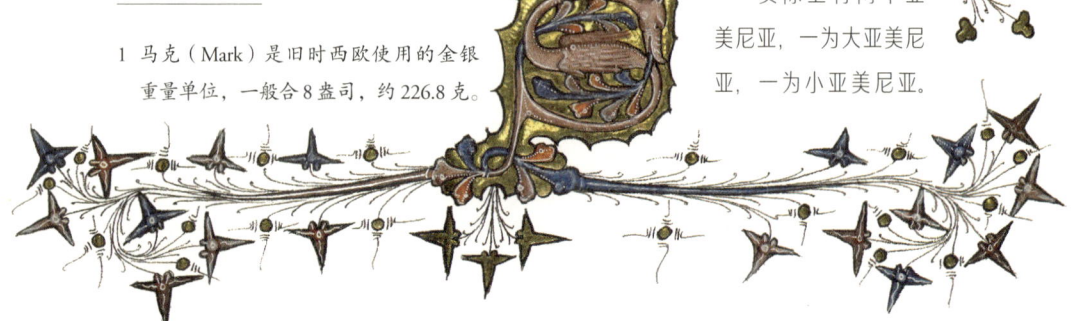

小亚美尼亚疆域较小，其国王居于西瓦思（Sevasto），掌管所有土地，以最公正的方式维护统治，任何恶人都无所遁形。小亚美尼亚是鞑靼大汗的属国。尽管居民以前是虔诚的基督徒，但因为缺少引导，无法像罗马人那样正确信奉真神。若那里有善良忠诚的传教士，小亚美尼亚人很快就能皈依正教。国王治下有城镇、堡垒和许多村庄，土地肥沃，物产丰富，人民安居乐业。这里也生活着大量野兽和鸟类，供人们进行有趣的狩猎活动。但这里卫生条件堪忧，非常不利于健康，空气也不好。很久以前，这里的贵族都很英勇，擅长舞刀弄剑，能以一敌二，同时礼节周到。但现在他们奴性十足，品质卑下，饕餮成性，毫无美德可言。此地盛产白葡萄酒和红葡萄酒，他们终日饮酒，以此为乐。上文提到，该国有著名港市名刺牙思，规模宏大，商贸繁荣。所有从内陆运来的香料、丝绸、金锦、羊毛和其他贵重物品都被运往这里。这里还盛产棉花。来自威尼斯、比萨、热那亚和内陆地区的商人都赶到这里做买卖，还在这里建起仓库。所有希望由陆路去东方国家的人，都得先到刺牙思港，再从这里继续前行。小亚美尼亚以南是萨拉森人占领的应许之地；北面是突厥蛮人（Turcomain），又称卡拉曼尼（Caramani）；东边和东北各有突厥、凯撒里亚（Caiserie）、西瓦思以及许多鞑靼城市；西南方是大海，航行可至基督徒的土地。以上是小亚美尼亚之概况，接下来我们讲讲突厥蛮州（Turcomanie）。

第二十章
突厥蛮州

突厥蛮州有三类人。第一类是突厥蛮人。他们粗野如兽，按兽类法则生存，讲蛮语，与常人不同。他们有时待在山上，有时在荒野里游荡，因为那里有丰美牧场，可供放牧。他们不事农耕，只靠畜牧为生。这些突厥蛮人很少定居某地，只在牧场与畜群共住，他们以兽皮为衣，以毛毡或兽皮为帐。该国产良马，个头高大，价值高昂。第二类是亚美尼亚人（非完美基督徒）。第三类是希腊人，在城市、城镇和村庄与前两类人混居，以贸易和手工艺为生。该州商品丰富，因为州内五处皆产世上最优质、颜色最美的地毯，还有深红色丝绸和其他颜色的布料，都非常漂亮，数量众多。除各类商品外，他们还从事农耕。该州以第一类居民为名，称突厥蛮州，亚美尼亚人和希腊人犹如寄居。该州名城有科莫（Como）、凯撒里亚和西瓦思。这些城市都很繁华，土地也很肥沃，但其他城市就要差一些了。该州多有城镇村庄，在此不一一赘述。他们是伊利汗国的属国，伊利汗国派出官员治理该州。

鞑靼人不在乎当地居民崇拜什么神。如果所有人都能忠于汗王，按时奉上贡品，且法律可以通行，那么他们可以信仰任何宗教。然而，他们不会让当地人攻击他们的信仰，还会征召当地人做事。该州情况就讲到这里，现在我们来谈大亚美尼亚。

第二十一章
大亚美尼亚

大亚美尼亚是一大州，自有方言，不同于其他州。尽管它的地理位置更优越，面积也更大，但各方面都与小亚美尼亚相差无几。其境始于阿儿赞干（Arçingan）城，那里有优秀的织布工人，还有质量最优、外观最漂亮的棉花，生产世上最好的硬麻布，漂亮且耐用。当地还有不少手工行当，这里不再赘述。城中有温泉，是世上最美丽、最有利于健康的天然浴池，也是最好的泉水。大多数居民是亚美尼亚人，臣属于鞑靼。该州广有村庄城镇，其中最尊贵的是阿儿赞干城，是基督徒的大主教座所在。当地居民大多信仰基督教，但因缺少博学教士引导，信仰有所偏差。除阿儿赞干外，又有阿尔疾隆（Argiron）和阿尔疾利（Arçiçi）两大城。该州疆域甚广，夏天有上佳牧草供牲畜食用，因此伊利汗国全军驻扎于此，冬天再离开寻找温暖优良之牧场——此时天寒地冻，牲畜在此无法生存。特烈比宗德到帖必力思（Tauris）城之间有村庄名帕坡斯（Paperth），村旁有大银矿。大亚美尼亚中央某座大山上有诺亚方舟。此山高大宽广，外形像倒扣的杯子，绕行一圈要两日以上。山顶积雪终年不化，没有人能爬上山顶。这里几乎一年四季都在下雪，雪层叠加，越来越厚。从远处看，方舟像是雪中一块大黑斑，近看却又看不到它。亚美尼亚多高山，其中某座被称为巴里斯（Baris）山或奥林匹斯（Olympus）山，几与天齐。据说大洪水时，有许多人躲在山上获救。当地人称诺亚方舟为世界之船。除非来访者问起，他们平时很少谈论它，就好像它不在那里一样，被问起时他们才会打开话匣子。山上雪水融化，沿山坡流至平原，所以山脚土地肥沃，牧草茂盛。夏天，牲畜从很远的地方聚集到这里，这里的草场从不让它们失望。由于雪水冲刷，山坡上有厚厚的淤泥。亚美尼亚南部与毛夕里（Mosul）、穆斯（Mus）和梅里丁（Meridin）州相接，下文我们会谈到它们。向正南方向走，再转向正东，有城及王国被称为毛夕里，居民是雅各派和景教基督徒。知道这些就可以了，此后我会再谈到他们。大亚美尼亚北面与谷儿只（Giorgie）国相接，留待下文详谈。两国边境线上有喷泉，喷出大量液体油脂，有时可轻松装满百艘大船。它无法食用，却是上佳燃料，还可涂抹治疗人和骆驼等动物的疥疮。人们从很远的地方来取油，全国各地都不烧别的油，只烧从泉中喷出来的油，而且它对许多疾病都有效。现在让我们离开大亚美尼亚，来到谷儿只。

第二十二章
谷儿只王及其国是

谷儿只王名大卫·蔑里（David Melic），在法语中意为"大卫王"。该国也臣属于鞑靼。据称古代该州所有国王出生时，右肩上都有鹰的印记，但现在已不能见。国人皆美姿容，娴于兵器，骁勇善射。他们以前皆为基督徒，但由于缺少传教士，他们渐渐放弃信仰。大多数情况下，他们遵守希腊教派规矩，还留着希腊神职人员的短发。据史所载，亚历山大大帝西征路上至谷儿只，因道路狭窄且非常危险，大军无法通过。仅存的那条窄路夹于山海之间——一侧是巴库（Bachu）海，另一侧是茂密树林和无法骑马翻越的大山，因此骑兵无法通过。此狭路长逾四英里[1]，狭至两人不可并肩而行，否则其中一人会落入海中。一夫当关，万夫莫开，所以亚历山大不能通过。亚历山大在山口建了坚固堡垒，这样当地人就不能经此山口袭击他的大军。直到今天它还矗立在那里，被称为"铁门"（Gate of Iron）。《亚历山大之书》（Book of Alexandre）讲他如何把鞑靼人困于两山之间，正是此处。但被困者不是鞑靼人，而是库蛮（Comain）人和其他部族，因为那个时代还没有鞑靼部落。该州城镇村庄众多，出产大量最美丽的丝绸和金

---

[1] 1英里≈1609米。

锦，且因工人甚多，产量过高，其价贱于毛毡。这里还出产世上最好的苍鹰，名为阿维济（Avigi），因此这里也是捕鸟的猎场。当地人倚贸易农耕为生，各种生活必需品样样俱全。该州多大山、狭窄坚固的隘口和泉水。由于山口狭窄，易守难攻，鞑靼人永远无法完全控制该州。该州只有部分臣服于鞑靼王，其余部分属于大卫王。山上谷间遍布黄杨林，没有其他树种。此处有东方修士的修道院，名为圣烈庸纳儿（Saint Lionard），高尚而值得尊敬。其中修士大多遵循我们的礼节。我要告诉你一件奇事。寺院山脚下有一大湖，山涧水注入其中。湖水中一年四季大鱼小鱼皆无，只在大斋节（Lent）首日直到安息日方有鱼出现。鱼肉肥美为世之仅见，且数量众多，足够全州人吃。一年中的其他时间，它们销声匿迹，直到下一个大斋节方出现，年年如是，堪称奇迹。该州临两海，一为北方之黑海；一为湖山边之海，环绕寺院，名"岐剌失兰"（Gelachelan），即巴库海，周长2700英里，不归于别海，犹如内湖。它与其他海洋相距十二日程。幼发拉底河、底格里斯河（Tigri）和基训河（Gion）就注入此海。其他许多大河也从四面八方汇入，形成大大小小的潟湖。它四面环山，海边土地肥沃，城镇村庄众多，还有许多人口稠密的岛屿，住着那些在鞑靼人蹂躏波斯时逃离的人。波斯城市和土地过去由公众统治，所以这些人逃亡到岛屿和山区，相信那里会更安全。还有些岛屿被沙漠覆盖。这片海域盛产鱼类，尤其是鲟鱼、鲑鱼等大鱼。最近，有热那亚商人在此驾船航行。从那里运来的丝绸通常被称为"歧里"（Ghella）。该州附近有美丽大城，名梯弗里斯（Tyflis），周围有许多村庄城镇。该城居民是基督徒，包括亚美尼亚人、谷儿只人、萨拉森人和少数犹太人。这里有丝绸等布料。当地人倚手工艺为生，臣服于鞑靼人。众所周知，我只讲了两三个州的主要城市。还有许多无甚特别的城市，若一一介绍会耗时过长。但我们经过上述地方，有些城市值得详谈。我们已经讲过大亚美尼亚的北方邻国，现在来谈谈它在东面和南面的邻居。

第二十三章
毛夕里国

大亚美尼亚的南方与东方之边境与毛夕里国接壤。该国疆域辽阔，有数个民族居住。其一名为阿拉伯（Arabi）；其二坚持基督教信仰，但不听罗马教会之命，被称为景教、雅各派和亚美尼亚教派。他们有大牧首，称阿托里克（Jatolic），能任命大主教、主教、修道院院长和所有其他神职人员，并将他们派往印度各地、契丹地区和报达（Baudac）等有基督徒居住之处传教，就像罗马教皇派人赴拉丁诸国传教一样。上述地方几乎所有基督徒都属于景教和雅各派。那些地方也出产最美丽的金锦，和名为毛夕里纱（Mosulin）的丝绸，因为当地人是这门技艺的大师。被称为"毛夕里商人"（Mosulin）的巨贾贩卖大量珍贵香料、珍珠、黄金和丝绸。在该国群山中生活着曲儿忒（Curd）人，其中有景教和雅各派基督徒，也有萨拉森人。他们勇敢善射，但天性邪恶。商人带着货物经过他们的地盘时，会被他们洗劫一空。还有名为穆斯和梅里丁之州，棉花种植量最大，盛产硬麻布。商人和工匠臣服于鞑靼国王。现在让我们离开毛夕里，来到伟大的报达大城。

第二十四章
报达大城及其陷落

此地有大城，称为报达，在《圣经》中被称为苏萨（Susa）。世上所有萨拉森人的首席神职人员哈里发（Calif）就在那里——他就好比全世界基督徒的主教，即罗马教皇。据说这城非常大，绕城一圈要三天。有条大河穿过城市中央，向南汇入大海，沿此河可至印度洋。河上有许多商人带着大量货物来来往往。根据水流和船只方向估算，河水从报达流到印度洋要花18天。想去印度的商人会沿着这条河一直航行到印度洋的入海口边的怯失（Chisci）城，再从那里进入印度洋。报达和怯失之间，河上有大城名弼斯啰（Basora）。在城区及郊区的大片棕榈树林中，有世上最优良的椰枣。报达城中有多种丝绸和金锦，如纳石失（Nascici）、纳克（Nac）、克里摩西（Cremosi）、锦缎和天鹅绒等，极尽富丽，上有鱼、兽、鸟类等花样，远销印度等地。所有从印度输入基督世界的珍珠，大部分产于报达。报达学风

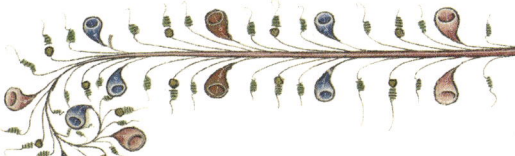

甚浓，各类知识都有人研究，尤以伊斯兰教律法为最，以及巫术、物理学、天文学、风水学、相学和哲学等。它是这一带地位最尊的大城。报达的哈里发富

甲一方，纵观历史，这世上没人能拥有如此巨大的财富，但最后他死于饥饿。请听我讲：大约在1255年，东鞑靼国王、大汗之兄弟旭烈兀汗召集大批人马围困报达城，最后占领了它。他艰难取胜，因为报达城内有十万骑兵，步兵不计其数。入城后，旭烈兀汗发现哈里发的金库中装满了金银宝石等财宝，数量之巨为他生平仅见。但哈里发这个吝啬鬼既不知武装足够人手，也不赏赐军民，所以最后亡国。旭烈兀汗非常惊讶，几乎不相信世界上竟有如此多的

黄金，于是他叫人把哈里发押来，问："哈里发，告诉我，你为什么能积聚这么多财富？我真想不到你如此贪婪，如此吝啬，竟不知把这些财宝花掉，或赏给军民。你该把它们花在哪处刀刃上呢？你难道不明白我是你的死敌吗？我肯定会率大军来攻击你，占领你的国土，把你推下王位。你既然知道这一点，为什么不散尽家财，组织军队和雇佣军来保护你的人民和城市呢？"哈里发惊惧交加，一言不发，不知该说什么。然后旭烈兀汗对他说："哈里发，你不说话，看来你爱宝藏，希望它能支撑你活下去。我会证明你的决定有多明智。这宝库值得你痴心爱它，我把它送给你吃，别客气。"然后他让手下把哈里发关进宝库，不许给他送饮食。他的命令被马上执行，哈里发被关进宝库。然后旭烈兀汗说："哈里发，别客气，你现在可以大吃一顿了，想吃多少就吃多少，因为你是那么爱它们。除了这些，你不应吃喝别的东西。"关在宝库里的哈里发明白自己错在哪里，但为时已晚。因为没吃没喝，四天后他像奴隶一样饿死了。如果他之前能散尽家财，把它们分给军队来保卫自己，或是分给人民，他的国家和财富都会安然无恙，总比他像现在这样被俘，

和所有军民一起死去,还失去了王位要好。自此之后,报达归于鞑靼人统治,不再有哈里发,别地亦然。关于报达城,我们就说这么多。现在我要离开报达,讲讲帖必力思城。虽然我谙熟当地风土人情,但篇幅有限,只好长话短说,请听我言。

第二十五章
帖必力思城

帖必力思城地位尊崇,居亚美尼亚和波斯之间,靠近报达。它位于名伊拉克(Yrac)之大州中,是以有此名。伊拉克还有许多城镇村庄,都非常富庶,但帖必力思城是该州最美、最富庶、最高贵的城市。当地居民臣服于鞑靼,靠贸易和手工艺为生。此地盛产丝绸和金锦,非常漂亮,价值昂贵。该城地理位置优越,印度、报达、毛夕里、忽鲁模思(Curmos)等地之货物辐辏于此,因此许多拉丁商人,特别是热那亚商人常来此处购买千万里外运来的异国货物。此处盛产宝石和珍珠,售卖八方。该城贸易发达,商人赚得盆满钵满。他们地位不高,与三教九流厮混。这里有许多基督教派:亚美尼亚派、景教、雅各派以及谷儿只人和波斯人,也有萨拉森人。他们都是帖必力思城的普通民众,讲不同语言。环城皆美丽花园,水源丰富,生长各种佳果。帖必力思城的萨拉森人非常残忍,邪恶而不忠,迫害基督徒以及所有异教徒。

帖必力思城边有一虔诚修道院,名"圣巴萨莫"(Barsamo),有院长一位,修士多名,持戒如加尔莫罗会。为免无所事事,修士总在制作羊毛腰带,在庆祝就职时将其放在圣巴萨莫的祭坛上。他们在各州行乞(就像圣灵会的修士一样),能消病除灾,不求回报,所以大家都虔诚希望见到他们。

第二十六章
报达被大汗攻占前之移山神迹

我要补叙报达和毛夕里间的某件大事。在1275年左右,报达被某位非常邪恶残忍的萨拉森哈里发统治。他想尽办法折磨基督徒。他夜以继日地为此谋划,无暇他顾,想怎样才能使国内所有基督徒改信自己的宗教。如果做不到这

点,他就要没收他们的财产,然后把他们全部处死。他每天都与教中长老和手下谋划此事,因为所有人都希望基督徒受惩罚。确实,世上所有萨拉森人总巴不得所有基督徒受罪,越痛苦越好。终于有一天,这位学识渊博的哈里发和手下智者在《马太福音》里发现了一处破绽。书中说,虽然基督徒之信仰微如芥子,但力足以移山。看到这里他们非常高兴,认为这可以让基督徒改变信仰,或是成为处死他们的借口。因为山不可能从某地移到另一地。而若他们办不到,萨拉森人就有了借口发难。这个建议使所有萨拉森人都很高兴。然后哈里发立即派人去找各城的景教和雅各派基督徒。他们人数众多,但心惊胆战。几天后他们聚在一起,来到哈里发面前,问他有何命令?哈里发问他们都是基督徒吗?答案是肯定的。于是哈里发展示了那本《马太福音》,并让他们读了一遍——那段话的大意上文已述。他们读完后,他说:"如果你们的福音书讲的是实情,那可是神迹啊。"基督徒说,那的确是事实,而且还有比这更伟大的神迹。哈里发说:"那么你们的意思是,基督徒的信仰虽然微如芥子,但若他向主祈祷,就能让两山相逢?"基督徒们说"是的"。"既然你们说这是真的,那我就给你们一个选择,"哈里发说,"聚集在这里的基督徒这么多,当中肯定有能凭微末信仰实践神迹的人。这样,要么你们以上帝之力,把那边那座山移走,"——他指向附近的一座山——"要么我就杀了你们。因为如果看到信仰的证据,我就会判定你们是虔诚的基督徒;但如果你们做不到,说明你们信仰不虔诚,不配得到救赎。要是不想死,就来信仰我们的先知的教义,好因此得救。那些没有信仰的人都要去死。因为我下定决心,在我的国土上,不能存在两种教义、两种信仰。我宽限十日,如果十日后你们还做不到,我就把你们处死,要么你们就改信我们的宗教。如果你们能够移山,我就改信你们的信仰,我的全体人民也一样。"

哈里发言尽于此，马上把基督徒打发走，让他们去商量对策。

第二十七章
基督徒闻哈里发之言大惧

基督徒们听到哈里发的话，深知他本性残忍，这样做只是为了没收他们的财产，只好伤心离去。他们气愤又惧怕，不知道如何是好，但仍然对造物主、耶稣基督抱有美好希望，希望祂能拯救他们脱离奇险。他们离开哈里发后，聚在一起细细商讨。所有聪明的基督徒领袖都在这里，其中有不少过着圣洁生活的主教、大主教和神父。他们只能寄希望于上帝垂怜，向他们的主祈祷，让他们摆脱残酷的审判和死亡——因为如果他们做不到哈里发要求的话，就死到临头了。基督徒们整日整夜跪在地上，大哭着虔诚祈祷，希望天上和地上的救世主将他们从这巨大的耻辱和危险中拯救出来。无论男女老少皆心中悲苦，泪流满面，斋戒了八天八夜。在第八天的晚上，当他们祈祷时，圣天使再次作为上帝的使者现身，向某位善良的主教致意。那位主教是上帝的仆人，一位非常神圣的人。他说：

"为免于死亡厄运，明早你就得去找一位独眼鞋匠，他也是基督徒。"他把鞋匠的姓名（已佚）和地址告诉主教。"上帝欣赏这鞋匠的德行，他能凭信仰把奇迹变成现实，拯救你们，摆脱哈里发的阴谋。你要请他向上帝祈祷，期限到时你们就聚在一起，看山被移走。看在鞋匠美德和圣洁的分上，上帝会满足你们的祈祷。"说完他就消失不见了。现在我们来看看这位鞋匠是个什么样的人。他可敬而纯洁，信仰坚定。他经常斋戒，从不犯罪，每天都去教堂祈祷和聆听弥撒。他每天都为上帝奉献自己拥有的面包、银钱和收益。他那么善良，过着如此圣洁的生活，无论远近再找不到比他更好的人。此外，我会告诉你他为什么失去了右眼，听完后，你肯定会认为他是个诚实正直的好人。他在教堂里听弥撒、读《圣经》、祈祷时，常听人讲解福音书。书中说，如果你的眼睛犯了罪，必须马上把它抠出来扔掉，这样你就洗清了罪孽，宁可做个独眼人上天堂，也比双眼完好而下地狱强。这位鞋匠不会读写，而且头脑简单，完全从字面上理解这个说法，并付诸实践。在哈里发下令之前，某天这位鞋匠在店里，有位漂亮的年轻女子进来买鞋。鞋匠看到她这么漂亮,就想看看她的腿脚,看什么样的鞋子适合她。然后他让她露出腿脚,女子脱下鞋子,掀起裙子,露出腿脚让他量尺寸。毫无疑问,它们美丽无双。鞋匠看到这里,不由得起了邪念,良心被诱惑犯罪,但这只是一闪念间的事,他立刻恢复了理智。他不肯卖鞋给她,把她送出店外。她走后,鞋匠回忆起福音书,为自己的邪念难过。他自言自语:"哈!不忠而奸诈的小人,你在看什么?你确实犯了弥天大错,我要教训这双邪恶的眼睛。"于是他拿起店里做鞋时用的锋利锥子,刺中右眼。眼球爆裂,他(右眼)永远失明。这位鞋匠毁掉自己一只眼睛,却证明了他坚定不移的伟大信念。你们可以看到,他确实是至圣的人,是公正善良的人。现在书归正传。

第二十八章
鞋匠祈祷移山

主教多次见到同一异象,于是派人去请那位据说能祈祷上帝移山的鞋匠。早晨他来到所有基督徒和主教中间,讲述了自己多次看到的幻象。大家跪在地上喜极而泣,发自内心地感谢上帝屈尊聆听基督徒含泪的祈祷。基督徒们都同意去请那位鞋匠,然后他们一起去找他,把他请到主教面前。鞋匠毕恭毕敬地来见主教,受到众人欢迎。他们高兴得大哭,告诉他天使如何现身,并说希望他祈祷上帝移山,拯救祂的忠实信徒脱险。鞋匠听到这番话,找了很多借口:他是个罪人;他不配做这事;他不像他们认为的品性优良;上帝不会答应他的祈祷显此神迹。基督徒们甜言蜜语地劝他,最后他说:虽然自己罪孽深重,但他会应他们所请,向造物主祈祷。

第二十九章
该基督徒的祈祷可移山

规定期限的第十天到来时,基督徒们无论男女老少,一大早就起床,去教堂唱弥撒,谦卑地祈祷上帝拯救他们摆脱残酷的哈里发。做完弥撒后,他们带着圣体,怀着极大敬意一起上路。十万基督徒按指示进入山脚下的平原,把至高救世主的宝贵十字架立在面前,号啕大哭。哈里发和其他萨拉森人正等在那里,看这事件如何收场。萨拉森人多到难以置信,全副武装等着屠杀基督徒，或逼他们转信自己的宗教。他们胜券在握，因为他们根本不相信上帝会对基督徒如此仁慈，也不相信这么高的山会被移走。哈里发对主教说，按福音书所言，既然他们说自己是最忠实的基督徒，就必须移动山峰来证明。如果山能移动，他会判定他们所有人都是最忠实、最善良的基督徒；但若他们做不到，那么他们就是最卑劣的基督徒，合该去死，除非皈依萨拉森人的宗教，承认先知的教义至高无上。主教和所有基督徒听到哈里发的命令，跪在地上，怀着极大恐惧，以及对创造者耶稣基督的殷切希望，哭着祈祷。当所有基督徒和萨拉森人都在平原上时，鞋匠劝诫他们要坚定基督教信仰，因为他们如果能怀着最伟大的坚定信仰死于哈里发之手，就能作为殉道者离开俗世，前往神圣天堂。所有人都以最坚定不移的态度承诺；如果上帝也认为他们该死，那么他们也愿意接受祂的爱。鞋匠受主教祝福，赤裸着腿跪在十字架前，极其虔诚地举双手向天，祈祷造物主、救世主、天地之主耶稣基督，赞美祂的名字，请祂巩固信仰，帮助祂的羔羊遵守戒律，并向诋毁祂的人展示力量。鞋匠祈祷这座山移动，因为眼前的众多基督徒不应死于非命。他怀着极大的虔诚和信心祈祷，用响亮的声音说:"我奉圣父、圣子、圣灵之名，吩咐你凭圣灵力量，到那里去。"话音刚落，山就在基督之力下移动了。大家都能看见它从山顶崩裂，向哈里发指定的平原移动了一英里。大地震动，十分可怕，吓坏了哈里发和所有萨拉森人。"看在上帝分上，停止祈祷吧!"所有的萨拉森人都开始大喊。鞋匠的祈祷不停，山就一直移动；祈祷停止时，山就停下不动。哈里发和所有萨拉森人看到这一无可辩驳的伟大奇迹，非常惊愕。许多人因此皈依基督教。哈里发本人也以圣父、圣子和圣灵的名义受洗，成为基督徒。但他不愿该州的萨拉森人知道，于是仪式秘密进行。他死后，人们发现他的脖子上挂着个金十字架——平时他总把它藏在长袍下面。于是萨拉森人没把他与其他哈里发葬在一起，而是为其另辟墓穴。基督徒对这神圣伟大的奇迹欣喜若狂，他们回去举办盛大节日，感谢造物主为他们做的一切。通过这种方式，那片土地上的所有基督徒获得信仰自由，从那时起到现在一直受优待。此外，出于对那位鞋匠的感谢，从此以后，基督徒、景教徒和雅各派教徒总是在该奇迹的周年纪念日时大肆庆祝，终夜不睡并斋戒。请注意，基督徒、亚美尼亚派、景教徒和雅各派教徒在某些教义上有分歧，于是各派众说纷纭。但不要怀疑萨拉森人对基督徒的恨意，因为他们的先知允许他们对所有不遵守其教义的人做一切恶事，可以抢夺对方一切财产而不被判罪。如果基督徒要杀死或伤害他们，他们将被视为殉道者。为此他们做了很多坏事，若没有官府约束，他们会更肆无忌惮。世界上所有萨拉森人都这样行事。临终时阿訇会来到面前，问他们是否相信先知是主的真正使者。如果他们回答说相信，就可以受宽恕。因此他们强迫鞑靼人和其他人皈依他们的宗教，因为他们的教义许他们极大自由，并不禁止他们犯罪。这件发生在帖必力思和报达的事已讲完，希望能为大众周知。现在让我们离开帖必力思，谈谈十二日程外的波斯。

第三十章
波斯大州

波斯自古为强盛大州，但现多半为鞑靼人所毁，日渐废弃，远小于前。波斯有城称"撒瓦"(Sava)。耶稣基督在伯利恒出生，三位贤者前往朝拜时，就是从这里出发的。据说这三位贤者都被埋葬在该城的三座陵墓中。陵墓大而气派，墓上各有一方屋，精心建造，三屋相连。三贤者的遗体仍完整，发须俱全，一如生前。他们的名字是巴勒塔咱儿(Baltasar)、札思帕儿(Gaspar)和墨勒觉儿(Melchior)。据说马可在城中探问居民上述三人生平，无人知晓。当地人只知有三贤，彼此是好友，很久以前被埋在三坟中，余者皆不知。但他从该州别处得知实情。距此城三日程，有村名哈剌阿塔毕里思丹(Cala Ataperistan)，在法语里意为"拜火者村"，村民拜火为神。他们常说，很久以前，三贤去犹太人的土地上敬拜新出生的先知，三人带着三种祭品，即金子、乳香和没药，想去打探这位先知是天神，是人王，还是医生。三人认为：如果他取走金子，就是人王；如果取乳香，就是天神；如果取没药，就是医生。这三人来到婴儿诞生处，其中最年轻的一位先进去看他，发现婴儿看起来与自己年纪相仿。他满腹疑云，走出屋外。第二位中年人随后进屋，但他眼中的婴儿年纪也与自己相仿。于是他也惊讶地走出来。最后第三位贤者进屋，他的年纪在三人中最大，但他看到的情况同其他两人一样。三贤者再次聚首，分享各自所见，惊讶不已，决定这次三人一同进去。于是他们一同进屋，发现婴儿有天使照看，恢复了出生十三日婴儿该有的样子。他们顶礼膜拜，献上金子、乳香和没药。婴儿把三件礼物全都收下。在这个故事其他的谬传版本中，三贤者离开时，婴儿赐给他们一个缄封之木匣，嘱其勿开。三贤者带着木匣归国。

第三十一章
三贤者往见基督

他们骑行几天后，想起了那个木匣，不禁想看看婴儿给了他们什么。然后他们打开木匣窥探，发现里面只有一块石头。他们非常好奇，不知这是何意。其实基督以此石暗指他们应有坚如磐石的信念。基督接受了所有礼物，于是三贤者认为他是真正的天神、人王和医生。基督知道这三贤者都有信仰，所以赐他们石头，希望他们以同样的方式坚守信仰。但三贤者不知道那块石头的含义，以为自己被捉弄了，就把石头扔进深井。石头一扔到井里，熊熊火焰就从天而降，直奔那口深井。突然之间，大火呼啸着从井口升起。三贤者见此神迹，惊愕不已，为自己的愚蠢行为后悔不迭。因为现在他们明白，这石头意义重大。他们立刻取走火种，带它回国，把它像神物一样供奉在堂皇美丽的教堂中。这故事听起来很假，但它是真的。火种在教堂里燃烧发光，当地人崇拜它，认为那井里的火种就像上帝本人一样。他们用火烤祭品和猎物。如果哪座城中的火种灭掉，城里人就会去周围的有同样信仰的城镇，从教堂里取火种，回来点燃自己教堂里的火，作为祭奠。但如果不是来自那口井里的火种，他们不会接受。很多时候，他们要走八到十天才能取到火种。如果仍找不到，他们就会去那口井，就是那口接纳伯利恒男孩赠送的石头并产生了最初火种的井，因为那里的火从未熄灭。出于上述原因，那个国家的人崇拜火。上述事情都是村民讲述给马可阁下听的，所有信息都千真万确。我再次告诉你，上述三位贤者分别来自萨瓦、阿瓦（Ava）和坎先（Caxan），即这个崇拜火的村庄。你应该接受福音书的说法，即贤者去敬拜基督，并向他献上礼物，其余的都是不信教之俗者的谬传。他们不懂真实情况，反而以讹传讹，就像没有学问的庸俗人常做的那样。我已讲完这个故事，稍后会谈谈波斯的其他城市，以及当地风土人情。

第三十二章
波斯八国

波斯地广，境内有八国：疆域开始之第一国为可疾云（Casvin）；第二国偏南，名曲儿忒斯单（Curdistan）；第三名罗耳（Lor），位置偏北；第四、第五、第六、第七国分别是薛勒斯单（Cielstan）、伊思塔尼惕（Ispaan）、泄剌失（Çiraç）和孙思哈剌（Soncara），第八国名秃讷哈因（Tunocain），进出波斯必经此国。自北向南，除秃讷哈因外可遍历诸国，因其独在北境，近"孤树"（Lone Tree）——海这边的基督徒称之为"枯树"，稍后我会告诉你那棵"树"的位置。各国产良马，售往印度。战马价高，每匹售价相当于200镑（秃儿城铸造的钱币）——大多数都能卖到这个价，根据品相不同价格会稍有浮动。这里还出产世上最美丽、体型最大的驴，每头价值30马克银币，因为它们善于慢跑负重——这与我们国家的驴完全不同。它们的售价远高于马，因为它们消耗饲料少，负重多，而且善走。无论马还是骡子，都不能像驴一样负重。当地商人从某州前往别州时，必须穿过大沙漠，那里没有牧草，尽是光秃秃的沙地。沙漠中水井和甜水距离甚远，牲口若要喝水，就必须长途跋涉。马受不了这种极端环境，所以商人们更愿意用驴载货——它们速度快，擅走，开销还少，因此售价比马还高。他们还使用善负重且同样开销少的骆驼——但它们的速度还是没有驴子快。请注意，印度太热，热到贩卖过去的良马无法繁殖。就算有小马出生，也是天生畸胎，四肢有缺陷，毫无价值。波斯诸国人民把上述良马和健驴贩到印度海沿岸的怯失和忽鲁模思，当地商人买下牲畜，然后把它们由海路运到印度，在那里按照上述价格出售。在这些王国中，有许多残忍邪恶的暴徒，终日争斗不休。要不是大汗，或者更确切地说，如果不是东鞑靼国降伏了他们，他们会持续袭击行商。东鞑靼国王严惩他们，并下令所有危险关隘的居民必须应商人要求保护他们，把他们从某国护送到另一国。根据路程的长短，护送者每驮货物能得到二至三格罗西作为报酬。尽管统治者采取种种措施，但他们总是想尽办法抢劫商人。如果商人没能全副武装，就会被他们杀死、折磨、洗劫一空，或者被迫皈依先知的教派。如果商人放松警惕，就会被他们全部杀掉。所以商人只好全副武装，成群结队，才有机会安全通过他们的地盘。毫无疑问，这伙暴徒是萨拉森人，因为他们都遵守先知的教义。城里有许多商人和工匠，靠贸易和劳动为生。该省盛产棉花，出产各种各样的金锦和丝绸。当地还盛产小麦、大麦、小米等谷物，还有葡萄酒和各种水果，特别是波斯的优质葡萄，粒大且贵。但有人会说，萨拉森人不喝酒，因为他们的教义禁止喝酒。然而他们钻教义的空子：把酒在火上煮开，直到量变少，口味也变甜。这时他们就可以喝它而不违背教义和戒律，因为此时它已不是葡萄酒，而是口味不同的"甜茶"(Chan)。现在让我们离开这些王国，我要介绍大城耶思德（Lasd）的事迹和风物。

第三十三章
耶思德城

耶思德城位于波斯边境，富庶高贵，商业繁荣，值得特别介绍。那里出产最美丽的金锦，称为"耶思的"(Iasdi)，商人把它们运到东方贩卖，获利颇丰。居民信奉先知的教派。离开耶思德后，走七日方可到达起儿漫（Cherman）国，途中只有三处可住宿。一路可见美丽树林和平原，适于骑行和狩猎。这里生活着大量鹧鸪和鹌鹑，还有许多其他鸟类。走此路穿过平原的商人，还有喜欢狩猎者能获得极大的快乐和享受。此地还出产非常漂亮的野驴。七日平原之旅结束时，我们会发现辽阔美丽的起儿漫国。

第三十四章
起儿漫国

起儿漫是一大国，位于波斯边境，首府与之同名。古时其王为世袭，但自臣服于鞑靼后，世袭制废除，由鞑靼国王任命领主。该国山上出产宝石，名绿松石。它们由岩石中的矿脉开采，储量丰富。山上亦有铁和名"翁荅尼克"（Ondanique）之钢的矿脉，质量举世无双。城中居民善制马具和骑兵装备，如马缰、马鞍、马刺、剑、弓、箭筒，以及各种盔甲。贵族女子不事生产，只命令女仆在各色金锦衣物上巧妙地绣出野兽、鸟、树、花等许多图案。她们还为贵族绣床帷、被子、垫子、枕头等物，绣工精细，花样丰富，令人叹为观止。此地的群山中，有世上最好、最勇敢、飞得最快的猎鹰，体型比我们的游隼小得多，胸部和腿部之间，以及尾巴下面有红毛。它们飞行速度极快，没有鸟雀能逃脱它们的爪子。离开起儿漫国，在平原上骑行七天，沿途总能见到村庄城镇和舒适客栈。乡间骑行，妙不可言，可狩猎捕鸟以自娱，因为当地有大量野兽和鹧鸪。在平原上骑行七日后，会遇见陡峭之斜坡，下坡要两日程。沿途多树，有大量佳果。此前此地民居甚多，现在已无人烟，只能见到牧羊人和羊群。从起儿漫国至此，冬季寒冷，非厚裘不能御。我有个起儿漫国的实验讲给你听。起儿漫人民善良朴实、笨拙和气，乐于互相帮忙。因此起儿漫国王问他的谋士："各位，我有一事不知原因。波斯王国离我们如此之近，国中邪恶之徒互相残杀，然而我国国民几乎从未有龃龉打斗。这是为何？"谋士回答说，这都要归功于我国的水土。然后国王派人往波斯，尤其是上面提到的伊思塔尼惕，因为当地人在各方面都恶劣到极点。国王根据智者的建议，安排七艘船满载当地泥土带回国。他把泥土像用沥青铺路一样铺在大厅里，然后把地毯盖在上面，免得弄脏地毯。大家在厅里坐下用餐，有人立即出言侮辱他人，两人动手打斗。于是国王说，果然是水土的原因。

第三十五章
哈马底城

骑马下坡，两日后可见美丽平原，再向南走五日即至哈马底（Camadi）大城。它曾经尊贵壮丽，令人惊叹，但

屡遭鞑靼人破坏，今非昔比。此平原气候极热，出产小麦、大麦等谷物。首至之州名别斡巴儿勒（Reobar），平原山坡上盛产枣、石榴、柠檬、天堂果、开心果等热带果实。无数雄鸠生活在那里，以果实为食。萨拉森人不喜欢它们的味道，从来不去捕捉它们。当地还有山鸡等许多其他鸟类，特别是鹧鸪。它们的羽毛黑白混合，脚和喙呈朱红色，与其他地区的鹧鸪不同。这里还生活着某种奇异的牛，体型很大，全身洁白如雪。它们生活在炎热之处，所以毛短而光滑。它们的角短而粗，不锋利，双肩之间有圆形驼峰，高逾两掌，犹如骆驼。它们确实是世上最美丽的动物。人们让它们驮货时，它们会像骆驼一样跪伏在地，载好货后再起身。它们非常强壮，能驮货无数。这里的羊体大如驴，尾巴粗长，据我判断体重至少有三十磅。它们通体洁白，漂亮而肥胖，肉味极美。平原上另有城镇村庄，皆被土筑的高墙和高耸塔楼围护，免受敌人袭击。敌人称哈剌兀纳（Caraunas），人数众多，性情残忍邪恶，喜抢劫。他们在这一带四处游荡，为祸不小。"哈剌兀纳"在我们的语言中意为"杂种"。因为他们是很久以前印度女人与鞑靼人结合的产物。他们欲出抢掠时，会施魔法，将白昼变为黑夜，使人几乎看不到身边的同伴。他们制造出的这片黑暗，骑着马在平原上走七日也无法摆脱，这样人们就无法自卫。他们对这一带的地形了如指掌，一言不发，并肩骑马穿过平原，多时逾万众。他们一字排开，占满整片平原。因此只要不受城墙或堡垒围护，无论男女人畜皆无法逃脱。他们掠走男子，毫无怜悯之心地杀掉所有老人，把妇孺卖到其他地方做奴隶。他们为害一方，使土地荒芜，几乎变为沙漠。他们的首领名那古苍儿（Negodar），精力旺盛，率手下万余骑兵投奔大汗之亲弟、他本人之叔父察合台汗（Ciagatai），一位伟大的领主。随后那古苍儿犯了重罪——他带着最残忍邪恶的一万名手下，引诱察合台手下一万精兵叛逃。他带着这两万强悍人马经过巴达哈伤（Badascian）和帕筛底儿（Pasciai），又过怯失迷儿（Chescemir）——因道路狭窄难行，在那里折损了不少兵马。他们占领上述几州后，进入苍里瓦儿（Dilivar）州之边界，奔袭如闪电，占领了尊贵的苍里瓦儿城，进而占据了这个王国。该国国主阿思丁莎勒檀（Asidin Soldan）

在他的突袭下落败。他夺其国，开始休养生息。他身处安全之地，不再惧怕任何人，开始与该国周边所有鞑靼人争战，于是战火四起，交通受阻。此外，我告诉你，马可阁下本人也曾在他们召来的黑暗中被擒，后蒙上帝之恩惠逃脱，遁至附近哥那撒勒迷（Canosalmi）村。然其同伴被俘并卖为奴隶，还有人被杀害，最后只有七人和他一起逃走。下面我们来谈点别的。

第三十六章
大斜坡上忽鲁模思城及其人民

如上所述，这片平原向南延伸，计五日程。五日后可见另一向下斜坡，长20英里，最好徒步行走。此路危险，常有匪徒埋伏，袭击行囊丰厚的旅行者。20英里的平整斜坡后，又见美丽平原，名忽鲁模思平原，长两日程。此处水源众多，土地肥沃，有最美丽的河流、大量枣子和许多其他水果。此处有鹧鸪和鹦鹉，还有很多与大洋彼岸我国国内完全不同的鸟类。复骑行二日可至海滨，海边有一城，名忽鲁模思，乃良港也。印度商人以船载香料、宝石、珍珠、丝绸、金锦、绚丽布料和象牙等来此，在城中贩卖，本城商人又将其售与世界各处之行商。此城为起儿漫国都，商贸繁荣，辖众多城镇村庄。城中国王名鲁墨耽阿合马（Rucnedin Acmat），能自行决定国事，但须听命于起儿漫国王。此处酷热，水土不利健康。若有他国商人殁于此，国王会没收其赀财。当地美酒用枣子和许多优质香料酿成，然而外来人初次喝时会拉肚子，喝惯后会觉得大有好处，使其体胖。当地人不吃我们国家的食物，因为健康人吃小麦面包和肉多半会生病，所以他们卧病榻时才吃肉和小麦面包。身体健康时，他们吃枣、金枪鱼腌制的咸鱼，以及大蒜和洋葱等粗粮。他们为保持健康而吃的食物，对我们来说却是不健康的。此城船多但质劣，常会沉没，因为当地人不像我国人一样，用铁钉把船板钉在一起。此外，我们的船用硬木制成，而他们的船板脆如陶器，不能承铁钉。他们在木板两端上钻孔，插入小木栓，然后用椰子树皮拧成的粗绳固定船板。这种树皮很宽，表面交织着马鬃般的纤维。浸泡过后，树皮烂掉，纤维剥离，更像马鬃。它们被纺成丝线，拧成粗绳，用来系牢船板。在含盐的海水中，它们能支撑很久，但禁不住风暴。其实还是用铁钉比较好。当地人就乘这样的船出海捕鱼，很多沉没。船上只有一根桅杆、一张帆和一盘舵，没有甲板。他们装货后，用煮熟的兽皮覆盖货物，其上载马，把马运到印度贩卖。他们没有铁锚，而是用索具当锚，所以哪怕一次小风暴都会使船只覆亡。乘坐这样的船航行非常危险，有许多船遇上狂风，沉没在印度海中。当地人都是黑人。整个夏天没人待在城里，因为那里酷热难耐，能致人死命。他们住在城外别院，每人的花园都有足够水源，通过沟渠引导过去。尽管如此，如果没有相应措施，他们也逃不过暑热。夏季每天上午9时至正午，有干热风从平原周围的沙漠吹来，炽热难当，会使人心跳过速直至窒息。干热风来时，如果

人正在干燥平地上，就无法逃脱。于是他们一旦意识到干热风立至，就躲在水下，让水面与下巴平齐。他们还用格栅在水面上建造屋顶，一面用插在水中的木桩固定，另一面用树叶覆盖，保护自己免受阳光直射。他们在水中一直待到风停。马可说当时他就在现场，可以证实风有多热。忽鲁模思国王向起儿漫国王进贡前，后者计划要在忽鲁模思人待在城外时进攻。起儿漫国王派出一千六百名骑兵和五千名步兵穿过别斡巴儿勒偷袭。某天由于向导失职，他们没能在夜幕降临前到达目的地，只好在离忽鲁模思不远的树林里休息。次日早上他们想出发时，受到干热风袭击，全军覆没，于是没人能回报国王。忽鲁模思人知道后就去埋葬他们，免得尸体腐烂，污染空气。他们拉着尸体的胳膊，想把它们拖去坑里，但尸体已被烤干脱水，手臂从身体上脱落。于是他们只好在尸体边挖坑，再把它们扔进去。忽鲁模思人在11月播种小麦、大麦和其他谷物，并在整个3月里把庄稼全部收割，水果也要在这个月收获完毕。因为随后所有植被都会干枯，除了水源处再也找不到任何草地，这种情况一直要持续到5月中旬。干热风极端酷热，能够燃烧和干燥一切。当地没有沥

第三十七章
荒野跋涉

青,所以船只防腐用的是某种鱼的脂肪制成的油。当地人用鱼油涂满船板,再用麻絮填塞缝隙。该国有习俗:男子去世后,遗孀会隆重地为他哀悼,在他死后的四年内,每天为他哭泣至少一次。在这段时间内,她们还会与所有亲属、朋友和邻居聚集在死者家中,为死者痛哭哀悼。因为经常有人去世,所以各种哀悼永远不会停止。当地女人都受过哭丧训练,能在任何一天为其他男女的死亡而哀哭。我们已谈完了这个城市,但我不会继续介绍印度的情况,留待下文再说。现在向北返回,看看北方各州国。我们从忽鲁模思出发,另取一路向北到起儿漫国,因为它是北上的必经之路。这一路风景美丽、地形平坦、物产丰富,不时可见从地下涌出的天然优质温泉——在其中沐浴可治皮肤瘙痒和其他许多疾病。鹧鸪数量众多,极易捕获;大量水果和枣子唾手可得。但这里的小麦面包特别苦,若未经长期习惯,没人能咽得下去。这是因为土壤被当地苦咸之水浸泡,作物也带苦味。现在我们继续北上,我给你们讲讲旅人如何穿越大片荒野和沙漠。

起儿漫距忽必南(Cobinan)有七日艰难路途。初离起儿漫,头三天便要穿越沙漠,那里没有河流小溪,鲜见水源,即使有水,也苦咸不可饮。水色如绿草,看起来更像草汁,而非可饮之水,不利于健康。水味甚苦,难以下咽,一小口便足以使人腹泻十余次。被这样的水滋养出的谷物,哪怕只吃一口,也会大泻特泻。因此从那条路穿过沙漠的人必须随身携带饮水。牲畜渴到极点时,只能勉强喝这样的水,因为它们没有其他水可以喝。但即使是它们也无法忍受,会腹泻不停。三天路途皆在沙漠中,找不到任何宿处。该地区荒凉干燥,草木不生,不见野兽。第四日可至地下甜水河,河水从孔穴泄出,供人汲饮后复入地下。水足够人畜取用,因此历经前三日之苦的旅人必在此休息,给牲畜饮水提神。此处可见稀少人烟,但之后又要在干燥沙漠中连行四日,一路唯饮苦水,不见人迹、草木或野兽,但偶尔会发现野驴。四天后,我们就走出起儿漫界,至忽必南城。

第三十八章
高贵之大城忽必南

忽必南是极大之城。该处盛产钢、铁和翁苔尼克。用上佳钢铁可制作漂亮的大镜子。眼药（Tutty）是此处特产，对眼病疗效甚佳，制作过程中会产生矿滓（Spodium）。我亲眼见到制作过程，请听我介绍。当地人从山上挖出土脉作为优质制药原料。他们把土置于燃烧火炉上，在炉口设细密之铁箅子。经火烤后，水土中升起的烟雾和蒸汽被铁箅子挡住，冷却后会变硬，即为眼药，而火中余下的杂质就是矿滓，或称"烧余之土"，轻如竹子。这就是当地人制作眼药并产生矿滓的过程。现在让我们离开该城，继续前进。

第三十九章
穿越沙漠

出忽必南城即为沙漠，长八日程，干旱无匹，全无果木。沙漠中水苦咸，旅人须携饮食。而若牲畜渴饮欲死，人们就把苦水与面粉混合，骗它们饮下。八日后即至秃讷哈因（Tunocain）州，周长八日程，辖多个城镇村庄。其在波斯境内，波斯北境有一极大平原，"孤树"（基督徒称之为"枯树"）就在那里。我来给你讲讲它是什么样子。它高大粗壮，叶子半绿半白，果囊形同栗子，但中空。它们味道欠佳，但可以制成香脂。树干实心，非常坚硬，黄如黄杨。此树生长之处，方圆十英里内没有其他树木。当地人说，亚历山大大帝、马其顿国王和波斯国王大流士的战斗就发生在此处。该州气候温和，城镇村庄众多，物产丰富。当地人形容殊丽，女子更为美丽。现在我们要离开这里去木剌夷（Mulecte），即"山中老人"（Old Man of the Mountain）昔日与刺客盘踞之所。

第四十章
山中老人和手下刺客

据说邪恶国主"山中老人"居木剌夷已久。萨拉森人认为他们都是异教徒。因为"木剌夷"在萨拉森语中意为"异教徒居住的地方"。当地人被称为"木剌赫梯昔"（Mulehetici），就像基督徒中的"帕斯特拉米"（Pastrami）一样，被他们信仰的宗教视为异端。现在我要告诉你这位山中老人的所作所为。他被当地人称为"阿剌丁"

(Alaodin)。他极其邪恶，训练剑手去刺杀仇人。这些剑手通常被称为"刺客"，勇武过人。有了这些刺客，山中老人就能任意杀人，因此大家都怕他。他住在两山之间最宏伟的山谷中，在那里建造世上最大最美的花园，其中满是美丽植物、花卉、水果和树木，数量众多，令人目不暇接。他还在园中建造有史以来最美轮美奂的房子和宫殿。建筑物金碧辉煌，镶以世间百宝，绘以动物和鸟类等图案，所有帷幔均为丝绸。此外，他还在花园里和宫殿四周建造美丽喷泉，以水管连接，喷出葡萄酒、牛奶、蜂蜜和最清澈的水。园中有世上最美之女子，善奏乐歌舞，举世无双。她们围绕喷泉翩然起舞，赏心悦目。最重要的是她们受过训练，能与男人调情，诱惑他们。她们的职责是为进到园中的年轻人提供一切意想不到的乐趣。园中有华服、长榻、美食，还有他们想要的一切。在那里没人伤春悲秋，大家终日嬉戏享乐。这些戴着金饰、穿着绸衣的漂亮姑娘在花园和宫殿里穿梭来去。她们侍候年轻男人，但守口如瓶，没人在山谷之外见过她们。老人告诉手下，那个花园就是天堂。山中老人希望人们把自己当作先知，因为他手里有"天堂的钥匙"。他在谷口的花园入口处建了座坚不可摧的堡垒，这样他就不怕任何人袭击，只有那些他打算培养成自己的追随者和刺客的暴徒才能进入花园。他自己可以秘密进入花园。堡垒被谨慎守卫，而它是花园的唯一入口。老人把所有从12岁到20岁的山里男人都留在自己宫中——这些人都愿意成为勇敢的武士。我该怎么告诉你呢？老人如果想杀死任何发动战争的领主或自己的敌人，就会把某些年轻人按四、六、十、十二或二十人分为一组，一起送到"天堂"。他先喂他们喝鸦片，让他们昏睡整整三天三夜，再把他们运进花园，安排进上述宫殿的房间，然后叫醒他们。醒来时，他们会发现自己已身处天堂。

第四十一章
山中老人如何收服训练刺客

年轻人醒来时，就会发现自己身处美好之地，看到我之前讲给你们听的一切。每个人都被少女围绕，可以从早到晚唱歌玩耍，尽情享受他们能想象得到的爱抚和调情，享用食物和最醇美的葡萄酒。他们陶醉于这快乐中，陶醉于流淌着牛奶和葡萄酒的河流，相信这里就是天堂。姑娘们整天陪着他们玩耍、唱歌，尽情享受，他们想对她们做什么都行。这些年轻人得到了梦想中的一切，他们想永远待在这里。这位山中老人的宫殿美轮美奂，他本人生活豪奢。他周围山区的淳朴居民都相信他是位伟大先知。山中老人派这些年轻人四处传道，人们因此相信他的教义。

四五天后，若他要派人行刺，就又把放迷幻药的饮料给选中的人喝，在他们昏睡时把他们带出花园，带回宫殿。这些年轻人醒来后，发现自己不在花园里而在宫殿的城堡里，就会非常惊奇，郁郁寡欢，仍然渴望回到天堂。山中老人召见他们，他们就立刻去见，视他为伟大先知，在他面前极尽谦卑地跪下。山中老人问他们从何处来，那些人说（蒙您好意）自己来自天堂。他们当着所有人的面，说那里千真万确就是天堂，还讲述自己在那里见到的一切，说自己有多渴望回到那里。其他没去过天堂的人听到这些非常惊奇，也心向往之。山中老人回答他们说："孩子，如果你顺从我，就会得到奖赏。"他通过这种方式激励手下。那些选中去为他杀人的刺客认为这是自己的幸运，因为这样他们就有希望去天堂。许多与山中老人为敌的领主或其他人都被这些追随者和刺客杀害，因为只要遵守山中老人的命令，刺客就不惧死亡。即便刀山火海就在眼前，他们仍夷然不惧，不顾生死，一往无前，不惜与山中老人的敌人同归于尽。因此所有国家都认为他是暴君。若山中老人想杀死某个手握大权的国王，就派使唤得更顺手的刺客去。他派在天堂里待过的年轻人进入该国，命令他们杀死他描述的那个人，他们就立即去执行命令。

杀掉目标后，如果能逃脱，他们就回到山中老人那里；如执行不力，他们会被擒住或杀死。就算被擒，刺客也只求一死，因为他们相信死后会回到天堂。

第四十二章
山中老人如何遣刺客作恶

刺杀后逃脱追捕的人回报山中老人,称自己已大功告成。山中老人设盛宴款待他们。他知道刺客中最勇敢的人是谁,因为他派出探子秘密尾随每个刺客,好弄清楚哪个杀人时最勇敢、技术最高超。下次有刺杀任务时,他会优先派遣那些优秀的刺客,并告诉他们,如果他们死去,他会让天使把他们引到天堂。受令者都心甘情愿,按山中老人的吩咐去做,因为他们非常渴望回到天堂。就这样,只要是山中老人想除掉的人,就没有一个能活在世上。如果第一个刺客失败被杀,他就派第二个去,以此类推,直到他的敌人被杀。这些恶棍的所作所为大率如此。此外,我要告诉你,许多国王和贵族担心他会派人刺杀自己,于是向他赠送礼物,与他保持良好关系,和睦相处。这是因为当时政权分崩离析,大家各有想法。你们已经知道山中老人和他手下刺客的所作所为,现在听我讲他如何垮台,以及被谁毁灭。还有件事,山中老人任命两个副手,他们和他派出的年轻人一样服从他,遵守他的所有礼仪和习惯,听从他的命令。他把其中一个派到多玛斯(Domas),另一个派到曲儿忒斯单。无论什么样的伟人,只要与山中老人为敌,就逃不掉被杀的命运。但这位山中老人最后死于旭烈兀汗之手——我以前同你们讲过旭烈兀汗,这里不再多说,只讲山中老人最后如何垮台。大约在1262年,大汗的兄弟旭烈兀汗成了东鞑靼国国王。他是鞑靼人的第五任君王,知道山中老人率领刺客做的一切可怕的恶事,还知道山中老人抢劫过往行人。于是旭烈兀汗赶走所有恶徒,宣布要把山中老人从世间彻底清除。然后他率大军包围了山中老人的花园和堡垒。包围圈很小,小到无人能从里面逃出来。但他整整三年都没能攻陷它,因为堡垒非常坚固,无法通过强攻拿下。只要堡里有食物,它就永远不会陷落。但三年后守军终于断粮,堡垒被攻占,名阿剌丁之山中老人、其手下和所有刺客都被处决。山中老人的巢穴被东鞑靼国王旭烈兀汗摧毁,堡垒也被夷为平地。这就是那该受诅咒的山中老人的下场。从那时起到现在,当地再没出过那样的首领和刺客。山中老人和他手下刺客作的孽都随他本人一起被埋葬。故事就讲到这里，我们将继续前行。

第四十三章
撒普儿干城

离开此堡后，行过风景秀丽的平原、山谷和山坡，一路尽是优良牧场，遍地牲畜果树，飞鸟走兽食水充足。因供给丰足，旭烈兀汗的大军乐居于此。该地亘延六日程，广有城镇村庄。某些地区有沙漠，最多长60英里，但滴水皆无，行人须随身携带饮水。牲畜必须迅速穿越沙漠，此后方有饮水。骑行六日后，再穿越沙漠，可抵撒普儿干城（Sapurgan）。该城尊贵美丽，土壤肥沃，绿树成荫，物产丰富。这里盛产世上最好的甜瓜。当地人将其切条晒干，质如皮革，可整年保存，味赛蜜糖。他们把这种甜瓜干销往邻国，大受欢迎。该国盛产走兽飞禽，人们可以狩猎捕鸟。该城再无别事，我将介绍巴里黑城（Balc）。

第四十四章
巴里黑大城

巴里黑是尊贵大城，往日尤其出色，冠于当地，但经鞑靼人肆意蹂躏后，今非昔比。此前城中多宫殿和大理石房屋，千姿百态，美轮美奂，但今只余瓦砾。当地人说亚历山大大帝娶波斯国王大流士女为妻即在此城。该城居波斯东部与东北部之间，为东鞑靼国势力范围之极限。现在不谈此城，我将介绍哈纳（Dogava）。离开上述之城，向东方和东北方之间行十二日，一路不见人烟，居民皆离开平原，避匪患兵祸于山上堡垒。这一带田地荒芜，除非人多势众，否则旅者安全堪忧。山上多池塘，因此水源充足，有无数猎物和狮子。但十二日中很难找到食物，行人须携粮草。

第四十五章
盐山

十二日路行毕，见一村名塔亦寒（Taican），有大市集售卖小麦等谷物。该处风景秀丽，所有山脉坐北向南，大且高，山上多盐矿，色白而味佳，质地坚如磐石。方圆三十余日程内的人对其他盐不屑一顾，都来这里取世上最好的盐。盐矿坚硬，只能以铁镐刨碎。其储量丰富，

41

够全世界人吃到世界末日。有些山上盛产杏仁和开心果，那里就有大市集。离开该城，向东及东北方之间骑行三日，沿途风景甚美，到处都是整洁住宅，以及水果、谷物、葡萄等大量作物。当地居民本质恶劣。当地的发酵酒不错，他们嗜酒如命，整天待在酒馆里。他们是先知的虔诚信徒，因此他们身上都没有装饰，只在头上缠一根十掌长的绳子。他们善于狩猎，收获颇丰，而且有处理皮革的特殊技巧，能用野兽皮毛制衣做靴，此外不穿其他材质的衣物。行三日后，可见平原上有城名讫瑟摩（Scassem），城主为某伯爵，其治下其他城镇村庄都在山区。有条大河从该城中心穿过。当地有不少豪猪，猎人们放凶猛猎犬去追它们，于是众多豪猪聚在一起，愤怒地抖动身体，用背上、头上和体侧的长刺去刺猎狗和猎人，有时能重伤对方。但猎人总是能抓住它们。讫瑟摩城位于同名大州，自有语言。牧羊人在山中建起整齐住宅，掘出大型地窖——土层很厚，岩石不多，挖地窖很容易。离开讫瑟摩城骑行三天，一路除水之外找不到住处和食物，行人必须多带给养，但牧草足以喂饱马匹。三天后，可至巴达哈伤（Badascian）州，请听我介绍它。

第四十六章
巴达哈伤大州

巴达哈伤是一大州，当地人自有语言。该州广大，方圆十二日程，国王世袭，都是亚历山大大帝与其妻，即波斯国王大流士女儿的后裔。在萨拉森语中，所有国王都被称为"竹勒哈儿年"（Çulcarnein），法语意为"亚历山大大帝"，以此纪念亚历山大。该州出产红宝石，名"巴剌思"（Balasci），美丽且价值连城。它们产于山中岩石，开采极其麻烦。当地人穷尽人力物力，才能像挖掘金银矿脉一样，从山上打通巨大洞穴，深入地下。只有名为"尸弃尼蛮"（Sighinan）的山上才出产这种宝石，被该州国王据为己有。除了国王之外，无论本地人还是外国人都不敢私自开采，否则会被处决。国王有令，若有人偷窃宝石，罪犯将处极刑，资财也将充公。国王垄断宝石，将其送给其他国王、诸侯和领主——有的作为贡品，有的作为礼物。有时他也出售宝石给商人，换取金银，这部分宝石就流入其他国家。国王如此行事是为抬高宝石价格,让它在各地都能被视为珍品。若他任人随意开采并带它们到世界各地,那么全世界处处皆有此物,就不会那么珍贵值钱,国王也就无法获益。为此国王设重刑,禁止任何人擅自带走宝石。该州另一座山上出产世上最纯净的蓝宝石,其开采方式与红宝石和金银一样,也是从矿脉里开采出来。该州其他山脉有盛产银、铜和铅者。该州极冷,出产良马,奔跑如飞,体型壮硕。虽然地面多石,但它们蹄子坚硬,在山间或崎岖路上奔跑时,不钉蹄铁也不会伤到蹄子。骑手可驱马在其他动物无法也不敢奔驰的山坡上驰骋。据说该州不久前还发现亚历山大大帝名为"布塞法罗"(Bucefalo)的坐骑的后代。此类马同布塞法罗一样,生来有角,额上有印记,因为那就是布塞法罗同母马的后代。但后来它们绝迹了。因为当时该品种只掌握在国王某个叔叔手中,但他拒绝献马给国王,于是被国王处死。其妻子心怀怨恨,杀掉所有该品种的马,因此这条血脉就失传了。此外,山中有善飞的萨卡尔(Sakar)猎鹰,还有兰纳(Lanner)隼,以及优良无可挑剔的苍鹰。当地野兽飞鸟繁多,可为猎物。当地出产优良无壳的小麦和大麦,也就是说只有谷粒,没有麸皮。小米和谷子也出产不少。当地没有橄榄油,居民用芝麻榨油。芝麻外观酷似亚麻籽,但色白,榨出的油质量最好,味道最美。当地鞑靼人和其他人都用芝麻和坚果榨油。该国境内有许多狭隘陡峭的关隘和坚固工事,以防外敌入侵。他们的城镇村庄在山区,非常安全。山峦高峻,若要从山底至山顶,须早起出发,晚祷时分方可到达。山顶有大片平原,草树丰茂,泉眼宽阔,泉水流经石上,清澈见底,其中泉水里有鳟鱼和其他小巧鱼类。山顶空气纯净,有益健康。住在平原城市和附近山谷的居民,无论因何发烧(如间日热、四日热或高烧不退),或偶患其他疾病,只要上山待两三天就可痊愈。马可自称能证实这点。因为他曾在当地卧病一年,后接受建议去山上,立即痊愈。还有两三座山,山中水含硫黄。有大量野羊,有时会聚在一起,多达数百只。有很多被猎走,但数量总不见少。当地人善射,都是好猎手,布料少见,而且毛毡稀少昂贵,大部分人都穿兽皮衣。当地贵族男女穿棉布和极精美丝绸制成的衣物,熏麝香。裤子用宽幅布制

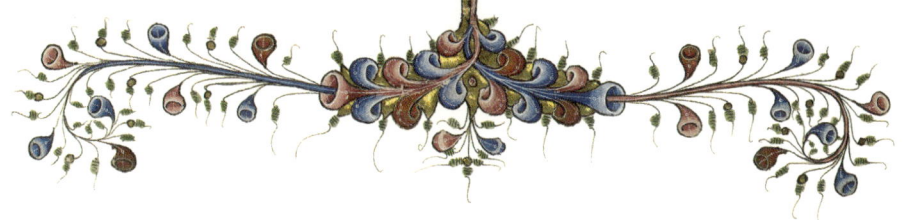

成，长至曳地。有些女子也打绑腿，用长达100埃尔[1]的精细亚麻布和棉布裹在身上。布匹长度可为90至30埃尔或更短——取决于她们的地位。该州男子喜欢丰满身材，她们就在布上打满褶，好显得自己臀部丰满，以此为美。现在我已讲完该国所有事情，让我们离开它，向南走十日，去看另一种族。

第四十七章
帕筛州

出巴达哈伤，向南骑行整十日后，至帕筛（Pasciai）州。当地居民自有语言，崇拜偶像[2]，肤色较深。他们会魔法，能召唤恶魔。男子戴金银耳环和腰带扣，上面按其财力镶嵌珍珠宝石。他们恶毒、狡猾、残忍而聪明。该州酷热，居民以肉、米和香料为食，且性淫，我不愿详述，污我笔墨。现在我们离开这里，向东南行七日，至怯失迷儿州。

---

1 埃尔（Ell），旧时量布的长度单位，表示"一臂长"。
2 崇拜偶像者多指佛教徒。

第四十八章
怯失迷儿州

怯失迷儿州居民自有语言，也崇拜偶像，最了解魔法。他们能创造奇迹，使土塑泥胎开口回答问题。他们能以魔法随心所欲地改变天气，使白日昏暗，黑夜复明。他们用魔法和才智做了许多伟大奇妙之事，若非亲见，绝难相信。此外，他们是偶像崇拜之源。从此处可至印度海。当地男女通常肤色很深，但又非黝黑，身材高瘦。虽然肤色深暗，女子仍非常美丽。他们以肉、牛奶、大米等为食。这里气候温和，广有城镇村庄，还有森林和几片大沙漠，以及狭窄坚固的关隘。当地人不惧外敌，因外人很难入侵，即使来袭也会被拖垮。他们独立自主，不依附他国。国王为人公正，深受爱戴。该州有许多隐士，按照当地习俗侍奉偶像。他们躲在隐居处或小屋里，严格斋戒，自律甚苛，过着纯洁生活。他们不放纵自己，不做任何可能违背良心的事，也不违背任何戒律、法律和信仰。普通人认为他们很有才智且神圣，对他们极为尊崇。当地天气温和，他们

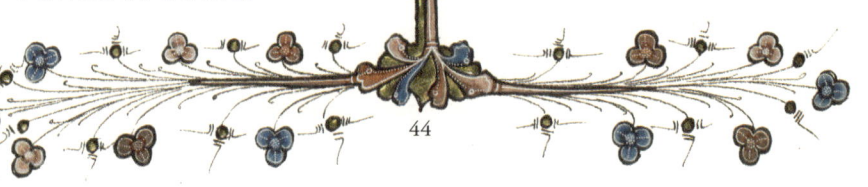

都能得享高寿。他们建起大量修道院，持斋守戒，远离罪恶，可谓信仰虔诚。各教派都过着严格生活，削发露顶，一如我们的传道兄弟会（Brothers Preachers）和未成年人。

此外，该州人不杀生，不见血。如果他们想开荤，就让混居于他们之间的萨拉森人帮忙杀死自己的牲畜，这样他们就只好吃掉它。从我国运来出售的珊瑚在该国售价最高。该州及周边皆已讲述完毕，但我们暂时停止前进，因为再前进十二日即至印度，也就是那个周边种植辣椒的婆罗门王国。我现在还不想谈那里，因为本书第三卷会专门介绍印度。我们还是返回巴达哈伤，因为这是唯一道路。我们从其另一条边界出发，向东方和东北方向前行，直至契丹，再谈沿途各州国。

第四十九章
巴达哈伤大河

离开巴达哈伤，向东方和东北方向之间前行，沿属于巴达哈伤国王之弟的河流向上游骑行十二天，一路可见大小河流，人烟稠密。当地人都是英勇战士。骑行十二天后即至哇罕（Vocan）

州。其地不甚广，长宽皆三日程，居民自有语言，是久经沙场的勇敢战士。其王称"那奈"（None），法语中意为"伯爵"，臣服于巴达哈伤国王。该地区野兽繁多，可供狩猎。离开这个弹丸小州，向东方和东北之间骑行三日，一路循山脉而上，见山峰高峻无匹，据称是世界至高处或至高处之一。临高眺远，可见两山间有广大平原，是世上最好、草质最丰美的优良牧场；还可见大湖，从中泻出一条美丽大河。马、牛等牲畜无论多瘦，在牧场上待十天就会体态丰腴。此处野兽种类丰富，有许多硕大野羊。其角极厚极大，至少长三四掌，最长可至六掌。牧羊人用羊角做食器，大量出售，还会把它们搭成小屋遮风挡雨，或者拼成围栏，夜间圈住牲畜。据说那里有狼无数，会吃掉并咬死羊；还听说那里道路两侧皆有羊角羊骨散落，积雪也无法覆盖。这片名为帕米尔（Pamier）的平原绵延十二日程，沿途皆为沙漠，没有民宅客栈，也没有食物，因此迫不得已才走这条路的行人必须随身携带食物。那里地势高，天气冷，因无食物而少见飞鸟。

此处有一奇观：因气候极冷，火焰不如别地明亮、燃烧不旺，色彩城镇村庄，最大最尊之城是可失合儿城。该国在东方、东北和北方之间，盛产布料等商品，居民以贸易和手工制品，尤其是棉花制品为生。当地有美丽花园和葡萄藤，还有茂盛果树，土壤肥沃，气候温和，盛产棉花、亚麻、大麻等作物。该国商业兴盛，本地商人走遍世界做生意。但居民吝啬，饮食过于节省。还有信奉景教的突厥人——他们有自己的教会和信仰，遵守希腊风俗，与土著居民混住，就像该处犹太人与基督徒混居一样。该州广五日程，居民自有语言。现在让我们离开此处，谈谈撒麻耳干（Samarcan）。

也不鲜艳，而且比起海拔较低处，食物很难煮熟。现在让我们离开这里，继续向东方和东北方之间前行，讲讲其他见闻。再向东北走三天就能找到宿处。但继续向东方和东北方之间走，四十日程内都是山脉、斜坡、山谷、河流和沙漠，没有民宅客栈，也没有食物，所以行人必须随身携带食物。此地名博洛尔（Belor），居民生活在高山中，崇拜偶像，非常野蛮。他们靠狩猎为生，以兽皮为衣。现在让我们离开这个国家，去看看可失合儿（Cascar）州。

第五十章
可失合儿国

可失合儿以前（正如所说）是独立王国，但现在是大汗属国。该州广有

第五十一章
撒麻耳干大城

撒麻耳干是大而尊贵之城，位于平原，随处可见美丽花园和佳果。该城居民听命于大汗之侄海都（Caidu）。然大汗与其侄交恶，曾大战数次，结怨甚深。城在西北方。于125年前在该城出现了一个神迹。当时大汗的亲兄弟察合台（Ciagatai）在基督徒的劝说下，接受了神圣洗礼，成为基督徒。他治下就包

括撒麻耳干城。城中基督徒见城主皈依本教，欣喜若狂。有城主支持，他们在撒麻耳干城中建起伟大庄严的圆形教堂，以纪念施洗约翰（Saint John Baptist），如今这教堂就以此为名。城主从萨拉森人的某建筑物上取下一方漂亮的大理石，置于教堂正中，为支撑教堂穹顶之大理石柱的柱础。城主是基督徒，所以萨拉森人虽然不悦，但只能保持沉默。他们对基督徒怀有极大的仇恨和恶意，部分出于本性，但更多源于那方从他们建筑中取出并放置在基督教堂中的柱础。虽然他们不同意这样做，但慑于察合台之威，只能默许。不久后，富丽堂皇的教堂建成，而基督徒察合台去世。因其子年幼，大权旁落于大汗侄子手中，而此人不愿如察合台一样皈依基督教。那些憎恨基督徒的萨拉森人起初因害怕察合台而保持沉默。现在察合台已去世，他们又记起旧恨，于是打算从基督徒手中收回那方柱础，决定如果不能和平解决此事，就诉诸武力，把它抢出教堂。他们有把握成功，因为己方人数十倍于基督徒。计议完毕后，萨拉森人来到圣约翰教堂，对基督徒说，无论如何都要讨回那块石头。

基督徒们说，石头原来确实属于萨拉森人，但他们愿意购买它，萨拉森人开多少价都可以，只要别动石头就行，因为如果将它拆下来，就会大大损害教堂建筑。萨拉森人说，他们不想要金银财宝，只要石头，世上再贵重的财富也不换。当时统治者是大汗亲兄弟察合台之子，也就是大汗之侄。这话不胫而走，传到城主耳中。心中充满仇恨的萨拉森人愤怒地去见城主——萨拉森人的保护者，诉说察合台如何践踏先知的信仰。城主与萨拉森人同仇敌忾，也希望大教堂因失去柱础而坍塌，于是命令基督徒们同意萨拉森人的合理要求，把石头还给他们。要知道，萨拉森人不会收下钱，放弃这块石头。他们这样做是出于对基督徒的怨恨，因为他们深知，如果石头被拿走，教堂就会倒塌。他们向基督徒宣布城主之令：两天内，必须将石头归还给萨拉森人。基督徒悲伤而烦恼，无所适从，既不知道如何用武力或钱财解决这一问题，也不知道如何在不破坏教堂的前提下撤走石头。他们回家去咨询最好的顾问，既请求耶稣基督指引，不要毁坏圣堂，也不要毁坏施洗约翰在他自己教堂里的圣龛。然后他们虔诚地含泪向施洗约翰祈祷，希望他能帮助他们渡过难关。神迹终于出现。城主给他们定下的期限到来时，早晨萨拉森人来到教堂，坚信且盼望教堂会因为石头被拆走而倒塌。然而他们发现，耶稣基督使柱子悬于空中，离地三掌高，没有碰到那块石头，但就像石头仍垫在下面一样。从那天起，这根柱子就一直如此，静止不动。人人都看到了这一奇观，现在仍然是世上伟大奇迹之一。萨拉森人就这样得到了他们的石头，但最终目的并未达到。人们从四面八方聚集到城中，来看这一伟大神迹。故事到此结束，我将继续介绍鸭儿看（Yarcan）州。

第五十二章
鸭儿看州

鸭儿看州广五日程，居民多信奉先知，还有少数景教和雅各派基督徒。鸭儿看也属上述大汗之侄治下，物产丰饶，盛产棉花。当地人手工艺精湛。大部分人双脚大小不一，但不影响行走。此外他们双腿肿胀，喉咙里有肿块——是饮用水的问题。其他情况不值一提，所以我们继续前进，去忽炭（Cotan）州。

第五十三章
忽炭大州

忽炭州位于东方和东北方之间，广八日程，乃大汗属国。这里有许多城镇和美丽村庄，人民高尚。州内首府，即最名贵之城，亦名忽炭。该州土地肥沃，物产丰富，盛产棉花，以及亚麻、大麻、小麦等作物，还有其他在我国也可种植的作物。该地葡萄园多，出产葡萄酒。当地人倚贸易和手工业为生，但小气懦弱，无英勇之气。该州言尽于此，我们来看看培因（Pem）州。

第五十四章
培因州

培因州地域不广，在东方和东北方之间，当地人臣服于大汗。治下城镇村庄众多，其首府亦名培因。城中有河流过，河中产碧玉和玉髓。该州百物富足，盛产棉花，居民以贸易和手工艺为生。该州有俗：已婚男子出门旅行二三十日以上，其妻便可在家与其他男子交往，直到他回来为止。虽此风不正，但当地皆奉行。反之，该男子无论在何处，也可再与其他女子婚配。前述可

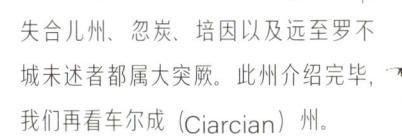

失合儿州、忽炭、培因以及远至罗不城未述者都属大突厥。此州介绍完毕，我们再看车尔成（Ciarcian）州。

第五十五章
车尔成州

车尔成是大突厥一大州，位于东方和东北方之间。此前它地位尊崇，土壤肥沃，但现在被鞑靼人蹂躏，土地荒废。该州人民自有语言。其治下城镇村庄众多，首府也被称为车尔成。域内多大河，出产碧玉和玉髓，质优量多。商人们将宝石卖给契丹，获利颇丰。该州几乎全是沙地，与忽炭和培因之间也多沙漠，大多数地方是苦水，但有多处甜水源。夏天，不时会有鞑靼军队经过车尔成——友军会杀死并吃掉所有牲畜，故军则会掠走当地人所有财产。因此故军经过之前，该州居民挈妇将雏，携牲畜细软，遁入沙漠。他们行两三日，直到有牧场水源之处，与牲畜一起生活，这样敌军就找不到他们。他们待在那里，等军队通过。没人能找到他们，因为盛行的西南风卷起沙子，破坏了他们的足迹，掩盖走过的路。故军来时，找不到人，查不出他们去了哪里，也看不到人或动物曾经走过哪条路，只好放弃。故军离开后，他们再回家。他们以这种方式避开敌人。如果鞑靼军队碰巧来自其宗主国，那么他们就不会逃，只会藏起牲畜，免得它们被抢走或吃掉——鞑靼军队拿走当地人的东西从不付钱。他们收获完谷物，就把谷物储存在沙地、洞穴等远离住所的地方，每月去储藏处，拿回自家所需的份额。除他们自己外，别人找不到地方，也不知道他们去哪里取粮，因为风挟带沙子，马上掩盖了他们的足迹。离开车尔成，穿越沙地，沿途苦水为多，但有时能找到甜水。第五日晚可至沙漠边缘的罗不州。行人可在此休息并补充给养，准备进入大沙漠。

第五十六章
罗不城

罗不是沙漠边缘一大城，出城即为罗不大沙漠。该城位于东方和东北方之间，臣服于大汗。城中可买到沙漠旅行所需的一切，想穿越沙漠的人必须在该城休整至少一周，让自己和牲畜休息好，再准备能支撑一个月的粮草，因为他们需要很长时间才能穿过那片大沙漠。他们用健驴驮着商品和食物，穿过沙漠。如果饲料在穿过沙漠之前就消耗完了，他们就卸下驴子或骆驼身上的货物，杀掉它们，吃它们的肉，或者把它们放走，任它们自生自灭。商队的牲畜大部分都是骆驼，行人也倾向于保留骆驼，因为它们吃得少而负重多。当地人说，沙漠最宽的地方，骑行一年也走不到尽头——但实际上这是做不到的，因为不可能携带够消耗一年的食物。若加快速度，从较窄处一个月就能横穿。行一个月，沿途无宿处食物，尽为荒山、平原、沙地和山谷。但在冬天，行一日夜后可找到甜水源——只够50至100人以及他们的牲畜饮用。因此不要与超过50人的商队同行。有时行人一天一夜都找不到水喝。沙漠中共有二十八处水源，苦咸恶水有三四处，其余皆为甜水，但储量不丰。沿途无飞禽走兽，因为无处觅食。但穿越沙漠时，你会发现奇迹：沙漠中有精灵，能使行人产生幻觉，置其于死地。商队中有人掉队或离开正路时，或有人于夜晚独自穿越沙漠时，时常能听到空中精灵说话，有时还会呼喊此人名字。他以为是同伴，便循声而去，自此迷路，与旅伴失散，没有饮食，就这样死在沙漠中。不仅在夜晚，甚至在白天，人们也常听到恶灵之声。有时能听到空中奏乐——鼓声或金铁交鸣之声最为常见。所以沙漠中旅人必须非常小心，千万别掉队。他们还要在马和牲畜的脖子上挂铃铛，让它们一直被铃声烦扰，这样不会睡着，也不会迷路。晚上有时他们会觉得仿佛有一队人朝着另一方向行走，以为是同伴，就随着队伍行进。天亮后，他们会发现自己已被恶灵引走，最后死于非命。有时在白天，恶灵会装成其同伴，与掉队或迷路的人同行，然后抛弃他，让他独自在沙漠中死去。有时恶灵会幻化为军队，向商队冲来。行人以为是强盗来袭，于是离开正路，四散奔逃。但沙漠广大，他们再寻不回正路，最后悲惨地饿死。那些事先不知此类幻象的人，很多因此死于非命。此等鬼事难以置信，但实际更为神奇。因此行人要紧跟大部队行走，睡前在前进方向上做标记，这样才能穿越沙漠。这就是我要讲的可怕之奇事，现在我们来谈谈出罗不沙漠后所见各州。

第五十七章
唐古武州

行三十日后出罗不

沙漠，可见沙州（Saciou）城，在唐古忒（Tangut）州，隶属大汗。该州人多崇拜偶像，自有语言，此外还有信奉景教的突厥基督徒，以及萨拉森人。该城在东北方和东方之间，居民不务工商业，以农耕为生。城中多有寺庙，供奉各种偶像甚诚。该州有俗，子女出生时，每年都要为偶像蓄养一只羊。新春或偶像节日里，蓄羊者携子女及羊至偶像前礼拜并举办盛宴。礼拜后，他们将羊肉煮熟，献给偶像，请僧侣祈祷偶像保佑其子女身体健康。他们说偶像是泥塑木胎，只能以肉香为食，不能吃肉，因此仪式完毕后，他们把供在偶像前的肉取走，把自己那份肉换给偶像。他们携供肉还家，或至别处，请来亲朋好友，虔诚而喜悦地吃掉供肉。吃完羊肉后，他们收集所有羊骨，保存在匣中。僧侣们会得到羊的头、蹄、内脏和皮，以及部分羊肉。同世上所有偶像崇拜者一样，当地人会将逝者的尸体火化。某人去世，尸体就要被从自家宅子送到城外火化场。死者亲属会按各自财力，在棺椁要经过的路边用木棍搭建小亭，用最华丽的丝绸和金锦覆盖其门廊，将其放在路中央。棺材经过时，会被放在亭前地上，亭中人以酒、食物和肉祭死者，助死者之灵恢复力量，以便稍后在场观看自己的尸体被火化。他们希望死者在冥界能受同样礼遇。每过一座小亭，这个程序就重复一次，至火化场为止。死者亲属在火化场已备好彩绘纸人，写上各自名字，代表亲属。除此之外还有马、骆驼、绵羊等动物，与银币等大的冥币，若干彩绢和其他物品。人们把所有东西都扔到火里，与尸体一起火化，认为烧掉的东西都会变成死者在冥界中的奴隶、女仆、马匹、钱币、牲畜等财产。他在另一个世界仍会名利双收。火起时，百乐齐奏，象征死者在阴间也会受同样礼遇。上述仪式规模根据死者的地位和财产不同而稍有变化。此外补叙一事，某人去世后，亲友会立刻请卜卦者到场，按死者出生的年、月、日、时，以及对应的星座和本命星辰，用法术推算火化的日期和时间。如果该星辰并未处于上升状态，卜者会让丧家等上一周或半月再火化尸体，而有时要等上一月半年，大率如此。这就是他利用法术得出的结论。此时，死者亲人只好停尸于家中等待吉日，或至少避开凶日。未经卜者同意，无人敢火化尸体。其间人们将尸体封于木棺中，棺板厚及一掌，严丝合缝，外面涂以油漆。他们用绸布裹好尸体，在棺中放置樟脑、藏红花等香料防腐，此后钉好棺材，用沥青和石灰抹平缝隙。死者亲人在灵柩前设一板，每日供奉面包、酒、肉等食物，一如其生前。人们认为死者方便时会来用餐，说他的灵魂会摄取饮食的香气。他们从死者去世那天开始就如此做，直到火化那天。此外，卜者还常会告诉逝者亲属，出殡时棺木不可从正门出，而要另出一门。他会说星象如此，或该门正对的某样事物不吉，于是死者亲属只好从另一扇门抬出棺木。很多时候，他们会把正对着吉星的那堵墙凿开，另开新门，从此处抬棺火化。卜者还会按死者出生时之星辰算出火化时间，必须按此吉时，或者至少要避开凶时，称或不按此时火化，其死后不得安宁，甚至化为厉鬼作祟，使家宅不宁，伤害或杀死家人。因此人人奉卜者之言为圭臬，若不照办，家人生病、遭遇不幸或死亡时，卜者会说，死者火化的时辰与其命星不符，或出殡时出门的方位不对，才会如此。世上所有拜偶像者都是如此，这些异教徒在火化一事上相当迷信。我们就谈到这里，现在看看沙漠边缘西北方之一城。

第五十八章
哈密州

昔日哈密（Camul）州是一国，在唐古拉大州，下辖城镇村庄无数，首府亦名为哈密。该州夹于两沙漠间，一为上述罗不大沙漠，一为广三日程之小沙漠。该州居民都崇拜偶像，自有语言。他们以果树为生，收获不少，可留以自用，或售与过路客商。当地人性情开朗，沉溺享乐，终日奏乐唱歌跳舞，享受短暂肉体欢娱，也喜欢按自己的方式阅读写作。他们自古便被偶像教派引入歧途，发展出这样的奇特习俗：若有陌生人来家中投宿，主人会欣然接待，尽全力取悦对方。他告诉家人亲友要满足陌生人一切要求，然后离家外出，把妻子留在家里跟陌生人待在一起。他去农场或其他地方住两三天，其间派人送去客人需要的一切东西（毫不索取报酬）。客人待在家里，与主人妻取乐，无所不至。但当地人并不以为耻，反以为荣，说偶像命其款待所有需要休息的行人，他们如果照办，财产和子嗣就会成倍增加，同时吉星高照，诸凶退散。当地女人都美丽开朗，对丈夫千依百顺，而且非常享受这种风俗。所有鞑靼人的第五任大汗蒙哥汗（Mongu）管辖此州时，有人向他报告哈密州人命妻子与陌生人通奸。蒙哥汗厌恶这可耻习俗，立即下令将其废除，违者会受到严惩。他命令该州人摒弃如此下流的习俗，不得再以这种方式接待陌生人。为维护妻子清誉，应为行人提供公共住所。哈密人非常难过，遵守此令逾三年，其间，发现收成减少，家中屡遭不幸，于是开始商量对策。他们派人携重礼求见蒙哥汗，求他收回成命，因为这种做法使他们蒙受极大损失。他们希望蒙哥汗允许他们遵守祖训，允许他们利用长辈为他们娶的妻子取悦偶像，否则他们的生存就很成问题。他们告诉蒙哥汗，他们的妻子和财产能为陌生人带来快乐，因此受到偶像青睐，于是偶像保佑他们丰收，人口繁盛。但自从他们不再接待陌生人，他们的宅子就逐渐腐朽，甚至坍塌。使节携重礼来到大汗面前，按惯例受到热烈欢迎（我不是在影射我国的统治者，因为他们完全没有这种概念）。大汗听到他们的要求，一开始还努力想打消他们这种可鄙想法，但他仍然确信，如果违背神灵意愿，就会为它们厌弃。蒙哥汗于是说："我已经尽了我的责任，既然你们不以此为耻，那就一切照旧吧。去按你们的习俗生活吧，把你们的妻子作为礼物献给行人。"随后他撤销命令，同意他们任意行事。使者带着这个喜讯回乡，从那时起至现在，该州一直保持这个习俗。哈密州就介绍到这里，现在我们谈谈位于西北方和北方之间的畏兀儿斯坦（Iuguristan）州。该大州隶属于大汗，辖众多城市村庄，首府称哈剌火州（Carachoço）。当地人多为偶像教徒，也有景教基督徒和萨拉森人。基督徒经常与偶像教徒通婚。但他们说，他们的始祖并不是人类，而是从树汁中长出的某种真菌。在我国，这种真菌被称为"以斯喀"（Esca），其他人都是从他身上生长出来的。偶像崇拜者按他们的规则和习惯来说非常博学，而且总是学习文史类知识。当地出产各种谷物和优质葡萄。冬日极冷，世上无地可出其右。

第五十九章
欣斤塔刺思州

欣斤塔剌思（Ghinghin talas）州与上述位于西北方和北方之间的小沙漠相邻，广十六日程，隶属大汗，下辖众多城镇村庄。该州拜偶像者人数较多，此外还有信奉景教和雅各派的突厥人。该州北面边境有一山，山上有优良铁与翁荅里克之矿脉，此外还有一矿脉，可制入火不燃之"火蝶螈布"[1]，是世上最好的布料。我说的"蝶螈"并非蜥蜴或蛇，因为这种织物并非像我国人认为的，是生活在火中的某种生物的毛发，它的原料产自矿脉。要知道，自然界中任何生物都无法在火中生存，因为它们都是由空气、水、火和土四种元素构成，分热、湿、冷、干四种属性，所以入火必死。人们不了解蝶螈，就误以为它属于兽类。听我给你们讲：我有同伴名祖立福合（Çulficar），是位男爵，也是突厥商人，非常博学且值得信赖。他在该州待了三年，为大汗开采蝶螈、翁荅里克、铁和其他矿藏，也制作火蝶螈布。我旁观过此种布的制作过程。先从山上矿脉中开采矿石，将其弄碎，其中羊毛般的丝线就会扭结在一起。把它们晒干，放于铜臼里捣碎，再用水冲洗，直到上述羊毛般的线浮于水上，附着的泥土沉到水底，再把泥土丢弃。这种羊毛一样的线可以纺成线，织成布。但布匹刚从织布机上取下来时

---

1 火蝶螈布即石棉布，古代中国又称火浣布。

不是白色，而是棕色。这就是我们谬传的"火蝶螈布"。若想让它们变白，可用火烧一小时左右，它们就会白如初雪。每当这些织物沾上泥土或污渍时，人们就会把它们放在火里烧。它们不会被烧毁，而是变得像雪一样白，就算是"清洗过了"。这就是"火蝶螈布"的制作真相。我亲眼看到它在火中变为纯白。但我们传说中生活在火里的蝶螈，我在东方从未听人说过。说它是某种动物，要么是谎话，要么是寓言。我还要告诉你们，大汗曾派马可兄弟送火蝶螈布给教皇作为重礼。该州言尽于此，接下来我们来看东北方和东方之间的肃州（Succiu）。

第六十章
肃州

离开欣斤塔剌思州，向东方和东北方之间骑行十日程，沿途几乎不见人烟，一路无话。十日后即至肃州，见城镇村庄无数，其首府亦称肃州。当地居民有景教基督徒，也有拜偶像者，臣服于大汗。肃州、哈密州和欣斤塔剌思州合称唐古忒州。这几州的山区盛产最优

质的大黄，行销全世界。除此之外，再无其他特产售卖。若没带当地牲畜，外来旅者不敢去山里，因为山里生长着某种有毒植物，外来牲畜食之会失掉四蹄。但当地牲畜能认出这种植物，进食时会避开它们。这里有大量羊群和水果，居民以此为生，但除贸易外他们不事别业。这一带水土不错，人们肤色深暗。再没有别的值得讲的了，现在我们谈谈甘州城（Campçio）。

第六十一章
甘州城

甘州是唐古忒州首府，居民信奉偶像、先知和基督。城中有三座基督教教堂，大而堂皇。该城还有许多庄严寺庙，供奉大量偶像。偶像有高至十步者，余者较小。偶像有木雕、泥塑、陶制、石刻、铜铸、外表镀金，做工精良，大小不一。地位较高的偶像卧于台上，伸展四肢，较小的偶像立于周围，如门徒一样恭敬。较大偶像比较小偶像更受尊敬。此前我未曾详细介绍过偶像崇拜者的所作所为，所以打算在这里多说几句。那些持戒且终日侍奉偶像者远离肉欲和其他不正当行为，比其他拜偶像者更持身严谨。但他们遵守戒律并非出于对法律的畏惧，而是自愿如此。他们认为，若女人主动来调情，他们可以接受，不会违背戒律，但若他们主动就是犯戒。此外，犯鸡奸之男女会被处死。像我们为我们的圣徒庆祝节日一样，他们也会为偶像庆祝节日。他们有类似我们万年历的历法，依月亮的运行规律制定，依此把偶像的节庆安排在固定日子。他们用历法计算时间，在某几个月中，每月至少连续有三到五天严禁僧侣杀生，也不许他们吃那几天被杀死牲畜的肉。他们重视这些日子，就像我们基督徒重视星期五、安息日和圣徒守夜祈祷一样。这五天中，他们持戒尤其严格。某些僧侣出于虔诚而终身食素，但平信徒可食肉。此外，平信徒最多可以娶三十位妻子，依其经济实力而定。女子出嫁不必有嫁妆，丈夫根据自己的地位，将羊群、奴隶和金钱送给妻子作为彩礼。第一任妻子地位最尊。如果男子以为哪位妻子年纪大、身体不好或不能讨自己欢心，可以出妻。他可以娶前妻妹妹为妻，并任意对待她，如果愿意，他还能再娶一位。此外，他还可娶堂表姐妹、非自己生母的父妻和兄弟（或其他亲戚的）之妻。我们视为重罪的，可能在他们看来不过尔尔，因为他们过着无法无天的生活，犹如禽兽。尼科洛、马菲奥和马可为小事在此待了大约一年。言尽于此，我们从此出发北上，行六十日，继续谈谈北方其他州。

第六十二章
亦集乃城

离开甘州城，骑行十二日，可至亦集乃（Eçina）城。它在北方沙漠边缘，属唐古忒州，居民皆崇拜偶像。他们广有骆驼羊群，同时大量繁殖优良鹰、兰纳隼和萨卡尔隼。当地人以水果牲畜为生，不操商贾之业。行人宜在此城储备四十日之粮，因为出城即为沙漠，骑行四十日也找不到民宅客栈。冬天严寒，行人只能在夏天行路。沙漠里的谷底山上多水源，有梭子鱼等鱼类，还有很多野兽，尤多野驴。沙漠边缘有多处松林。骑行四十天后可抵北方某州，有大城名哈剌和林（Caracorom），下文再对此细谈。上述肃州城、哈密州和欣斤塔剌思州都属唐古忒大州。

第六十三章
哈剌和林城

据我判断，哈剌和林城方圆三英里，城中房屋皆为木材泥土所筑。据说这是鞑靼人离其本土后所据之首城。该城周边不产石料，城中人筑土为城墙。城外有一大堡，堡中有一宫殿，为国王所居，美轮美奂。

你已经听我讲过了许多城镇州国，现在我想讲讲鞑靼大汗的由来，以及他如何征服大片国土。我会告诉你们他和鞑靼人的事迹，以及他们最初是如何组建政权、八方征战的。昔时鞑靼人居于北方的主儿扯（Ciorcia）和巴儿忽（Bargu）平原，无城镇村庄，但有上佳牧场、大河和充足水源，可以放牧牲畜。鞑靼人散居，没有统一首领，但自愿向在他们语言中名为"王罕"（Uncan）的大领主纳赋税。此名在法语中为"长老约翰"（Prester Johan）之意，此人威名世所共闻。鞑靼人每打到十只野兽，就要交给他一只作为赋税，其他收获也要献给他十分之一。后来鞑靼人繁衍甚众，部族势力渐大。长老约翰怕他们反抗，会伤害自己，于是命他们散居于数个国家，使他们无法团结一致。每当他发现有人反叛,就从一百个鞑靼人中选出三四个,命他们移居各处,这样鞑靼人的势力就越来越小(他在其他事务上也同样行事)。他派一位贵族去办此事,强令鞑靼人服从,并威胁他们:若不听命,惩罚将近,届时悔之晚矣。鞑靼人接到命令,非常难过。他们不愿被如此奴役,也不愿彼此分离。他们知道长老约翰是想毁灭他们,于是聚在一起商量并做出决定:离开这里,移居他方,躲开长老约翰的统治和报复。然后他们带好所有财物和牲畜,穿过沙漠北上,离开长老约翰的势力范围。他们背叛了长老约翰,不向他纳税,也不向他进贡。他们在那里安全地待了很长时间。

第六十四章
成吉思汗为鞑靼第一汗

然而,1187年,鞑靼人一致同意选出新首领,在他们的语言中称为"成吉思汗"。成吉思汗性情正直,能言善辩,智勇双全,可谓德配其位。他公正温和地治理鞑靼部族,受到所有人爱戴——并非像王侯一样受人尊敬,而是如天神般被子民崇拜。其声名远传,于是被遣散至各国的鞑靼人都来归顺,而成吉思汗毫无保留地展现了领袖风范。当成吉思汗看到有这么多勇敢的鞑靼战士都来归附,满怀野心,希望走出沙漠荒野。他用弓箭、长矛等武器来装备军队,还准备给养。鞑靼人普遍身强体壮,从小学习射箭以便牧羊。他起兵征服大片土地,以其正义和仁慈的赫赫声名吸引八方咸来归顺。大家都认为能生活在他治下是幸事。于是鞑靼军队很快就征服了八个州。能有这样辉煌的战绩并不奇怪,因为当时各州国独善其身,没能结盟,所以无法单独抵抗成吉思汗的精兵。他每攻占一地,都严禁士兵烧杀破坏,同时指派自己信任的手下取替前统治者治理它。他公平行事,不伤害当地人,也不抢掠其财产。然后他带走被征服土地上所有贵族和勇

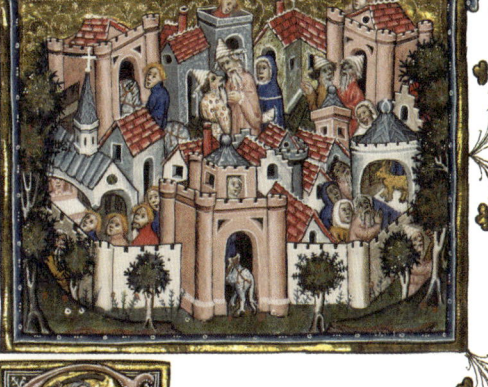

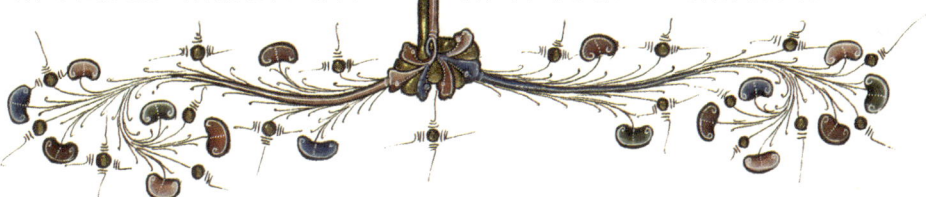

敢年轻人，一起带着大量辎重，去别处征战。他以这种方式征服了众多人口。被征服者见成吉思汗不仅没伤害自己，还保护他们免受别人伤害，就欣然效忠他，加入他的阵营。成吉思汗聚集了如此多的战士，几乎遍布全世界。看到有这么多忠实手下，命运又如此眷顾自己，他的野心越来越大。他对部下说，他要征服大半个世界。鞑靼人欣然同意，说无论他去哪里，他们都会舍命相随。1200年，他派使者去见长老约翰，求娶其女——他是有意为之，因为他知道长老约翰不会同意，正好以此激怒对方。长老约翰听闻此事，认为这是对自己的极大侮辱和蔑视，怒不可遏。他怒斥使者：“成吉思汗真是厚颜无耻，他之前不过是我的家奴，现在居然敢向我的女儿求亲。滚回去见他，就说我就算把女儿烧死，也不会嫁给他。再代我传话给这叛徒，按道理我该将他处死，以警示背主之人。”然后他愤怒地赶走使者，威胁说再不赶紧滚回去，就杀了他们。使者听到后立刻转身离开。他们骑马回到成吉思汗处，把长老约翰的话一字不差地告诉他。

第六十五章
成吉思汗率军攻长老约翰

成吉思汗这位大首领得知长老约翰称自己为家奴和叛徒，还威胁自己，勃然大怒，直欲气炸胸膛。一个时辰后，他自言自语地发誓，若不能对长老约翰以眼还眼，以牙还牙，自己就枉为英雄。他说话的声音很大，左右皆闻。他还说很快要给对方点颜色看看，让对方知道自己已不再是奴隶。然后他召集全军和所有人民，进行世上闻所未闻、见所未见的战前准备，又派出使者，叫长老约翰赶紧加固防御，还告诉对方如果被擒，会得到何种待遇。长老约翰听使者说成吉思汗要率大军来攻打自己，不由得嗤之以鼻，说这算什么军队。他对使者说，他不把成吉思汗放在眼里，如果成吉思汗要来挑战，就会有去无回。但他私下里认为，要尽力做准备，好亲自抓住并残忍处死成吉思汗。使者离开后，他就从治下各城各地召集所有军队，准备就绪。这是一支几乎规模空前的强大军队，士兵们按国家依次排列。长话短说。成吉思汗率军来到长老约翰领土上的广阔美丽的天德（Tenduc）平原扎营。他的军队如此庞大，没人知道共有多少骑兵、多少步兵。几天后，

58

他就得到了长老约翰率军全力赶来的消息。因为那片平原广阔，便于排兵布阵，成吉思汗非常高兴，跃跃欲试。现在我们暂时离开成吉思汗和他的手下，看看长老约翰及其军队。

第六十六章
两军对垒

长老约翰知成吉思汗率军来袭，驻扎在天德平原，于是急行军至此，在离成吉思汗军约20英里处扎营。双方休息两日，以备大战。现在天德平原上，有两支大军对垒。成吉思汗军中有许多景教基督徒和萨拉森人。某日，成吉思汗分别召来基督徒和萨拉森人的占星家，命令他们通过魔法和占星术占卜：他和长老约翰谁会是这场大战的胜者。两派占星家各展其长。萨拉森人不能言其实，但基督教的占星家看穿了真相，并在所有人面前直言不讳："成吉思汗，我的领主，您想知道谁会赢得这场战争，我想让您自己看到。"他们取一根绿色藤条，从中间纵剖为两半，一半写上成吉思汗的名字，另一半写上长老约翰的名字。两者并陈于地，无人接触。他们对成吉思汗说：我们作法时，这两根藤条将会互相争斗，您就能看到谁胜谁负。某藤条覆于另一根之上，便为胜者。成吉思汗表示希望看到结果，命占星家尽快展示。于是他们在全军面前诵读赞美诗，并施展法术。众人见写着"成吉思汗"的那根藤条未经人触，就覆于另一根之上，非常高兴。鞑靼人受此预言鼓舞，得到极大鼓励。成吉思汗发现基督徒颇诚实，所以此事之后总是很尊重他们，认为他们能揭示真相，值得信赖。我们就讲到这里，现在来看成吉思汗和长老约翰之战。

第六十七章
成吉思汗与长老约翰之战

占卜两三日后，军队休整已毕。双方士兵顶盔掼甲，恶战一场。这是有史以来规模最大的一场战争和屠杀。双方都损失惨重，死尸相枕藉。最终成吉思汗赢得胜利，王罕，也就是长老约翰被杀，从那天起，他失去所有领土，而成吉思汗则离开战场，继续征战八方，略其全境，还娶其女为妻。大战后，成吉思汗在位共六年，其间，攻城略地，开疆拓土，直至六年后围攻哈剌图（Caagiu）要塞。他在阵前被流矢射中膝盖，几日后去世，被埋于阿尔泰山上。他谨慎聪明，是天生将才，所以英雄陨落，天下惜之。这就是鞑靼人的第一位大汗成吉思汗的生平，是他使鞑靼人免于受奴役。上述就是他们首次击败长老约翰的过程，接下来我要讲讲鞑靼人的继任大汗及其性情。

第六十八章
成吉思汗之继承人

成吉思汗逝后，贵由汗（Gui Kan）继之，其后拔都汗（Batu Kan）、旭烈兀汗（Ulau Kan）、蒙哥汗依次承位，第六任大汗，也就是现在位的忽必烈汗，为其中佼佼者，合其他五位大汗之力亦不可抗衡。他继承了其他大汗之基业，又继续开疆拓土，其在位垂约60年。更有甚者，就算世上基督教和萨拉森人的帝王领袖合于一处，手中权力和创下的功勋也比不过忽必烈汗。他是世上所有鞑靼人，包括东西鞑靼国的共主，所有人都是他的子民。"汗"（Kaan）在我们语言中意为"皇帝"，我会在本书中清楚描写他在位时拥有的伟大力量。鞑靼人有习俗：所有鞑靼大汗和伟大领主的祖先都是成吉思汗，所以他们逝后都会被葬在阿尔泰山，也就是成吉思汗的安息处。无论鞑靼大领主逝于何处，就算距那里有几百日程，遗体也必须运去下葬，不会埋葬在别处。此外，他们还有个恶劣习俗，运鞑靼大汗的遗体去阿尔泰山时，就算要走上四十日之久，他们也会沿途杀掉所有遇到的行人，同时说：去地下侍奉你们的领主吧。这种做法如此无知愚蠢，就像被魔鬼蒙蔽了双眼。他们真的相信，为此被杀的人都会去另一个世界陪伴侍奉大汗。他们也会宰掉一路上遇到的马，说这样大汗在地下也会拥有同样数量的马匹。也基于这个原因，领主去世后，留下的所有良马、骆驼和骡子都会被宰杀。第五任蒙哥汗去世后，骑兵运遗体上山埋葬，一路杀死了两万多人，这就是他们邪恶而坚定的信念。我还会给你讲关于鞑靼人的其他事情。他们通常蓄养大群马、牛和羊，过着游牧生活。冬天他们躲在平原和炎热的地方，那里有充足的牧草；夏天他们搬到山区避暑，享受水源、绿荫和牧场。他们和蓄养的牲畜都喜欢凉爽的地方，因为那里没有苍蝇等昆虫和其他动物。他们可以连续两三个月不断驱赶牲畜向海拔高处走，因为若总是停留在某处，牧草很快会被吃光。他们住的帐篷呈圆形，用木杆支撑，上覆毛毡。他们用四轮马车载着帐篷逐水草而居。他们将木杆整齐绑好,捆成一卷装上车,找到住地时再展开毛毡,支起木杆,搭建帐篷,帐门朝向正南。屋旁停着气势非凡的大车,上覆黑色毛毡。这种毛毡质量很好,就算下一整天雨,车里的东西也不会被浸湿。他们用马、牛或骆驼拉车,载着家人、食物和需要的一切东西,去任何想去的地方。鞑靼女人为丈夫和家人操持家内家外一切事项,以自己的双手获得收益,不会给丈夫造成经济负担。她们在管家备餐方面也非常谨慎,同时勤奋地完成其他家事。因此她们的丈夫能安心把家托付给妻子,自己像绅士一样带鹰、隼和苍鹰出猎,或是去立战功。他们有世界上最好的猎鹰,也有猎犬,以肉、牛奶和野味为生。他们捕获所有能找到的野生动物,尤其是"旱獭"(Pharaoh's rats)——一种外形似兔的小动物,穴居且繁殖极快。只要马、狗、牛和骆驼足够肥壮,无论洁与不洁,都会成为他们的盘中餐,而且他们喜饮骆驼奶和马奶。他们绝不染指他人妻子,若有人通奸被抓,会遭人唾弃。丈夫忠于妻子,而女人们无论十岁还是二十岁,都遵守各种美德,视之为高尚。家中夫妻同心,关系和谐,彼此从不恶语相向。她们都专心(就像说过的一样)于交易,以及夫妻关系、照顾家人和孩子等日常生活。在我看来,她们的美德和贞节值得世上最热烈的赞誉。然而,鞑靼男人可以随心所欲地娶妻,这让(我们国家)信奉基督教的女子非常困惑。如果奉行一夫一妻制,婚姻就该至为神圣,夫妻都要忠于对方,但我常为对丈夫不忠的女基督徒感到羞愧。另一方面,只要养得起,鞑靼男子最多可娶百妻,而鞑靼女子却能保持最值得赞美的德行。相形之下,世上其他女子当无地自容。鞑靼男人娶亲时要送聘礼给女方及其母,而女子嫁过来时不会带任何嫁妆。鞑靼男子最为重视结发之妻和她生的孩子。鞑靼男人的子女之多,举世无双——这一点不足为奇,因为他们能娶这么多妻子。他们可娶表亲为妻。如果父亲去世,长子会娶生母之外的父妻;如果兄弟去世,他还会娶死者的妻子。每当娶妻时,他们都会举行盛大的婚礼和聚会。

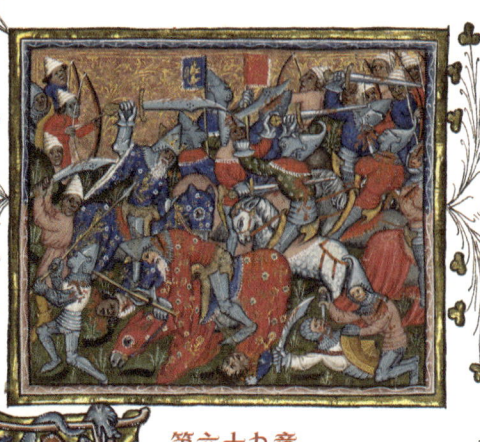

第六十九章
鞑靼人信奉之神及宗教

鞑靼人信奉一位崇高神圣的神灵，名"纳的该"（Natigai），日日在其偶像前焚香，祈祷神明保佑他们身体康健。他们说那是地神，能保佑他们的家人、牲畜和谷物。他们非常尊敬这位神明，用毛毡等布料做成神像，供在家里最醒目的地方。他们认为这神明有妻有子，于是用布料做成女子像和其他较小偶像来供奉。他们把妻像放在左边，子像置于其前方，然后恭敬地把所有神像都遮盖起来。开饭前他们先取肥肉，抹所有神像的嘴唇，再取肉汤抹一遍，然后骄傲地把汤泼在家门口或屋外，祭祀其他神灵。他们说这样做完，神灵及其家人也就享用完毕。此后他们开始吃喝剩下的食物。他们喜饮马奶，还用马奶酿酒，方式就像酿白葡萄酒一样。他们称这种酒为"忽迷思"（Chemis），即马奶酒。现在我来讲讲鞑靼人的服饰。富人和贵族穿金锦和丝绸，内衬厚黑貂皮、白貂皮、松鼠皮、狐狸皮等各式毛皮，非常华丽。他们所有的礼服和衬毛皮的长袍都非常漂亮昂贵。他们的武器有弓箭、宝剑、狼牙棒和长矛，其中最受欢迎的是弓箭，因为鞑靼人自幼时起就学射箭，是世上最优秀的弓箭手。他们穿用水牛皮或其他动物皮煮熟后制成的盔甲，非常坚硬结实。鞑靼人娴于武事，勇于战斗，性情狂暴，不畏生死。我还要给你们讲讲，鞑靼士兵如何忍受辛苦。军队行军时，他们比世上任何人都能吃苦。若有需要，他能以马奶和猎物维生一个月，不碰普通食物，而战马吃草即可，无须另外携带大麦等谷物和干草。他们对领主忠心不贰，如有命令，能连续骑马行进两天两夜，其间人不离鞍，晚上就全副武装睡在马背上；而马恢复精力只需吃草。他们是世上最能忍饥耐劳、要求最少的人，口腹之欲不旺，寿命又长，是天生的战士，最适合征战八方。这个特点显而易见——正如你们在下文将看到他们如何从奴隶变为世界主宰。此外,军队整体管理也相当有序。打个比方,若鞑靼领主率十万骑兵,他就设十夫长、百夫长、千夫长和万夫长帮他管理军队。这样他只需指挥十名万夫长;每位万夫长指挥十名千夫长,以此类推,直至十夫长指挥十名普通士兵。就这样,平时不必出征时,每位军官管理十人即可——如此高效的治军方法简直是奇迹。这是一个奇迹。若领主要派人出战,即令万夫长遴选千人,而万夫长令千夫长选百人,以此类推,十夫长即率本队前往应命,可谓咄嗟立办。这种方式十分公平,每位士兵都有轮到的机会,都知道自己何时会被选中,所以在入选时就立即听命。在他们的语言中,每十万人称为一秃黑(Tuc),万人称一土绵(Toman)。于是大军以每十人、每百人和每千人为单位,从而化整为零。领主率军袭击城市或王国,无论在平原上,还是在山区和山谷中,总要提前两天派出至少200名斥候,侦察道路和袭击目标。然后大军拔营出发,后军和两翼也有斥候——也就是说,四面皆有前哨警戒,这样军队就不会被敌人出其不意地攻击。长途奔袭时,他们不带任何辎重,尤其不会带卧具,在路上基本靠马奶充饥。每个兵士带约18匹马,便于路上换马。他们不带食物,只带一两个装马奶的皮囊和一只用来煮肉的小瓦罐。若没有瓦罐,他们会把猎物内脏掏空,把空皮囊装满水,肉切成块,放在皮囊中煮,煮好后他们把肉块和"皮锅"一起吃光。他们还携带小毛毡帐篷以避雨。此外,若军情紧急,他们能急行军整整十天,其间不生火,不吃任何熟食,免得延误行程。途中没有水果,也没有酒或水,于是他们常饮马血。他们刺破马的静脉,把嘴凑过去喝血,直到喝饱为止,再为牲畜止血。他们还会携干血块,用水化开喝掉。同样,他们也有干乳饼,制作方法如下:把牛奶煮开,撇走浮在上面的奶油放在另一容器里(不与牛奶分离,就无法晒干奶油),在太阳下晒干。他们带大约十磅乳饼上路,早上取半磅乳饼放在细颈瓶状皮囊中,注水后用棍子搅拌。在颠簸的马背上,它们会混合成糊状,这就是早餐。与敌人对抗时,他们可以把马匹利用到如此程度。战场上他们不以败逃为耻,甚至经常假作败退,因为逃逸时他们毙敌与追

击敌人时同样多。他们永远与敌人保持距离，往来奔驰，不时射箭。他们还能假作败退，引走敌人，再大肆射杀他们。他们严格训练马匹，指令一下，它们就会像狗一样迅速地按骑手意愿转弯。败走战时，鞑靼人英勇坚毅，不弱于相接战。因为退走时，若己速更快，他就可拉开距离，回身放箭，杀死追兵或马匹，就像面对面战斗时一样。当敌人以为他们败逃，决定追杀时，就已经失败，连人带马都会被淬毒的箭矢射中。鞑靼人射杀敌骑逾某数后，会集结在一起，转身回到战场反杀。他们如此出色勇敢，进退有序，高声呐喊，无人敢撄其锋芒。通过这种方式，他们屡战屡胜，征服了大片疆域。我对鞑靼人的作为和习俗绝无一字虚言。但现在他们已经堕落，抛弃了这些习俗，因为居留契丹的鞑靼人遵守当地偶像崇拜者的风俗和教义，而那些在东方的鞑靼人则以萨拉森人的方式行事。他们治狱讼的方式如下。首先，杀人者不赦。其次，若有人以铁器或利刃伤人，无论他是否击中对方，或只想威胁对方，都会被断去一手。若对方受伤，则"以眼还眼，以牙还牙"。再次，窃取价值不高物品者会受官府之棍刑：至少打7下；若其窃两物，则17下；若窃三物，则27下、37下或47下，以此类推，每多窃一件，就会增加10下，止于107下。有许多人被打死。若其窃牛马等，则非107下所能赎罪，会被处腰斩之刑。另外，若窃贼愿出九倍之价，则可赎罪。重典如此，治安喜人，领主等在马、骆驼、牛等大牲畜身上做记号，任其自行去牧场吃草，不派人看守。若归栏时畜群混在一起，则凭记号辨认。但羊等小牲畜不做记号，有牧人看守。他们的羊都体型健硕，非常漂亮。我再补叙一奇异风俗——他们会为夭折的孩子结冥婚。比如有某人之子于四岁时夭折，他会打听哪家有未嫁人就去世的女孩。夭折男孩到了应娶妻之年纪，两家父母就做主让其成婚，还要立下婚书，写清嫁妆明细，证实婚姻有效。随后主冥婚者烧掉婚书，青烟升起时，他们就认为另一个世界的孩子已收到婚书，接受这桩婚姻，从此以夫妻身份生活。于是两家大排婚宴，倾饮食于流水，以飨新婚夫妇。他们还制作男女仆之像，放在极尽华丽的马车上，四处游走，欢呼雀跃，最后将两像焚化，并向众神祈祷，保护新婚夫妻

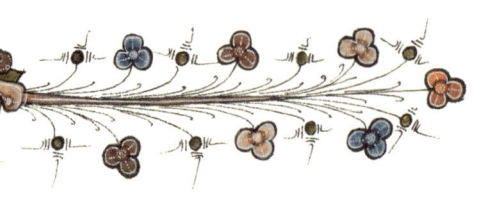

在另一个世界里幸福生活。此外，他们还在纸板上描画奴仆、牲畜、布匹、珠宝、家具和其他器物之形象，以及所有"陪嫁"之物（不必真正送出），然后焚化，说新婚夫妇在地下会收到他们焚化的所有真实物品。两家视对方为姻亲，走动如常，就像那场婚礼在阳间举办，而他们夭折的孩子还在世一样。好了，我已经讲述了鞑靼人所踞之州，以及他们的风俗习惯，但还没谈及所有鞑靼人的伟大可汗的丰功伟业，也没讲过他庞大的宫廷。下文适当时，我将做详细介绍，因为它们令人惊叹，值得花一番笔墨。谈到大汗及其宫廷，以我周游四方见闻之广，也认为没有其他任何统治者可以与大汗的权力、财富和统治相提并论。不能亲见者可能觉得我在信口开河。我一定要小心，不能夸大其词，这样大家——尤其是那些将亲见或耳闻的人——就可知我所言不虚。言尽于此，让我回头谈谈鞑靼初入平原时之事迹。

第七十章
巴儿忽平原及鞑靼别部之习俗

从哈剌和林平原，以及葬着鞑靼诸领主遗体之阿尔泰山北上，可至巴儿忽平原。巴儿忽平原长四十日程，人烟稀少。居民名蔑克里惕（Mecrit），蛮人也，倚狩猎大鹿为生。此外，他们能驯养骑乘大鹿，一如骑马。鸟类也是猎物之一，因此处多湖泊、池塘和沼泽，一直延伸到北方海洋，而那些需要换毛的鸟类在夏天多生活在上述水域附近。它们羽毛落光，无法飞翔时，当地人可随意捕捉。鱼类也是他们的食物来源之一。他们臣服于大汗，风俗与鞑靼人同。他们不种植谷物和葡萄，在夏天狩猎众多飞禽走兽，但冬天严寒，不见生灵。骑马在平原上行40天，可见大海，海滨有高山，山上多苍鹰和游隼，不见其他居民野兽，唯有飞鸟名巴儿格儿剌黑（Bagherlac），供鹰隼之食。此鸟大如鹧鸪，脚似鹦鹉，尾如燕或鹰。它们速度敏捷，鹰隼必善飞方能捕之。此处严寒，不见兽迹。若大汗需雏鹰，即派人来此取走，他人不得擅自捕鹰，所有猎鹰只能送到他的宫廷或作为礼物送给领主。此地在极北之处，中午可见北极星，稍偏南方。此海域诸岛盛产海东青（Gerfalcon），数量极多，可供大汗之欲，取之不尽。别以为带走海东青的基督徒会把它们献给大汗——大汗已有足够猎鹰。他们会将其带到东方，送给信奉基督教的统治阶级"阿儿浑"（Argon），或东方亚美尼亚和库蛮附近的领主。现在，我已介绍过北方诸州直至陆地尽头之大海，接下来要谈谈觐见大汗沿途所经各州。为此我们先要回到上文所述之甘州。

第七十一章
额里湫大国

从甘州出发东行五日程，沿途地域众多，可闻空中鬼语，夜间尤甚。五日后可至大汗治下之额里湫（Ergiuul）国，亦属大唐古忒州。当地有突厥人、景教基督徒、拜偶像者和萨拉森人。该国多整饬城镇村庄，首府亦名额里湫。从额里湫城向东南行，可至契丹之地，途中可见一城，名申州（Silingiu），辖众多城镇，也属大唐古忒州，臣服于大汗。当地人同样有偶像崇拜者、萨拉森人和景教基督徒。该地盛产野牛，体大如象，全身生白色与黑色之毛，仅露其脊，非常漂亮。毛发长约三掌，细白如羊毛丝线。我马可·波罗以此为神奇，并携此毛至威尼斯，见者都以为美甚。当地人捕捉小牛饲养，令其与家养奶牛繁殖，但所生之牛毛长不若野牛。这种杂种牛最适宜劳动。当地人役其运送重物或犁地，其效率是其他牲畜的两倍。该国出产世上最好的麝香。请听我介绍麝香该如何取用。此地盛产某种野兽，形如羚羊，蹄尾若羚羊，毛似鹿而较粗，头上无角。其口中有四齿，上下各二枚，长三指，纤细洁白如象牙，上牙下垂，下牙上峙。鞑靼人称之为"古德利"（Gudderi），外表十分美丽。我曾携其风干的头和蹄、麝香囊中的麝香和成对细齿来到威尼斯。麝香是这样获得的：猎人在月圆时捕捉它们，将其脐下皮肉间的血囊切掉，在阳光下晒干。囊中之凝血即为麝香，气味浓烈。该国麝香天下第一，而且这种动物的肉也非常美味，大受欢迎。当地人以生产贩卖丝绸金锦为生。该州广二十五

日程，土地肥沃，盛产谷物。这里有最美之雉鸡，体型略小于孔雀，是我们意大利雉鸡的两倍大。其尾羽最美，长七至十掌。此地别有雉鸡，体型与我们国家的相同。别有其他各式禽鸟，毛羽绚烂。当地人都崇拜偶像，重色欲。男人通常高而胖，鼻小发黑，下颌微须，不留络腮胡。女子们除头发外遍身无毛，肤色白皙，形容美丽。因宗教和风俗允许，只要有能力，男子就能多娶妻妾，以肉欲为乐。此外，男子娶妻尚美貌，而非其地位。即便秀美之贫女，亦可嫁富贵之丈夫。男方会给她和她父母足够彩礼。她们的价值完全体现在容貌上。现在我们离开这里，去东方之别一州。

第七十二章
额里哈牙国

离开额里湫，骑马向东行八日程，至富庶之州额里哈牙（Egrigaia）。其辖众多城镇村庄，首府名哈剌善（Calacian），也属大唐古忒州。当地人都臣服于伟大的鞑靼可汗，多崇拜偶像，也有萨拉森人。此处有三处堂皇之基督教堂，教徒遵循景教教义。居民以骆驼毛制世上最美之毛毡——

此地产白骆驼，白毛毡数量也不少。大量毛毡行销各处，契丹最多。现在我们离开此州，向东北方和东方之间行至天德州，复入长老约翰治下。

第七十三章
天德大州

从此处东行可至天德州，其所辖城镇村庄不少，首府亦名天德。世上最著名国王就君临此处，拉丁人称其为"长老约翰"。然而此地现归于大汗，当地所有长老约翰的后裔也都臣服于大汗。该州国王为长老约翰后裔，名"长老阔里吉思"（Giorge），是基督教主教，为当地所有基督徒施洗。他受大汗之命镇守一方，但势力范围不及长老约翰曾经控制的全部疆土。请注意，长老约翰战死后，成吉思汗娶其女，此后该州所有贵族都是她的子孙，继承了成吉思汗的血脉。该州产石，可制青金石（Azue）。矿脉储量丰富，石质极细腻。当地人擅长制造琉璃，也会用骆驼毛制作优质彩色毛毡。他们主要以畜牧农耕为生，也做生意和制造手工产品。国王为基督徒，所以此处基督徒人数最多，但也有不少偶像崇拜者，还有人信奉先知的教派。其中有统治权的基督徒被称为"阿儿浑"，法语中称"伽思木勒"(Guasmul)，是崇拜偶像的土著天德州人和崇拜先知者的混血后代。他们肤色最白，比当地异教徒更为优秀，还是世上最聪慧能干的商人，因此能位居人上。长老约翰统治鞑靼人时就定都在此州，周边是其他大州及王国，其子孙至今仍在那里。我讲的这位阔里吉思是长老约翰的后裔，是自其以下第六位领主，也被认为是该家族中最伟大的统治者。他治理的疆域被我国人称作歌革 (Gog) 和玛革 (Magog)，而当地人称汪古 (Ung) 和蒙古 (Mongol)。鞑靼人离开此地之前，该州本有两个种族，汪格人是土著，木豁勒人便是鞑靼，因此鞑靼人有时被称为"木豁勒"。由此州向东骑行七日可抵契丹境，沿途城镇村庄不少，居民多信奉先知，也有不少偶像崇拜者和信奉景教的突厥人。他们以工商业为生，生产名"纳石失"(Nascici) 的优质金锦、名"纳克"(Nac) 之布，以及各种丝绸布料。他们都臣服于大汗。该州有城名申达州 (Sindaciu)，手工业兴旺，居民主要制作领主军队所需的马具等军需。此州有山，山中有名"亦第府"(Ydifu)

之地，有上佳银矿，储量丰富。该地区广有飞禽走兽，可恣行狩猎贩卖。离开上述州城，骑马前行三日，可至察罕脑儿 (Ciagannor) 城，在拉丁语中意为"白色湖泊"。城中有大汗行宫一座，宏伟堂皇，美轮美奂。周围有上佳猎场和湖泊河流，聚集大量天鹅等鸟类，因此大汗巡幸至此时乐于居此宫。此地还有美丽平原，生活着大量鹤、雉鸡、鹧鸪等飞禽。每年狩猎季节，大汗皆乐于居住在此处，驾海东青出猎，捕捉大量飞鸟。当地有鹤五种：其一全身黑色，体型极大，如同长着巨大翅膀的乌鸦；其二通体雪白，双翅最大，上有金色灿烂花纹如圆眼，仿佛孔雀尾羽，它们的头部形状秀美，呈红色和黑色，颈部为黑白二色，身体颜色为金色，它们体型最大，非常漂亮，眼珠呈白、黑和蓝色；其三与我国鹤鸟相同；其四较小（比我国的品种小），红蓝双色的羽毛排列有序，耳旁有红、黑和白色的长羽，非常漂亮；其五体型甚大，全身灰色，头为白、红和黑色。城附近有山谷，大汗在那里建了几座木石小屋，蓄养鹧鸪无数，令人住屋中看守，免得被外人偷猎。大汗命人将小米、谷子等种子于夏季撒在山坡上，禁人收割庄稼，以供鹧鸪饱食。冬天时，看守者把谷子扔给它们吃。它们习惯被人投喂，所以有人吹口哨时，立即云集于此，数目多到令人叹为观止。大汗住在行宫来此打猎时，对这些鸟极感兴趣，狩猎唯其所欲。冬天鹧鸪肥胖，但因天冷，大汗不在行宫居住。然而无论他在哪里，都要让人把它们送过来。但与他的生活和宫廷所需的大量物资相比，这不过是沧海一粟——他还有更奇妙惊人的需求。现在从这里出发，向东方和东北方之间再走三日。

第七十四章
上都城及大汗之华丽宫阙

从察罕脑儿城出发骑行三日，可至当今在位之忽必烈汗建造的上都城（Ciandu）。忽必烈汗命工匠施展精妙技艺，用大理石等漂亮石材建造巨大宫室。宫殿起于城中心，终于城墙。大厅、房间和通道皆贴金箔，绘种种鸟兽花木之图样，美丽工巧，悦人心目。宫殿对面另修一墙，连接两侧城墙末端，圈出方圆16英里的平原。若想进入这块封闭地域，只能通过宫殿。这块地方防守严密，墙内有喷泉河流，还有葱郁草坪和小树林。大汗饲养大批鹿、狍子等温顺野兽，供笼养之海东青和猎鹰猎取食用。不算猎鹰，此处仅海东青就有两百余只。他每周亲自去看它们至少一次。大汗经常骑马穿过这座高墙中的园林，把一只或多只驯服的豹子系于鞍后。一时兴至，他就纵豹捕猎上面提到的鹿或狍子，供海东青和猎鹰食用，以此取乐。宫苑建造装潢有方，令人赏心悦目。园林中央有最美丽之小树林，大汗于林中建"清凉殿"，纯以竹茎搭建。柱子描金绘漆，顶部有镀金巨龙一条，长尾绕柱，头和双前爪撑起穹顶。宫殿内外皆贴金箔，绘飞禽走兽，精细无比。殿顶全铺以竹片，镀金涂漆，雨水不可浸透，漆也永不脱落。无缘亲见者想象不出它有多美妙。我会解释它是如何用竹茎造成的。取三四掌粗、10至15步长之圆竹茎，从竹节处断开，再在两竹节间对半剖开，便做好一片"竹瓦"。粗大之竹可为柱子、横梁和隔板。竹茎就这样被加工为形态不同的建筑材料，盖起整座宫殿。竹片间用钉子固定，以免被大风吹散，同时引流雨水。工匠们合理安排，竹片可以轻易拆卸或搭建。有二百多条结实丝绳系在四周，就像搭帐篷一样，免得大风把轻薄的竹片吹走。大汗每年的6月、7月和8月待在园中的大理石宫或竹宫中。竹宫中清凉避暑，且空气清新，住着更舒服。在此三个月中，大汗命人搭起竹宫。每年8月28日，他离开上都后，竹宫就被拆成竹片，分组包装，以便应大汗之命，在别处搭建。大汗有一万多匹母马，色白如雪，此外还有大群白奶牛。除大汗及其子孙外，世上没人敢喝这白色牛马的奶，只有当地名为火里牙惕（Horiat）的部族可以。是成吉思汗赐下这特权，奖励他们与自己并肩作战，赢得某次伟大胜利——该族首领讨赏时，说希望后世子孙能与大汗之子孙同饮食。因此只有这两个家族可饮白色牛马之奶。此外，这些牲畜在牧场吃草时，即使挡住了行人的路，哪怕对方是某位大领主或贵族，他也会恭敬地避开。要么等这些牲畜先走过去，要么自己转向绕行，哪怕要绕半日程的路也在所不惜。所有人对它们毕恭毕敬，视其与其主大汗等同。占星家和偶像崇拜者告诉大汗，他必须在每年

8月28日，将其乳汁洒在空中和地上，祭奠天上人间一切神灵和他们崇拜的偶像。神灵饮后会降下恩惠，保佑大汗事事兴旺发达，保佑他的臣民、牲畜鸟兽和土地上生长出的一切庄稼。于是大汗于8月从园林出发回都城，亲手用奶汁祭神。节日当天，人们用礼器盛大量马奶，而大汗亲自倾倒马奶，祭奠众神，此后自饮。这一仪式定在8月28日举行。我还要补叙一个奇迹：大汗居于园中之三个月，若逢雨雾等坏天气，他身边聪明的占星家和法师就会登上他住的宫殿屋顶，施法力和咒语，赶走头顶的云雨雾气，命其绕开宫殿去远处。因此宫殿正上方没有乌云，也不会有一滴雨水落下。别处刮风下雨，电光四射，宫殿却不会受到任何影响。能做到这一点的巫师有吐蕃（Tebet）和怯失迷儿两类，均为拜偶像者。他们比其他人更精通魔法，能控制魔鬼。所以我不相信世界上有伟大法师，他们创造的奇迹都要勾结魔鬼才能完成。他们还欺骗凡人，说自己靠的是德行和神的力量。他们脸上污秽，从不洗也不梳头发，不在意自己名声，也不怕恶心到别人。他们是最邪恶的亡灵巫师，能蛊惑人心。他们会把死刑犯的尸体煮熟并吃掉，但对自然去世者的尸体不感兴趣。上述巫师人数

众多，法术令人称奇。除此之外，他们还以宗教或教派为名，唤作"八合失"（Baesi），训练有素，精通魔法，几乎可以随心所欲，任何宗教信徒无出其右者。听我给你们讲，大汗在都城大殿里排宴，其主桌高八肘有余（在下一卷中要讲），饮酒之金杯按风俗置于大厅对面，距他十步远。其中贮葡萄酒、牛奶和其他上等饮品，供大汗享用。大汗欲饮时，巫师就用法力把酒杯运至大汗面前，其间无人碰触。大汗饮毕，杯子会回到原位。他们有时会在万人面前，或在大汗想要炫耀时施法，因此这奇迹千真万确，每日都要在大汗席前演示。事实上，我国那些懂得巫术的智者说，这是可以做到的。此外，这些"八合失"巫师崇拜的偶像节庆到来时，他们想要庆祝，就去见大汗，说："陛下，我们的偶像（举出名字）之节庆将至，若不献上丰厚祭品，他就会搅乱天时、降下瘟疫，损害我们的财物、牲畜和作物。因此我们请求您，公正的大汗，求您赐我们黑头羊、沉香、檀香（列举数量）及其他各物（任意索取），好向我们的偶像大献荣耀和牺牲，求他们保佑我们的健康、牲畜、五谷和财物。"他们并没有面见大汗，而是对大汗宠爱的贵族，以及那些有权为他人向领主求赐的人提出要求，这些人会转致大汗。然后，那一天到来时，大汗会命令身边的执达官赐下肉、面包和酒等他们要求的一切，以庆祝其偶像之节日。他们如愿以偿后，就在节庆当天载歌载舞，张灯结彩来祭奠偶像。他们焚烧各种香料，把肉煮熟放在偶像面前，然后把肉汤和牛奶洒向空中，请神灵随意享用。他们在大庭广众之下恭敬地举行仪式，坚信祭祀会满足神灵，从而让大汗免于一切危险，他们也会事事顺利。他们崇拜的所有偶像都自有节庆，就像我们的圣徒有纪念日一样。当地有许多僧侣专门侍奉偶像。他们专门供奉偶像的寺院非常大，有大如小城者，其中有僧侣一至两千人。他们落发剃须，着严整宗教服饰，与平信徒大不同。按其戒律，其中有人可娶多妻，生子亦不忌。除此之外尚有"先生"（Sensin），严格持戒禁欲，生活一如苦行僧。他们只吃麦麸，即小麦碾成面粉后留下的麦壳——这在我们国家是喂猪用的。他们把麦粒浸在热水里泡软，把壳从谷粒上剥下，清洗后吃掉，尝之不似食物。他们一年中要斋戒多次，除了麸皮外只饮水祷告。这种生活之艰苦难以想象。他们拜偶像，有时也拜火。其他持戒较宽松的偶像崇拜者视这些极度禁欲者如异教徒，因其崇拜偶像方式与己大相径庭。他们从不娶妻，削发剃须，穿最粗糙普通之黑蓝色麻衣，即使穿绸衣，也只穿黑蓝色。他们卧于树枝编织的坚硬席子上，所住寺院与其他不同。我要讲的就是这些，马可·波罗关于东方奇迹之书的首卷至此结束，接下来的第二卷将讲述鞑靼人"诸汗中之大汗"，即忽必烈汗的丰功伟绩。

chapter 02
第二卷

忽必烈汗功勋及其如何治国理政 / 乃颜之战 / 大汗之体貌风仪 / 大汗诸子 / 大汗的宫殿 /
大汗太子之宫 / 大汗之一万两千亲卫 / 大汗之万寿节 / 年初大宴 / 行猎 / 大汗设大朝会 /
大汗印发纸币 / 大汗赈济灾民 / 大汗命人沿途植树 / 大汗臣民所饮之酒 / 普里桑干河上石桥 /
涿州大城 / 太原府国 / 该州 / 黄金王 / 哈剌木连大河 / 京兆府城 / 契丹和蛮子交界之地 /
蛮子境内之阿黑八里大州 / 成都府 / 吐蕃州 / 建都州 / 哈剌章州 / 金齿州 / 大汗征缅国及班加剌国 /
大下坡 / 缅城 / 班加剌州 / 交趾国州 / 阿木州 / 秃落蛮州 / 叙州 / 哈寒府城 / 强格路城 / 强格里城 /
中定府城 / 新州马头 / 临州城 / 邳州城 / 西州城 / 大汗征蛮子大州 / 淮安州城 / 宝应城 / 高邮城 /
泰州城 / 扬州城 / 南京城 / 襄阳府 / 新州城 / 瓜州城 / 镇江府城 / 镇巢军城 /
苏州城 / 高贵宏伟之行在城 / 大汗由行在所得之巨额税收 / 塔皮州城 / 福州国 / 刺桐城

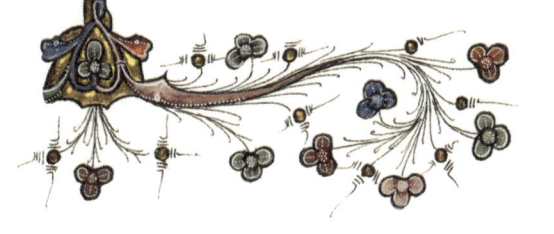

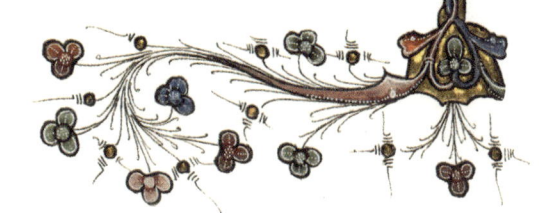

第七十五章
现在位之忽必烈汗功勋及其如何治国理政等

开篇明义，我将在本卷中介绍当今在位的伟大鞑靼领主忽必烈汗。在我们的语言中，"汗"意为"君中之君"，即皇帝。忽必烈汗配得上这个称号，因为众所周知，从人类始祖亚当的时代到现在，他是世上最有权势的人，拥有前所未见之广袤疆土、无数臣民和如山财富，没有第二位君主可堪匹敌。在第二卷中，我将向你们说明，为何他被称为世上有史以来最伟大的君王。

第七十六章
大汗与其叔乃颜之大战

成吉思汗是世上所有鞑靼人的首位大汗，此后所有鞑靼大汗都是其直系子孙。如上文所述，这位忽必烈汗是成吉思汗的直系后裔，是所有鞑靼人迄今为止的第六位大汗。在 1256 年[1]，他凭勇毅、能力和知识掌握政权。其兄弟族人与其争位，但被他一一击败。而且从法理上讲，他是皇位直系继承人，有继位资格。此时是 1298 年，他已年届 85 岁，治国 42 年，所以他登基时可能已经 43 岁了。他即位前几乎每年要出征数次，凡临战阵必冲锋在前。他能披坚执锐，上马杀敌，也能运筹帷幄，决胜千里。他被公认为鞑靼人中有史以来最聪明、最大胆的谋略家。但即位后，他再也不会御驾亲征，而是派其子和手下上阵，只有一次例外。那是在基督降生后的第 1286 年，其叔乃颜（Naian）起兵反叛。乃颜也是大领主，年方 32 岁，治下土地广阔，人口众多，有骑兵 40 万。他祖先曾随成吉思汗征战，本人也曾在其侄忽必烈帐下听命。但这位年轻贵族手握重兵而自傲，说不愿再受大汗统治，因为担心大汗削其藩地军权。他派密使往见另一鞑靼大领主海都，即乃颜之族亲、大汗之侄，拥重兵于大突厥周边地域。他常怕大汗惩罚自己，私下里咒其重病。密使对海都说，乃颜要起全军攻大汗，希望他也出兵两面夹击，可夺忽必烈之政权和土地。海都闻此信大喜，以为时机已至，说将充分准备，届时派 10 万骑兵助乃颜一臂之力。乃颜和海都私下商定起事之日，然后匆忙准备，召集骑兵和步兵前去攻击大汗。他们约定在某平原合军，此后突袭大汗。乃颜召集 40 万骑兵如约而至，

---

[1] 史实中，忽必烈称帝于 1260 年。

等候海都到来。但纸包不住火,忽必烈汗得到了这个消息。

第七十七章
大汗迎击乃颜

大汗知乃颜起大军反叛,丝毫不为之沮丧。这位智勇双全的人物毫不犹豫,准备率军迎战。他不把这种不义之师放在眼里。他召集手下,说若不能处死此二反贼,宁逊位失地。大汗花了22天做秘密战备,除掌管军务之枢密院外,无人知此事。他迅速派兵把守通往乃颜和海都封地的所有通道,让敌人无法掌握自己的动向。随后他召集汗八里城周围十日程的军队,共计36万骑兵和10万步兵。他之所以不起大军,因为只有这些士兵驻地较近,而他想突袭敌人,不愿浪费过多时间召集军队。他尚有一直在防守契丹人的其他军队共12支,数量是近处军队的十倍。但他们远离战场,正按他的部署四处征战,他无法及时召回他们,否则就要花掉三四十日等其行军。而且若准备工作泄密,让海都和乃颜将有机会合军,他们要么就会全部撤回封地,要么会退守有利地形。但他希望能迅速阻止乃颜,击溃其大军,这就是所说的"兵贵神速"。在此不妨介绍一下大汗的军队情况。要知道,在契丹和蛮子[1]全境,以及他统治的所有地区都有人伺机反叛,因此在人烟稠密之大城大州都必须驻军。军营位于乡村,离城镇一到五英里远,而城池不得筑门或墙,方便其随时进入。大汗命军队每两年轮防一次,其统领亦然。有了这重控制,人们安分守己,无法随意迁徙,也不能做出任何改变。除大汗从各州税收中拨给他们军饷外,军队还依靠其拥有的无数羊群和送到城中出售的牛奶为生并购置军需。他们分驻各处,与都城相隔三十

---

1 蛮子(Mangi)为元朝统治者对南宋的称呼,原南宋统治地区也被称为"蛮子田地"。

日程、四十日程或六十日程。若他能召集全部兵力的一半,那么就将组成一支惊世骇闻的大军。他召来的这26万骑兵和无数步兵是其亲卫,大部分是他的捕鹰人、亲族等近臣。二十天后他们就集合完毕。为教训敌人,他决定御驾亲征。全军整装待发时,大汗的占星家当着全军的面占卜,然后说:大汗有神佑,必将获胜凯旋,而敌军必将落败,俯首听命。大汗总是用占卜来提振士气,于是他欣喜地感谢神明,说叛乱不平,誓不还朝。他用雄辩的言辞鼓舞士气,然后以坚定的意志率军出征,日夜兼程,前往乃颜的封地。二十天后,他们抵达一座小山,从那里可以望见乃颜与海都约定会师的平原。乃颜的军队已扎营,等待海都在约定时间前来会合。他有40万骑兵,高枕无忧,全然不知自己已被忽必烈汗率大军包围。到达此处后,忽必烈汗令全军休整两天,然后于某日拂晓秘密抵达平原,而乃颜大军对此一无所知。因为大汗扼守所有隘口和道路,派出间谍监视对方,还抓住所有往来行人,所以没人能向乃颜示警。乃颜此时正与其妻共卧帐中。忽必烈汗事先侦知其宠爱此女,常与其同宿,故连夜行军,拂晓击之。

第七十八章
大汗讨伐其叔乃颜之战

晨光初现,大汗率军在平原的大土丘上高呼,此时乃颜及其士兵正安然待在帐篷里,散布于平原上,手无寸铁,万万没想到大汗此时突然来袭。乃颜没想到大汗军会出现,因为大汗此次出征注意封锁消息,两军大营相距甚远,而且大汗急行军二十日,走完了本该三十日才能走完的路程。乃颜没派出斥候,被打了个措手不及。土丘之上,大汗高踞木楼,楼以四象承之。象身披甲,以煮制过的坚硬皮革制成,上覆丝绸金锦。周围满列弓弩手。大汗命人高竖其皇室大旗,上绘日月之形,八方皆可见。其军队按惯例列阵,分十二军,每军三万人,瞬间包围乃颜营地。其中多为骑兵,各骑兵后均有一步兵执矛相随。将领率各骑兵队攻打乃颜营地,满坑满谷皆为军兵。乃颜被仆人匆忙叫醒,得知忽必烈已攻至眼前。他冲出帐篷,看到了大汗军队阵列整齐,出其不意地包围了自己的营地,惊诧非常。他知道忽必烈汗打起仗来有多神速果断,明白自己已来不及备战。此时海都队伍仍未至,乃颜大为难过。他唤来众将领下达命令,众将都立刻拿起武器上马，排好阵形，整顿队伍。此时双方都已就绪，只待大举进攻。号角声声，百乐齐鸣，两军弹双弦乐器，放声歌唱，震动山川。乐声持续已久，大汗率先鸣鼓，乃颜之鼓继之。因鞑靼人有习俗：作战时，未闻大帅之鼓声，不可交战。战鼓一响，两军立发，众兵卒持弓、剑、狼牙棒和长矛互相拼杀。骑兵不用长矛，大部分步兵持弩和其他武器。双方厮杀之凶狠，令人叹为观止。真是一场恶战！双方箭矢流石遮天蔽日，仿佛暴雨冰雹。人马尸体相枕藉，直到地面无处落脚。阵前人喊马嘶，金铁交鸣，声如雷震，听者胆战心惊。箭矢用完后，兵士就用长矛、剑和狼牙棒近距离攻击，血腥至极。乃颜是受过洗的基督徒，在这场战斗中，他的大旗上绘着基督十字架，但这毫无用处。因为他是大汗之臣，其祖受封于大汗，方有其藩国，而现在他却背叛了自己的领主。长话短说，那是有史以来最可怕的一场战斗。就算在我们这个时代，也没有哪场战斗的规模比得上它——骑兵人数尤其如此。两军共有76万骑兵，还不算步兵——这数字千真万确。这场仗从日出打到日中，双方伤亡惨重。两军实力相差无几，命运女神也久久未能决定该向哪方露出微笑。这可能是因为乃颜军队爱戴他，虽死不降。但最终大汗击败了乃颜——可谓上顺天理，下应公义。乃颜及部下见对方强大不可胜，开始节节败退。但是他们已被包围，败退也救不了他们的命，反而被对方追杀，又造成巨大伤亡。最后，乃颜、他的将领，以及活着的军士都被俘虏，其中有很多基督徒。俘虏的武器都被缴获献给了大汗。

第七十九章
大汗杀乃颜

大汗知乃颜被俘，心情大悦。他怕面见乃颜后，念骨肉之情而不忍杀之，于是立即命人将其处决。乃颜被紧紧裹在毯子里，以奔马往来拖曳，上下颠簸，终至于死。

尸首仍裹于毯中。以这种方法处死乃颜，是因为大汗不欲皇族之血曝于苍天、厚土、烈日，也不愿乃颜之尸受野兽折辱。这就是乃颜的下场。大汗平叛后，乃颜所辖四州之臣民立即纳贡，并宣誓效忠大汗。这四州广大而地位尊贵，名主儿扯、高丽（Cauli）、不剌思豁勒（Barscol）及西斤州（Sichintingiu）。此为大汗之丰功伟绩。乃颜曾秘密受洗，并未公开，但他在战前决定在自己大旗上绘十字架。他的军队中也有无数基督徒，但都战死。大汗平叛而乃颜殒命，上述四州的萨拉森人、偶像崇拜者、犹太人和无神论者便嘲笑基督徒和乃颜旗上之十字架，说：“乃颜及其军士枉信基督教，你们上帝的十字架也救不了乃颜。”这种说法甚嚣尘上，于是基督徒在大汗面前诉苦。大汗于是召来萨拉森人领袖、犹太人和基督徒，严责嘲笑基督徒之人。他说：“基督的十字架没能帮助乃颜赢得战争，这很合理公正，因为乃颜不忠，背叛其主。他罪有应得，违背了正道。请注意，你们绝不该据此轻率判断基督徒的上帝不公正。”然后他安慰在场的众多基督徒，说他们不应羞愧。"如果你们的上帝没有帮助乃颜，那就说明祂是对的。乃颜背主，不忠不信，不仁不义，所以他的下场符合大义。你们的上帝是正义的，因此不愿助纣为虐。"他说话声音洪亮，在场每个人都听得清清楚楚。基督徒欣然回答：“陛下，您说得没错。十字架只为善事，不会助乃颜作恶。乃颜是叛徒，对其主不忠，所以它不会为他做任何事。他罪有应得。”这就是大汗和基督徒关于乃颜旗上十字架的对话。萨拉森人和其他人明白大汗的态度，从此再也不敢嘲笑基督徒、不敢讲他们的坏话，也不敢诱惑他们放弃信仰。大家彼此相安无事。

第八十章
大汗凯旋汗八里

大汗获胜，尽收乃颜之土后凯旋，入上都城。上都物产丰饶，是绝佳猎场。大汗驻跸于此数日，休整军队。全军精神振奋，心情愉悦。休整后，他于十一月荣返首都汗八里，举城欢庆直到次年二三月。三天来，他大排筵宴，允许所有人都进宫大吃大喝，还祭祀神灵。尽管汗八里城长六英里，城郊广大，但并非所有居民都能住在城里。有人住在城郊，有人住在远郊。宴饮欢歌结束后，他解散军队，所有士兵都回家休息。另一位鞑靼领主海都本应与乃颜一起对抗大汗，但听到乃颜落败并被处决的消息，惶惑不安，不敢再去挑战，怕自己落得跟乃颜同样下场。这就是大汗登基后唯一的一次御驾亲征经历。再有战事，他就派儿子和贵族出征。唯有这一次他坚持亲至，因为乃颜这个傲慢的叛徒大大挑战了他的权威。"乃颜之乱"就讲到这里，现在我要介绍大汗的伟大事迹。我已介绍过他的来历和年纪，现在来说他凯旋后，如何封赏那些在战斗中表现出色的贵族，以及如何处罚战斗不力的胆小鬼。大汗有12位聪明的监军，负责监督将士表现，特别是他们在行军时和战场上的表现，然后报与大汗。对于那些在战场上拼杀出色的军官，他论功行赏，将百夫长擢为千夫长，千夫长擢为万夫长，此外还赐予他们黄金、漂亮银器、美丽珠宝、良马以及代表权威的牌符。封赏之重，前所未见，但这些功臣良将值得重赏——将士报效君王，以是日战为最。牌符等级如下：赐百夫长银牌；赐千夫长金牌或镀金之银牌；赐万夫长镌狮头之金牌。我会告诉你们牌符重量及意义。百夫长及千夫长的牌符重 120 萨齐（Saggi），狮头符重220萨齐。所有牌符上都镌有："长生天气力里，大汗福荫里，不从命者罪至死。"持牌符者皆有特权，可在封地为一应诸事。此外，可号令十万人之统帅，或者坐拥重兵的某州领主，都持重 300 萨齐之金牌符，镌上述铭文，文字下方铸有狮子、猎鹰等动物形象。狮子上方，牌符另一面作日月之形。持此牌符者威严权力一如大汗，出行自有仪

仗。其在公众面前骑马前行时，必以金色华盖遮顶；在厅中必坐一银座之上。大汗还赐上述诸人海青符，持此符者如大汗亲临。若其遣至某处，使者可征用任何人之马匹，还可征调大汗麾下所有亲王的军队为其守卫。若有人敢不从命，将被以"抗旨不遵"的罪名处决。相关事情就谈到这里，我现在要介绍大汗的体貌风仪。

第八十一章
大汗之体貌风仪

君主中之君主忽必烈汗身材适中，不高不矮，骨肉匀停，不胖不瘦；四肢躯干比例协调。他肤色白皙，面色红润，看起来很讨人喜欢；眼睛黑而美；鼻子形状好看，位置适宜。他有正妻四人，排行第一者之长子在父汗死后，理应成为整个帝国的君主。四人均称皇后，但也各有其名供称呼。四妇各有宫殿甚广，贮至少三百名貌美少女。她们有无数贴身太监和男女仆从，每人宫中近万人。大汗要临幸四妻之一，要么召她来自己寝宫，要么去其宫中。除此之外，他还有很多嫔妃。鞑靼有某部族名弘吉剌（Ungrat），与其居住之城同名。该部族男子皆英俊，皮肤白皙；女子容貌美丽，举止得体。每隔一年，大汗派使者到其州，按他拟定的选美标准，在该族中选出最美丽的女子。一般要从四五百名候选者中选出最美的百名女子。使者召来全州女孩，逐一审查。他们分别观察每个人的头发、面部、眉毛、嘴巴和嘴唇，再看四肢是否与身体比例合宜，以"迦刺"（Carat）定其等次，分数一般为16至20迦刺，分数越高，容貌越美。随后他们遵大汗旨意，将分数为20和21迦刺的女子带回宫中。大汗另指派评定之人，选出分数最高的三四十人纳入后宫。他让宫中老妪照顾她们，每人有贵妇一人随身观察。贵妇与其同榻而眠，好判断此女口气是否清洁，睡时是否打鼾，是否有体臭等。过关者方可入宫侍奉大汗。入选的少女每六人为一班，每班伺候大汗饮食起居三日夜，大汗可随心所欲地对待她们。三日夜后改由别班轮值，直到所有人全部轮完，再从头开始轮值。当班的六个女孩在大汗房中侍奉时，另有一班在邻屋听吩咐。如大汗需饮食等物，同屋侍女就传话给邻屋侍女，后者会立即准备。其他评分较低的女孩留在宫中，由大汗嫔妃教习缝纫裁剪等文雅之事。若有贵族求娶，大汗便会赏赐丰厚陪嫁。这些少女最后往往得嫁高门。

女儿被大汗带走,该州人就不会愤怒吗?当然不会。相反,他们认为这是巨大的恩惠和荣誉,很高兴大汗愿意赏脸接纳自己的漂亮女儿。他们说:如果我的女儿命星吉祥,拥有好运,大汗就会给她找个好丈夫,这是我万万做不到的事。如果女儿落选,父亲会说这是因为她的命星不好。

第八十二章
大汗诸子

忽必烈汗的四位正妻共育有22子。为首正妻的长子取名为成吉思(Cinchim),以此纪念伟大的成吉思汗。成吉思本该在父汗忽必烈崩后继帝位,成为整个帝国的君王,而且忽必烈汗在世时已立他为太子。但他先于父汗去世,遗一子名铁穆耳(Temur)。铁穆耳智勇双全,聪明谨慎,曾立下累累战功。大汗尚有其他25子,皆妃嫔所生,英勇善战。大汗常派他们出征,人人可统领大军。他四位正妻的儿子中,有七个被封在七个大州和王国,皆能像父亲一样公平施政,因为他们的父汗聪明能干,天下无双,是良将也是贤君,是所有鞑靼人中最勇敢的人。以上便是大汗的事迹、体貌风仪及其后妃子嗣,下面我将介绍他如何掌权。

第八十三章
大汗的宫殿

大汗每年的12月、1月和2月驻跸于契丹州首府,即东北方向的汗八里大城。汗八里之南有新城,城中有大汗宫殿。这座宫殿四处方正。周围有方城墙,每边长八英里,墙外有护城河颇深。每边墙中间都有门,迎接四方来人。墙内另有一圈方墙,每边长六英里,两墙间宽一英里,供军队驻扎。外墙每边中央都开一扇门,迎接四面来人;内墙南北各有三扇门,中间的门更大,但常落锁,只有大汗出入时打开。

其两侧各有一较小门，常年敞开供人出入。外墙每个墙角，以及每边墙中间都有一座美丽宽敞的宫殿。八座宫殿里存放大汗的军需品，每座宫殿贮存一种：缰绳、马鞍、马镫等马具；弓、弦、箭镞；铁甲和用煮过皮革制作的皮甲等。在这圈墙内，另有一圈墙，每边长一英里，共长四英里。墙很厚，高达十步，外面漆以红白双色，墙有角楼如城堡。四角各有宫殿一座，美而华丽，里面储存大汗的军备，如弓、箭、箭筒、马镫、马鞍、马缰、长矛、棍棒、弓弦、帐篷等物。每边墙中间亦有一宫殿，与四角的宫殿相同，也就是说，这圈墙壁共有八座宫殿，都装满了大汗的军备——每座宫殿各储存一种，八座宫各不相同。正南那边墙上有五扇门，中间那扇最大，供大汗出征时出入。两侧各有两座较小之门，供与大汗同行之人出入。两墙之间，有大宫一座，为大汗居处。此宫大而美，有史以来未曾得见。它北靠城墙，南面有大广场一处，供将士来往。此宫仅有一层，建于平地，唯台基高出地面十掌。屋顶高耸，四周有与路面齐平之大理石墙，宽两步，如步行道，可供人在其上走动。墙外缘有华丽栏杆可倚靠。大厅和室内墙壁都为金、银和蓝色，绘有狮子、龙、兽、鸟，以及英雄美人浪漫传说等精细图样。宫殿每边都有宽广的大理石台阶，从地面一直延伸到环绕宫殿的大理石墙顶部，沿台阶可进入宫殿。大厅宽广至极，可容六千人同时用餐。宫殿中共有房舍四百间，令人叹为观止。这座富丽堂皇的大宫建构精巧，规划得宜，如非亲见，令人难以相信世上居然有此宫。屋上瓦片涂以红、绿、蓝、孔雀蓝、黄诸色之釉，亮如水晶，虽远可见。屋顶坚固，虽历经多年仍如故。殿后有厅堂馆舍，收藏君主之金银、宝石、珍珠以及金银器皿等私产，也是其正妻和嫔妃的居处。若君主愿意，还可在那里处理事务，十分方便。这里外人不能进入。上述两墙之间有大片草坪和花园、秀丽之果木和白鹿、香獐、狍子、黄鹿、松鼠和貂等珍奇野兽。动物种类甚多，遍地皆是。除了特意为行人留出的道路外，别无余地。青草繁茂，所有人行道都高出地面两肘，于是路上没有泥土堆积，也没有雨水汇集。雨水流过草地，使土地肥沃，绿草茂盛。殿外西北方有一大湖，深不可测（挖湖时掏出的泥土堆成下文要讲的小山）。大汗命人从外地运来各种鱼类放入湖中，并投以丰富饵料喂养，随时供自己取用。有小河一条流入湖中，又从湖对岸流出。为免得湖中鱼顺流而出，河流之入湖口和出湖口都以铜铁箅子封闭。此湖位于大汗宫殿及其子成吉思宫之间，有野兽饮水，也有天鹅等水鸟生活。湖中土堆成的小山在正北，距宫殿约一射之地。山高百步，方圆一英里有余。

山上长满最美丽的树木，四时草木常青，佳果不断。若有人告诉大汗，某地有一株美丽大树，那么无论距离多远，大汗都会命人把它连根挖起，连同根系周围的泥土一起带走，再让大象载它上山，种于山上。哪怕这树再高再粗，他也一定要办到。这样他才打造了这座四季常青之山。此外，大汗还命人以绿色琉璃矿石满覆此山，与绿荫芳草合为一色。此山由此得名"绿山"。山顶有一宫殿，内外皆绿，美轮美奂。如此美景，观之赏心悦目。此美景为伟大君王的手笔，能使他安心快乐。大汗常登此山取乐，随心所欲。

第八十四章
大汗太子之宫

离宫殿不远，方城对面另有一宫，与大汗宫遥遥相对，形制规模与大汗宫同。此宫为太子居所。它的建造方式和规模都与上述大汗宫一样，围墙层数也相同。"皇太孙"铁穆耳，即大汗长子成吉思的儿子住在那里，日日熟习其祖忽必烈汗的言行举止，以备大汗崩后承位。他已受皇家之黄金诏书和印玺，但因大汗尚在，未得全权。两宫间有一桥。这就是大汗及太子宫殿的情况，现在我要介绍大都城（其本是契丹一大城，名汗八里）的规划、宫殿坐落、功能及建造方式。

古城汗八里临大河，昔为尊贵之大城，在我们的语言中意为"王城"。占星家说此城必反，于是大汗在河对面别建新城，亦名汗八里，两城间仅隔一水。新城不如旧城之大，容纳不了全城人，于是他将老城所有契丹土著（即契丹州的本地人）都迁到新城大都，只留"顺民"于旧城中。新城呈正方形，四边各长六英里，围以土墙。土墙高二十余步，墙基厚约十步，向上逐渐变薄，墙头厚仅三步，遍筑白色城垛。全城有十二座正门，每座门上都有一大而美之宫，也就是说，每边城墙均有三门五宫，因为城市四角亦各有一宫。宫中有高广大殿，供守军驻扎。整座城池仿佛依木匠的墨线规

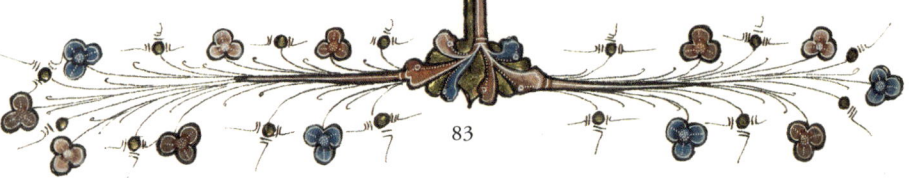

划，主要街道贯穿城市，笔直宽阔。若有人站在某城门口向对面瞭望，可见到对侧城墙之门。每条主街两旁排列众多摊位和商铺。城中之壮丽宫殿、整饬客栈住宅都建于方形地块上，形成直线，每块土地都有宽敞宏伟之宫殿，以及配套的庭院花园。地块被分配给每位户主，每个家族拥有自己的土地。在每个方形地块周围都有小路供行走。这样一来，整座城池的规划就方正如棋局，妙不可言。城中央有极高大宫殿，悬大钟一口。官府有令：黄昏钟鸣三声后，除产婆及郎中外，其他人不得离家穿行于街道中。即使产婆及郎中，亦必携灯出行。夜间每座城门都有千人把守，非因备敌攻城，只为礼敬城中君主，兼防城中偷盗——大汗认为此事有损尊严。既然如此，我不知为何大汗仍相信占星者的说法，认为契丹人会反叛。守卫们30人或40人一队，彻夜骑马巡城，查看是否有人在三次钟响之后仍在城中走动。若他们发现可疑者，他会被立即逮捕并关进监狱。次日一早，主管官员会审讯他。若此人被查出有罪，会依罪行严重程度受杖刑，甚至受杖而死，因为占星家说过，城中不可见血。大都城的大略情况我们现已知晓，现在来说说契丹人如何反叛。

汗八里反叛之阴谋，以及主谋被捕并处死。

有十二位官员受大汗委派，全权处理土地、全州行政等事务。其中有萨拉森人名阿合马，聪明能干，为大汗近臣，恣行恶事。但他死后人们发现，阿合马用法术蛊惑了大汗，所以大汗对其言听计从。一切官员须经他任命，一切官司须经他过问。无论出于正义还是私愤，每当他想处死憎恨之人，他就会去见大汗，说："此人冒犯陛下，罪当死。"大汗会回答：唯汝所愿。于是那人就活不长了。人们看到这种情况，再不敢反对他的权威。若他在君王面前指控某人，要处以极刑，那么对方自辩也无用，因为无人敢因庇护他而激怒阿合马。他以这种方式冤杀了许多人。除此之外，没有哪个漂亮女子是他弄不到手的。如果她未婚，他就娶她为妻；如果已婚，就强行与她苟合。他若知某人有漂亮女儿，就派走狗去找女孩父亲，劝他：你有这样的漂亮女儿，想拿她嫁给谁？不如把她嫁给宰相（Bailo，意为副王），还能弄个官当当，任期三年。于是对方只好把女儿嫁给他。阿合马就对大汗说，某职位出缺，或某人将任满，有人适合担当这个职位。大汗回答他说，你认为可以就可以。于是他就立即任命该女之父为高官。这样一来，只要他看中，无论什么样的女人他都能弄到手；有的因其家人贪心想做高官，有的慑于阿合马之淫威。他有25子，都位居显职。其中有人在父亲庇护下恣行淫乐，还做下许多难以启齿的坏事。阿合马大肆敛财，想做官的人都要送重礼给他。

他权倾朝野22年。契丹男子因其伤害自己和妻子，终于忍无可忍，于是计划暗杀他，推翻官府。其中有个千夫长名千户（Cenchu）者，其母及妻女均为阿合马所辱，心中恨极，于是与契丹人万夫长万户（Vanchu）密谋除掉阿合马。大汗在汗八里待三个月后，会起驾往上都待三个月，太子成吉思也会离开此处往别所。在此期间，阿合马守此城，若有意外，会遣使往上都奏报大汗。于是他们议定于那个时候起事。王、陈二人议定后就联络当地契丹要人，众人皆赞同，并转致其他城中之友人。他们计划于某天起事，以火为号，杀死所有留胡子的人，并向其他城市发出信号。屠杀蓄胡须者，是因为契丹人天生无须，而鞑靼人、萨拉森人和基督徒都蓄胡须。所有契丹人深恶大汗，因为他任命的官员多为鞑靼人，视他们如奴隶，让他们无法忍受。另外，大汗以武力夺取契丹州，而非世袭之权，与法理不合。他不信任契丹人，将此地交与鞑靼人、萨拉森人和基督徒管理。这些人都是忠于他的族人近臣，不是契丹州本地人。举事之期确定后，王、陈二人黉夜入宫，王箸高踞帝座，面前遍燃蜡烛，派使者召住在旧城的阿合马宰相来见，诈称成吉思宣他立刻入宫。阿合马满腹疑云，但他很怕太子，于是立刻动身进宫。他进城门时，遇见名火果台（Cogatai）的鞑靼人。火果台统领12000名士兵，与阿合马一起守城。火果台问："夜深何往？"阿合马答道："成吉思到了，命我去见他。"火果台说："太子秘入都城，为何我不曾与闻？"于是他率兵与阿合马同去。此时契丹人说：如果我们能杀死阿合马，余者皆不足畏也。阿合马进宫，见灯火辉煌，于是跪于王箸面前，以为对方就是成吉思，被等候已久的陈箸斩首。火果台见此情景，在宫门口大喊："有反贼！"以弓箭立毙帝座上的王箸，并命手下逮捕了陈箸。随后他传令全城，若发现有人离开住宅，可当场格毙。契丹人见事发，主谋一死一被俘，吓得躲在家中，也没向其他城市发出相约一同起事的信号。火果台立即派使者去见大汗报告一切，大汗回复：全城严搜反贼，立诛之。次日一早，火果台严查所有契丹人，处决不少从犯。其他城镇知自己治下亦有同谋，也搜而杀之。大汗回銮汗八里，欲知反叛之原因，发现是那该被诅咒的阿合马及其子罪恶滔天，引起民愤。人们发现他和他的七个儿子（并非诸子皆作恶）强占了无数妇女。于是大汗命抄阿合马在旧城之宅，没收所有财产，收入新城中私库，结果发现其财产不可胜数。于是他命发阿合马之墓，弃其尸身于街上，任狗分食，再将跟随父亲作恶的儿子生剥其皮。这时他想起先知之教有可恶教义：杀异教徒无罪。因此阿合马及其子恣行不义。他对此深恶痛绝，便召萨拉森人来见，斥其教义多为无理，命他们必须按鞑靼风俗娶妻，并且杀牲畜时不可再割其喉，必须戮其腹。事变时，马可阁下适逢其会。

汗八里城已介绍完毕，下文我要谈谈其城郊，以及大汗其他治国理政之事。

第八十五章
大汗之一万两千亲卫

大汗因地位尊贵，日夜有一万两千名骑兵守卫，名"怯薛丹"（Quesitan），法语中意为"君主之亲信骑士"。他设此亲卫非为怕人袭击，而是想体现尊贵气派。亲卫轮值方式如下：一万两千人中有四将领，每个人统三千人为一班，每班在宫中值守三日夜。其间足不出宫，在宫中食宿。三日夜后下值，换第二班同样值守三昼夜，直到四班轮守毕，再从第一班开始，经年不休。白天，不当值的九千人若非去办大汗的事务或公事，不得离开宫殿。若有要事，如父兄或亲族有丧，或家中有重大损失无法迅速返回，则必须向统领请假。但晚上这九千人可回家。

大汗设席于厅堂，举办盛大宫廷宴会和庆祝活动时，座次如下排列：首先，大汗之席设于其宝座前，坐北朝南，高于其他人。他排行第一的妻子坐其左，其子孙依年齿，踞右侧较低一席，然大汗长子座席最高。其下为大汗之族亲，依与其血缘远近排列，座席低至头与大汗之足平齐。其他贵族又设数席，按其官职、地位和年齿由高到低排序。贵妇之排序类似，第一皇后之下为其他皇后，以及大汗的年幼孩子；大汗所有儿媳和孙媳次之；其他族人和后族女眷坐左边，位次更低；贵族和将军家中女眷又次之。他们都知道按官职和尊卑次序自己该坐何处，按大汗指定的次序落座，井然有序。所有男子居右，其家眷居左，与皇后同侧。厅堂座席排列整齐，大汗可以看到所有赴宴者。宾客众多，并非所有人都能有一席之地，大部分武官和贵族都没有桌案，只能在厅中地毯上席地而坐。正厅之外还有其他厅堂。皇家宴会上，除宫中人外，还有外邦人参加，有时超过四万人。他们总是成群结队唱歌取乐。在正殿外有万余人同时进餐也毫不稀奇，因为有许多带着珠宝和奇异物件打算献给大汗的外邦人，还有小领主希望再讨些封地或晋封爵位，此外还有无数弄臣。大汗开放宫廷，广开筵宴时，总是客如云集。大汗所处之大殿中央，有极漂亮之镀金大方箱，四面长各三步，上有精巧之动物纹样。方箱中空，内有一精金大瓮，约能容纳六桶美酒。方箱四角各有一较小银色水罐，约等于一桶的容量，其中装满上好香料、马奶、骆驼奶等物。箱上放着大汗的酒器。他从大瓮里取酒，从两个小罐里取饮料。人们用漆碗从四只小罐和中间大瓮舀出酒或饮品来喝，所有酒和饮品足够八至十人饮用。有席位者，每两人之间有一漆碗，每人各有带足和柄的金杯一只。他们用金杯从巨大的金漆碗中舀酒，然后饮用。女士之酒器与男子同。这些金银酒器价值高昂。大汗拥有无数金银器皿，价值连城，所有见过的人都目瞪口呆，若非亲见，难以置信。还有些贵族担当指引异邦人的任务，因为那些异邦人不了解大汗宫中的习俗。他们在大厅中巡视，询问入席者有何要求。若有人想要酒、牛奶、肉或其他东西，仆人会立刻奉上。大厅或是大汗可能去的任何地方的所有门旁，都站着两名身材高大、手持棍棒的贵族，监督行人，不准他们踩踏门槛。如果有人不小心踩到门槛，看守就剥下他的衣服，而这倒霉鬼必须花钱才能赎回来；若不愿剥衣则受杖。有贵族负指导外邦人之责，会预先警告他们。这样做是因为踩门槛被视为凶兆。但席散时此禁松弛，因许多人醉酒，无法控制自己的行动。在酒柜和席旁服侍大汗用餐者皆为大贵族。他们以丝绸面巾掩口鼻，免得呼吸和气味污染大汗的饮食。侍者进献酒杯后，就后

退三步，跪服于地，所有贵族和其他在场者也照办以示谦恭。大汗举杯，则乐师奏乐；大汗饮毕，诸乐遂息，众人起身。每次大汗饮酒时，或侍者上菜时，这个过程都会重复一遍，以示敬意。礼节尚如此，席上丰俭与否自不必言。当季时鲜或大汗喜食之物皆满席陈列，此外飞禽走兽、山珍海错堆盘叠盏，皆为精心烹调。文武官员都只携其正妻赴宴，席间男女分坐。饭后席面被撤走，众乐师在大汗和所有人面前弹奏悦耳旋律。杂耍演员和占卜师等人纷纷上前献艺，取悦赴宴者。众人尽情享乐。表演结束后散席，各人还各家或宿处。

第八十六章
大汗之万寿节

所有鞑靼人和大汗的臣民都习惯每年大肆庆祝生日，忽必烈汗也不例外。他出生于阳历九月，即阴历八月二十八日，星期一，也是圣路济亚和圣吉米尼亚诺（Saint Lucy and Geminianus）纪念日。每年他都会举办宴会庆典，规模之盛大只有二月初一（他们视二月为新年首月）的元旦节能比拟。在他生日那天，大汗穿着用最纯净金线制成的最隆重礼服。他最亲近的一万两千名贵族和骑士穿着与其颜色和样式相同的礼服——这些礼服不如大汗的价值高昂，但它们颜色相同，都以丝绸金锦做成。所有着此种礼服的人都系着有精巧金银刺绣的皮腰带，穿着有银线刺绣的皮靴。这些贵重衣物均为大汗所赐。此外，虽然大汗的长袍更昂贵，但这些贵族的长袍也物有所值。其上镶有宝石和珍珠，以及相当于一万贝赞特[1]的黄金。此类袍服不止一袭，大汗按鞑靼人每年十三个月中的十三次节庆，向一万两千名被称为"怯薛丹"的忠心近臣赐下华丽礼服，上面装饰着金色珍珠和宝石，以及上述靴子腰带——总计十五万六千套。他命他们穿上与自己相仿的昂贵长袍，好像他们也是国王。这些贵族的衣袍与大汗相似，但大汗的更为贵重。贵族们要随时备好礼服，但大汗并不会每年都赐下新衣，相反，有的衣物已穿了差不多十年，已有褪色。这壮举是大汗权威的体现，除了他，世上再没有统治者能做到这一点。

---

1 贝赞特（Bezant）是拜占庭帝国的金币（或银币）。

第八十七章
再谈大汗之万寿节

大汗万寿节当天,普天之下所有鞑靼人、其治下广大疆域之所有国王、亲王及贵族,都要为他举办盛大宴会,献上重礼。礼物自有定额,与各人身份相称。另外,当天还有许多人携厚礼,来求大汗恩典,赐他们封地。大汗选十二位贵族来管理此事,按照他们认为合适的方式分配封地。当天,所有崇拜偶像者、基督徒、犹太人或萨拉森人,以及所有鞑靼人,只要在大汗治下,都必须集会,向偶像或其神明祈祷、吟唱圣歌、举灯焚香,请神明保佑大汗万寿无疆,平安喜乐。宴会和种种大型活动将持续一天。万寿节就讲到这里,现在我要介绍大汗在新年伊始举办的另一个盛大节庆,即"白节"。

第八十八章
大汗于一年之初举办大宴

按鞑靼历法,新年第一天是每年的二月初一,称为"白节",要举办大宴。大汗及其宗族,还有普天之下所有臣民都要设宴庆祝。按照惯例,大汗和所有人都要穿白色长袍。因此在那一天,无论男女老幼,只要有能力,都要穿白色新衣,视为吉利。他们认为新年伊始衣白,就能全年皆顺。在这一天,所有人都要按照各自实力,给大汗献上金银珠宝、白布等应景的厚礼。所有礼物都必须是白色的,以此祝福大汗新年财源广进,幸福快乐。文武贵族和鞑靼平民互相交换白色礼物,彼此拥抱亲吻,欢度新春,互相祝福关系和睦,事事顺利,以求一年好运。在这一天,国中数地向大汗进贡十万余匹极美之白马——就算不是通体洁白,也大部分是白色的。各州向大汗纳贡时,数量惯例为九数之九倍。例如某州献马,须献九九八十一匹;某州献金,须为八十一锭;献布须见八十一端。其他亦然,因此大汗

有时会收到十万匹马。在那一天，大汗把自己园中的五千头大象披上漂亮的金锦丝绸（上绣飞禽走兽之图样），每头大象都驮着两个大匣子，里面装满大汗的金银器皿，还有白节宴会场所需的丰富装饰品，富丽堂皇无比。此外还有很多骆驼，身上也裹着漂亮的白丝绸，满载宫廷和白节盛宴所需的物品，从盛装的大汗面前经过。这是世上最美妙的景象。节日当天，宴席布好之前，所有国王、亲王、公爵、侯爵、伯爵、男爵、骑士、占星家、哲学家、医生、鹰奴，以及文武百官、小领主等，都来到大汗的正殿。那些因身份地位不得进殿者，就站在可以被宝座上的大汗清晰地看到的偏殿等处。人群中排在前列的是大汗子孙和直系宗室，后边是按等级和职位高低排列的国王、公爵、贵族及将领等人。各就其位后，某位伟大而睿智的老人或高阶神职人员就起身走到中间，大声说："现在所有人都鞠躬敬拜大汗！"众人立刻起身鞠躬，跪下以头触地，拜大汗一如拜神明。然后老人说："神啊，愿大汗万寿无疆，平安喜乐。"众人齐应："如你所请。"再拜时老人说："愿国泰民安，江山永固。"众人齐应："如你所请。"如是跪拜四次。然后他们起立，依次走向一座精美祭坛，祭坛上供朱牌，鎏金镶宝，上镌大汗名字；还有美丽金香炉一只，内焚甜香。老人代表在场众人走到坛前，为大汗牌位焚香，致以崇高的敬意。众人大礼参拜牌位，随后各归座位。所有仪程都完成后，他们将众多珍贵礼物献给大汗。大汗遍览诸礼毕，众人再次参拜，然后侍者排列席面，众人按上文座次入席，女席亦然。大汗坐北朝南，面朝正殿，能看到殿中所有就餐的人。第一皇后坐在他左侧，周围再没有其他人。大汗席位以下是其子和宗室。男席位于大汗左侧，女席位于皇后一边。总之，席位排列就是按我之前介绍过的方式。餐毕，乐师、杂耍演员和小丑登场献艺。席散后，大家欣然返回宿处或家中。这就是喜庆的白节盛宴。大汗为此盛宴，大方地赐贵族各种颜色的礼服，命其服之赴宴。

第八十九章
赴宴之一万两千贵族

如上文所述，大汗赐 12000 名怯薛丹每人 13 套昂贵礼服，颜色各不相同，即每种颜色之礼服有 12000 套，共 13 种颜色。礼服饰以珠宝珍奇，价值连城。每件又配金带一条，朱红色，有金丝银线之精美刺绣，堂皇美丽。他又赐每人名"不里阿耳"(Bourgal)之皮靴，以及有银线刺绣之礼帽，美丽贵重。这些衣饰如此高贵美丽，使穿戴者看上去仿佛国王。大汗每年要举行13次宴会，所以这12000位贵族每年要穿13次礼服，每次宴会礼服的颜色各不相同。大汗命所有人必须盛装赴宴，还规定宴会必须穿相应礼服。大汗也有13套礼服，与其手下贵族的礼服颜色相同，但更富丽豪奢。因此在宴会上，贵族们就像大汗的同伴一样。这12000位贵族，每人都从大汗那里受赐13件礼服，合计156000件，即使不算那些无价的腰带和皮靴，它们的价值也相当可观。大汗这样做，只是为了使节庆场面更盛大。讲完礼服后，我再补叙一件奇事。某次宴会上，有人将一头巨狮带到大汗面前。狮子一见大汗就俯伏在地，谦卑至极，似乎要认他为主。它十分温驯，在大汗面前不戴锁链，身上也没有任何束缚，就像条狗一样静静地躺在大汗脚边。这的确令人称奇，若非亲见，实难相信。现在一切事情都已有条理地讲述完毕，我要讲讲大汗捕获并送往宫廷的大批野兽，因为他待在契丹都城汗八里时，必定行猎。

第九十章
大汗命人行猎

　　大汗每年于12月、1月和2月住在契丹都城汗八里，正值隆冬。他命方圆六十日程内所有猎户都必须狩猎捕鸟，并派出能捕捉大型动物的猎人。于是有封地的贵族将捕获的野猪、獐子、狍子、熊、狮子、雪豹等大型猎物，还有其他鸟类献上。也就是说，大部分大型猎物都会被献给大汗。各州领主命治下所有猎户与大汗同去，用围栏围住野兽，放狗咬死或（大部分情况下）射死它们。距大汗居处二十至三十日程者取出猎物内脏，以车船载其肉身，送去献给大汗。距其六十日程的人，因路途太远，无法运送猎物，只能剥皮处理，将皮革献给大汗制造军备。这就是狩猎过程，接下来我要讲大汗如何饲养猛兽狩猎，以此为乐。

第九十一章
豢养训练狮豹猞猁、矛隼、海东青等以备狩猎

　　大汗豢养猛兽供行猎。即使是温驯的豹子，也能与人一起狩猎。他还养了

大批猞猁，都受过捕捉野兽的训练，非常擅长追逐。此外，大汗有巨狮数头，比巴比伦的狮子大得多。它们的毛色非常漂亮，全身布满黑、红和白色条纹，漂亮得不像真实动物。它们也受过良好训练，可与人一起狩猎，捕捉野猪、野牛、熊、野驴、鹿、獐等野生动物。狮子猎取猛兽之凶猛迅速很值得一看。大汗携狮行猎时，置两狮子笼中，以有车顶之大车载之，每头还有小狗一只作为同伴。狮犬之前一同接受训练。它们之所以被关在笼子里，是怕狮子在追逐猎物时过于凶猛，无法制服。而且狮子必须逆风接近猎物，否则猎物就会嗅到气味，立即逃跑。大汗还有大批训练有素的猎鹰，能抓到大批狼、狐狸、獐子、狍子、野兔等小型猎物。此外，他专门训练强壮的巨鹰来捕狼，没有哪只狼能逃过。接下来我将介绍大汗的优良猎犬。

第九十二章
饲养猎犬之两兄弟

大汗手下有两个贵族，是亲兄弟，一名伯颜（Baian），一名明安（Mingan），在我国语言中意为"狩猎大师"。他们豢养猎狗、寻回犬、灰狗和我们称之为"獒"的巨犬。两兄弟各率一万人，各服朱红、天蓝之衣。他们并不总穿上述制服，只在陪大汗打猎时穿。一万人中，有两千人各养一条或两条以上大獒犬，因此犬数甚多。大汗行猎时，两兄弟各率一万着同色制服的手下，牵五千条猎狗（不牵狗的人很少）走在他左右两侧。大汗选中平原中央作为猎场。所有人排成长队，人与人间隔一定距离，穿过广阔原野。这支队伍可长至一日程以上，人人面向大汗走来，同时逐渐缩小间距。他们放狗去追捕野兽，野兽众多，但鲜有能逃脱者。对于喜欢狩猎的人来说，看到猎犬猎人追逐野兽是件快事。大汗和手下贵族骑马穿过开阔原野时，会看到獒犬追逐熊、野猪、獐子等野兽来去。有这么多猎犬同时追逐，令人赞叹，大汗非常

高兴。这两兄弟订下合同,从10月开始,到来年3月结束,每天都要向大汗宫中献上一千只飞禽走兽——鹌鹑不计算在内,鱼类多多益善(三人一餐所食之鱼数,计为一只野兽)。现在我已讲过豢养猎犬之人,和如何放猎犬狩猎,现在我要介绍大汗如何度过接下来的三个月。

第九十三章
大汗如何猎鸟兽

在12月、1月和2月,大汗驻跸于汗八里,然后在3月的第一天离开,中午时分进入乡间,南行两日至海滨。他带着一万鹰奴以及五百只海东青、游隼、猎鹰等猛禽,数量相当多,因为上述鸟类在他国土上繁衍极盛,取之不尽。他们携大批苍鹰沿河捕鸟。别以为猎鹰都会聚在一起,大汗把它们分散在各处,视情况每处几百只。鹰奴见到鸟雀就会放出海东青、苍鹰和猎鹰,把大部分猎物献给大汗。大汗携海东青等行猎时,命一万人在平原成对排列。这些人在鞑靼语中名"脱思高儿"(Toscaor),在我国语言中意为"看鹰人"。他们成对散开,两人间保持一定距离,这样就能看顾到较大区域。每人都持哨子模仿鸟叫,又持网兜以捕鸟。大汗等人放出猎鹰时,没必要追着它们去看,因为脱思高儿会谨慎盯好猎鹰,追过去抓住它们。如果猎鹰需要帮助,离它们最近的脱思高儿会赶去帮忙。大汗和贵族豢养的猎鹰脚上都绑着小银片,上面写着主人和饲养者的名字。一旦猎鹰落到别人手中,马上就能被归还给主人。如果那人虽然知道主人名字,但不认识他,那么猎鹰就会被送去给某位称"不兰奚"(Bularguci)的贵族——在我国语言中,这个称号意为"失物保管者"。他会小心保存它,直到主人来寻。若拾得失物者不能立刻把它送去给不兰奚,就会被当作小偷。失主也会去找不兰奚,看自己的失物有没有被送到他那里。凡有失物,无论猎鹰、马还是剑都一体处理。不兰奚总是站在所有人中央的最高处,高举旗帜,这样失主或拾得失物的人就能立刻清楚地看到他在哪里,于是失物就能物归原主。大汗沿着上文所述的那条路,从汗八里行两日直到海滨,沿途可以看到狩猎美景。世上再没有比这更有趣的了。大汗总让两头或一头大象载着自己,行猎时尤其如此。因为隘口很窄,两头或一头大象比较容易过去。但在其他活动中,

93

他总居于一座华丽木亭中，木亭由四头大象承载。亭内四面挂着金锦，亭外覆以狮皮。大汗患有痛风，因此总爱待在那里。亭中一般还有他豢养的12只最良海东青，以及他最宠爱的12位贵族和12位嫔妃与他做伴。其他贵族骑马，围绕大象前行。看到野鸡、鹤等鸟类飞过时，他们会同声大叫："陛下，鹤来了。"大汗立开亭门，放宠爱之海东青去追。海东青追上鹤，缠斗良久，最后将其杀死在大汗面前。大汗卧于亭中榻上，与周围贵族观看取乐。事实上，纵观历史，横览世上，我认为再没有人能享乐甚于大汗，也不会有人有能力做到这一点。几个时辰后，大汗至名为"火奇牙儿末敦"（Caccia Modun）之大平原。他自己的御帐，还有其子、文武官员、鹰奴和嫔妃的帐篷已在那里搭好，帐篷富丽，多至万余顶。他举行大朝会之帐篷极其广大，可容千人，帐门向南，贵族文武于其中分班站立。另有一帐与此相接，帐门向西，为大汗私帐。两帐间有通道，大汗可任意召见某人。此帐后又有一间，为大汗寝处，甚华丽。此外，尚有别帐别室，只未与大帐相接，其中也有厅堂房间，但搭建方式不同。上述两大帐和大汗寝处各以三根精心加工过的镀金香木柱支撑，内衬美丽狮皮，布满黑、白和红色条纹。这种条纹是天然颜色，因为这一带有很多这种颜色的狮子。狮皮铺陈得宜，能隔绝风雨，又不会被损坏。大厅和房间都饰以银鼠皮和黑貂皮，价值最高，外表也最美。一件貂袍价值一千至两千贝赞特金币，鞑靼人称其为"毛皮之王"。貂的体型近似臭貂。大汗的两顶大帐就用这两种皮覆盖，它们铺设整齐，做工精美，装饰得如此巧妙，令人惊叹欣喜。寝室与两顶大帐相连，外面覆盖狮皮，内衬银鼠皮和黑貂皮。恰到好处，设计精妙，工艺精巧。所有支撑帐篷的绳索都以丝绸制成。这三顶帐篷价可敌国。周围其他帐篷也布置得宜。此外，大汗的妻子、儿女和妃嫔，以及贵族家眷的帐篷数量众多，外表美观。鹰奴和海东青也拥有大量帐篷，而且海东青住的帐篷更漂亮。其他鸟兽及其饲养者也有专门帐篷。大汗居此时，营地中人员和帐篷数目之多，令人叹为观止。此处如大城中，种种机构皆备，大汗居之一如宫中。有大批人每天从四面八方远道而来，医生、占星家、鹰奴、官员等各行各业的人云集于此，有的还按习俗携来家眷。事事齐备，人人各安其位,与汗八里同。他待在此处直到惊蛰——相当于我国的复活节,其间一直在湖边河畔和乡间四处狩猎,猎到大量鹤、天鹅、苍鹭等鸟类。他手下人也时时行猎,给他献上鹿肉和各种野味。他享受世间至乐,若非目睹,无人能信。我笨嘴拙腮,说不尽他的功业和赏心乐事。此外,任何人都不敢携猎鹰或猎狗在大汗扎营周边的二十日程——一边五日,一边十日,另一边十五日——内狩猎。而除非享有特权的鹰奴首领,任何贵族或官员都不敢携鹰行猎。但其他地区就没有这种限制。大汗治下,自3月至10月底是鸟兽的繁殖期,无人敢在此时捕捉野兔、黄鹿、狍子、牡鹿和鸟类。违大汗令者会遭到严厉处罚,因此鸟兽数量越来越多,大汗想狩猎多少都可以。上述动物常常毫无畏惧地在人前行走而不会受到伤害。就算行人发现它们睡在路上,也不会碰它们。但此数月之外,大家可随意行猎。大汗从3月到5月中旬一直愉快地待在这里,直到复活节。随后他起驾原路返回汗八里,一路仍恣情行猎。

第九十四章
大汗设大朝会

他在汗八里的行宫最多待三日,其间大设筵宴。他与后妃、随从大肆宴乐,席散后众人各归其宅。然后他从汗八里出发,前往上都园林和竹宫,以及豢养海东青之处。从5月1日至8月28日,整个夏天他都在那里避暑。8月28日,如上文所述,他以白母马的奶祭祀神灵,然后回汗八里都城,准备于9月举办万寿节宴会。10月至次年2月,他待在首都汗八里,然后于2月举办一年中最隆重之白节宴会。此后他离开汗八里去海边,一路狩猎,从3月的第一天到5月中旬为止。此后他回到都城待三天,召集宫廷里所有人举行大朝会,此后再次离开。就这样,每年9月至次年2月,这半年他在都城汗八里的大宫中居住;于3月至5月底赴海滨行猎,再返回汗八里,待三日后赴上都竹宫,经6月至8月后离开回汗八里。他每年在都城待六个月,三个月行猎,三个月在竹宫中避暑,有时还会去全国各地,快乐无边。汗八里人烟稠密,有12座城门,每座城门外都有大片城郊,两两相连,可长至三四英里,无人能知确切面积。城郊居民远多于城中住户,距城池一英里外，多华美客栈，商人和外邦人可以住在那里。他们中有人带着礼物来献给大汗或供应宫廷，还有人来此经商。大汗无论在哪里举办大朝会，都有大批人怀着各种目的云集于彼。此外，汗八里商业繁荣，各方商人都来这里做生意。伦巴第人、日耳曼人、法国人……各类人等都有专门客栈。除大汗宫殿外，城郊宅邸和宫殿与城中的一样漂亮。城内不可埋葬死者。拜偶像者死后，尸体会被送到远郊火化；基督徒和萨拉森人的教义提倡土葬，他们的遗体会被葬在远郊的指定地点，这样对环境更有益、更卫生。同样，城中严禁卖淫，只在城郊可以。娼妓皆不得居于城中（私娼除外）。娼妓极多，新老城郊合计23000人，皆能以此为生。她们满足大批为宫廷服务的商人和外邦人的需要，由官吏统管，每百人和每千人各有"行首"，对官吏负责。之所以派人统管娼妓，是因为每当领主派使节觐见大汗时，大汗须负责使节的住宿开销，这对他们是莫大的体面。此时该官员就必须给使节和随从送去妓女，每晚轮换，不收度夜资，算是妓女向大汗缴纳的税款。从娼妓数目，可看出汗八里城中外来者之多。世上没有哪个地方能吸引这么多的商人，也没有哪个地方能像汗八里一样，云集如此稀有昂贵的大量货物。这里有来自印度的宝石、珍珠、丝绸和香料，有契丹、蛮子州等地的所有美丽昂贵货物。八方人口及货物辐辏于此，是为了驻跸于此的大汗、他的宫廷和这座伟大城池。此外，贵族男女悉聚于此，大批军队驻扎在此处，大汗主持的大朝会也会引来许多人。该城位于多州通衢之处，地理位置优越，便于行人来往。因此，汗八里汇聚八方珍奇，商业繁荣。几乎每天都有一千余车生丝运进城，供织坊生产绫罗绸缎。大汗治下仅有数地出产棉麻，不足供应全域，且汗八里周边不产亚麻，因此丝绸质优价廉。汗八里周边有二百余城，村庄无数。大汗和宫廷机构驻在汗八里时，有人不远二百英里来到此买卖货物。虽说八方商品辐辏于汗八里，使其成为贸易中心，但这也不算什么。

既然我已详细讲述这一奇迹，并展示了大汗和该城的高贵地位，现在我将讲述大汗的造币所，以及从汗八里发行的货币。虽说你可能不相信我说的是真事，但大汗的创举和豪举，我无法穷尽。

第九十五章
大汗印发纸币

大汗的造币所就在汗八里,观其工作原理,可以说大汗掌握了完美炼金术,我现在就向你展示它,并讲解其中原因。全国各地广有桑树,吐丝之蚕以桑叶为食。大汗命人取桑树厚皮和木质之间的白色薄皮,碾碎后用胶黏合而成黑纸,与棉纸类似。纸制成后,裁成大小不一之长方形,即为纸币。面值小者等于半个秃儿城之钱,稍大的等于一个秃儿城之钱,更大者值半个威尼斯格罗特银币,以此类推;十格罗特,一金贝赞特,两金贝赞特……直至十金贝赞特。所有纸币都盖上大汗御玺方可流通。纸币与纯金或白银一样权威,因为所有负责官员都要在每张纸币上签名钤印;其上官受委托,以大汗之御玺盖朱砂印,自此该纸币为合法货币。伪造纸币者将被处以极刑,株连三代。根据其未来价值,制造者在其上印不同标记。大汗在汗八里指定造币所印发纸币,每年供应量巨大,面值足够他购买世上所有珍宝,而不必付出任何代价。大汗治下全域及其属国,此币为唯一官方认定货币,其他货币严禁流通。他用它们支付所有款项,并在全域及所有属国发行,分发到每人手中。拒用者可处死刑。所有属地及臣民都乐于接受纸币。在大汗治下,无论走到哪里,他们都会携带纸币,为其货物、珍珠、宝石、金银等所有物品支付款项。无论商品价值多高,都可以用纸币购买,同真金白银使用起来一样。而且它们极轻,价值等于十锭金的纸币重不逾一锭金。每年商人携珍珠宝石、金银金锦等物,从印度等地来汗八里,售与大汗——只能售与大汗,不可售与他人。大汗指派12位贤明官员掌管此事,命他们仔细评估商品,以相应价格支付。于是他们根据经验估价,以纸币连本带利地支付,商人知道自己的货物在别处卖不到这么高的价,而且也遇不到这么干脆的买主,于是欣然接受。他们可在大汗

治下任意使用纸币，而且它比所有货币都轻。如果本国不通行此货币，他们就用纸币购买货物，回国贩卖。商人每年送来的商品价值40万贝赞特金币，而大汗每年以纸币支付，这样他付出的代价少到几乎为零。每年数次，大汗命汗八里所有持珠宝金银等贵重物品者将它们带到造币所，按其适当价值兑换纸币。众人非常乐意，因为大汗的价格定得很高，而且当场结算，无拖无欠。而那些不想换纸币的人就待在家里。这样，大汗搜罗了治下所有金银珠宝。还有件事值得一提。虽然纸币耐用，但也会因为存放太久而损坏。此时主人就可将其带到造币所兑换干净的新纸币，交3%的费用即可。还有个小诀窍值得讲述：若有人要购买珠宝金银来铸造器皿或装饰腰带，可去造币所以纸币购买金银。大汗不花用金银，以纸币（印数唯其所欲）支付军饷，宫廷用度也以纸币结算，其价与金银等同。现在你们能明白，为何大汗能拥有天下最丰厚之财富，以及他如何拥有如此多的财富。他不必付出代价，所以可以尽情花用。大家都必须购买纸币。我已介绍大汗之宫殿财富，以及他如何用纸币敛财，现在我要讲讲大汗的中央行政机构。

第九十六章
替大汗视事之十二高官

大汗任命十二位贤明官员，处理天下军队换防、将领调动、征讨调度等兵甲机密事务。除此之外，他们还要擢升立军功者，将懦弱将领降级。如某千夫长在战场上畏缩不前，那么上述官员就认为其能不配位，会贬黜其为百夫长。但若他战斗英勇，一往无前，他们会擢升其为万夫长。但一切举功转官须经大汗同意。如他们想降某某职时，就对大汗说，此人尸位素餐。然后大汗回答：贬之。同样，如果他们想提拔某人，就奏报大汗：此千夫长功绩卓越，可为万夫长。于是大汗颁旨任命，重赏此人，为他人表率。

这十二位官员组成的机构被称为"台"(Thai)，意为"最高朝廷"，因为除了大汗，他们不对任何人负责。除上述十二位官员外，另有大汗的十二位重臣，负责其治下三十四行省内一切必要事务。此十二位官员居于汗八里某大宫中，该宫美丽奢华，有众多房屋厅堂，供其与属官仆人居住。每州各有断事官一名、书记员（或司法人员）数人，供其驱使。所有人都住在此宫中，各居一

屋。断事官和书记员按上述十二位重臣之命，在宫中完成相应行省的一切事务。此外，若有人投诉，这十二位重臣必须上奏大汗，然后尽其所能。此十二人权威极重，可在三十四行省内任命军政长官。他们代表大汗遴选官员并上奏大汗，大汗确认后，便按宫廷惯例赐其金银牌符，派其赴任。此十二重臣权力大至可调动军队，决定军队规模和派驻之地——但仍要上奏大汗。此外，他们还监督朝贡和赋税的征收、控制和支出，以及大汗治下除军队事务外的其他事务。他们组成的机构在鞑靼语中被称为"省"（Scieng），意为"大汗最高朝廷的官员"。他们居住的宫殿也被称为"省"。他们是大汗朝廷中最高官员，权力极大，可施恩于其所爱，降祸于其所憎，因而人人畏之。上述两个机构"省"和"台"，除大汗之外无人可节制。然而"台"涉军机，公认为是最重要的机构。我在这里暂不列举三十四行省之名，将于下文阐述。现在我要介绍大汗如何派遣使节铺卒，以及其如何疾行送信。

第九十七章
由汗八里至各行省之路

　　大汗的信使传信最快。请听我讲他如何做到这点。以汗八里为中心，有许多大路辐射不同州郡，所有道路以其通达之行省命名。这种方式非常聪明。从汗八里出发，沿大路走二十五至三十英里，可见一驿所，鞑靼语称之为"站"（Iamb），即我国蓄养马匹之邮驿。无论走到哪里，信使都会见到富丽大驿站，有软枕绸被，以及他需要的一切东西，就算招待大国国王也够格。驿站用度由邻近城镇村庄提供，也有中央拨下预算。大汗使者可在驿站换马，大汗命每处驿站都一直蓄养四百匹好马，随时为其信使和使节把疲惫的马换成精力充沛的马匹。根据需求不同，有的驿站只蓄三百匹马。大汗欲站中马匹常有余量，以备使者不时之需。在通往所有行省的所有主要道路上，每隔二十五至三十英里，都有上述蓄养了三百至四百匹马的驿站待命，使者可以在那里舒服地休息。这样的大路穿过大汗治下所有主要行省、王国、州郡。若信使离开正路，在陌生野蛮之地或山区穿行时就有可能找不到宿处，因为那里城镇村庄都相距遥远。但大汗在路上每处都建造驿站，同上述驿站规格近似，里面除上述供给外，还有马具等物品——这都是大汗自掏腰包支付的。荒凉之地的驿站分布稀疏，间距为三十五至四十英里，或者更大。大汗命当地人在驿站工作，提供服务，于是驿站周边形成了许多大村落。就这样，大汗信使被派向四面八方，在他治下行省、王国和州郡轻松往来，任意获取宿处马匹，无论走到哪里都很方便。没有哪位君主能做到这点。各行省之驿站共蓄养马匹二十余万，专为大汗之信使而设，便于其换马，且万余处驿站都陈设完备。这是个奇迹，而且耗资巨大，非言辞笔墨能形容。有人会怀疑：去哪里找这么多人手来履行职责？他们以何为生？答案是：只要经济允许，偶像崇拜者和萨拉森人每人可娶六到八或十位妻子，生下多至三十余个儿子，而所有子孙都会武装起来随父出征。反观奉行一夫一妻制的我国人民，如果妻子不育，那么男人就会终生无子，因此我国人数不若前者多。若以食粮论，他们的主食为大米、稷子和粟米，尤以鞑靼人、契丹人和蛮子人为最，因此很少有人会饿肚子。这三种谷物在那里的产量可达播种量的百倍之多。他们不做面包，而是把谷物和牛奶或肉同煮。小麦产量不丰，只能做成面条和面饼。就这样，没有耕地被抛荒，牲畜也不断繁殖，乡农可蓄养六至八匹甚至更多匹马。所以我们能理解，为何上述地区人口繁盛，生活富足。我再告诉你们一件小事：两驿站间每三英里有一铺，包括约四十间房屋，其中居住传达大汗信息的步卒。他们系大而宽的腰带，上面挂满巨大铃铛，声音从很远处就能听到。大汗要传递信息时，得令之铺卒就拼命奔跑三英里，直到下一铺。听到铃声由远及近，三英里外另一铺卒就立刻准备，挂好铃铛接应上一铺卒。他接过对方携带的东西，以及铺书记所给之小文书一件（书记总能事先准备好），跑向下一铺交予另一铺卒。就这样，大汗的信息每三英里就转一次手，直至送到收信人手中。虽千里之遥，数日可至。以这种接力的方式，铺卒们昼夜兼程，一日可行十日之路程，而两日内就可以把消息送到二十日程外。以此类推，大汗十日内可知百日程外之事——实乃奇迹。他们常在一昼夜内行完十程，把水果等珍稀物品急送给大汗。很多时候，早上在汗八里采下的当季水果，在次日傍晚就会呈给居于十日程外上都的大汗。每铺都有书记员，负责记录铺卒抵离的日期和时间。每月还有专人去各铺巡视，查出并处罚工作懈怠的铺卒。大汗不向铺卒和驿卒征税，反而向他们提供马匹等物，还发放丰厚报酬。如何在驿站供养上述数目的马匹？他会命驿站周边的城镇村庄提供马匹。比如某城说能出一百匹马，那么大汗就命其提供百匹马给附近某驿站。然后他查看各站能蓄养多少马匹，再命其依此数目蓄养。这样，所有驿站由周边城镇村庄供养，大汗只需出钱为偏僻地段的驿站购买马匹。两城也会达成协议，分割供给处于二者边界处之驿站的份额。各城用本应上交大汗的税收来养马，因此每城可以其应缴纳之税额等于一马用度或部分用度，供养邻驿之马。各城并不会长年在每处驿站供养四百匹马，而仅供养当役之马两百匹，其余在牧场休养生息。月底役满，两班马匹轮换。河流或湖泊处，附近城镇必须随时备好三四艘船只，供徒步或骑马的信使通行。若信使须在沙漠中行数日，且沙漠中无宿处，那么就由沙漠边缘的城镇供应马匹、食水和护送者，直至沙漠彼端，其花费由大汗补偿。上述铺中也有铺卒佩戴铃铛。如有骑马信使从远方而来，急于向大汗报告叛乱地区的消息，或带大汗急需之物，他们会日行120到250英里，日夜兼程。此类信使常携海青符，寓意"十万火急"。若纵马疾驰时马匹疲惫或出了其他差错，他会强行征调其他行人的马匹——命其下马，自己骑上马继续飞跑，无人敢拒。信使到下一驿站会再换马，这样保证全程马力十足。若有两人结伴送信，他们会骑两匹强壮敏捷、精力充沛的骏马从同一驿站出发。他们以布带缠紧头、胸和腹部，以免中途过于劳累，撑不下去。他们全速奔驰25英里至另一驿站，远远吹起号角，以便下一驿站备好马匹。到达时，另外两匹养精蓄锐已毕的良马已整装待发，而接替他们的信使在听到铃声时也已给马戴上马具，如他们一样做好了准备。他们接过来者携带的信件等物，飞身上马，全速奔驰，不眠不休，跑到筋疲力尽，直到下一站才停。下一驿站人马皆备，新信使立刻出发。就这样，信使换马换人，日夜兼程，一日内可行250英里，把远方消息迅速带给大汗，同时把大汗旨意传播远方。若有必要，他们一日之内要行300英里。事态紧急时，他们连夜骑马赶路。如果月光不足以照亮道路，驿卒会举火把前引，跑向下一站。尽管如此，因为举火者速度所限，信使夜间行路不若白天迅捷，而且那些可耐路程辛苦的信使非常

珍贵，能得到政府的丰厚报酬。关于信使驿站的情况就介绍到这里，接下来我要讲大汗如何一年两次赈济灾民。

第九十八章
歉收及牲畜频亡时大汗赈济灾民

大汗每年派钦差巡视其治下，体察民情。若百姓遇灾，如因暴风雨、虫灾或瘟疫等天灾而歉收且无以果腹，就免去他们的赋税，并开仓放粮，供他们食用和播种。这确实是"君恩如海"。大汗在夏季放粮，而对冬天失去牲畜的人另有赈济。大汗事先调查，若某地有牲畜死于疫病或寒冷，他就以别地所缴什一税的牲畜廉价卖给受灾者，并免去其当年赋税。大汗唯以赈济黎民为念，愿民生无忧。此外，若雷电击中畜群，无论其主是一人还是多人，也无论牲畜多少，大汗皆免其什一税三年。同样，如果雷电劈中货船，大汗也免其一切租金赋税，因为时人公认这是凶兆。大汗说，天厌之，以雷电击之，因此不愿这种招致天谴的财物进入自己国库。大汗就这样每年赈济子民。现在我再讲另一件事。

第九十九章
大汗命人沿途植树

大汗又有一善举与人方便：他在信使行商常走的横穿契丹等州的所有主路边种植树木，距路两三步远，极其高大，从很远的地方就能看到。大汗以这些树木标记道路，让行人在树荫里休息。行人穿越荒原时循树找路，无论昼夜都不会迷路，这对商人旅者来说是极大帮助和安慰。在大汗治下，各行省王国的一切要道边都有树木。但在沙地、沙漠和多岩石之山区无法植树，于是大汗命人以巨石和石柱为路标，还派人随时维护。除上述原因外，大汗乐于植树，是占卜师和占星家说植树可延年。路旁树木讲完，现在我们来谈谈别的。

第一〇〇章
大汗臣民所饮之酒

契丹州居民大多嗜酒。他们不以葡萄酿酒，而以多种香料混合，用大米酿造米酒，其味优于所有葡萄酒，为天下第一。酒液晶莹醇香，性烈而甜，易使人醉。酒已讲完，现在我要介绍能像木材一样燃烧的石头。

第一〇一章
石燃如木

契丹全境皆产黑石，能燃烧如木炭，以其生火造饭，优于木柴。若夜间燃火，则经夜不息。它们产自山中矿脉，虽仅初燃时有焰，但其热惊人。因此虽契丹州盛产木材，但居民均以此石生火，而其价亦贱于木柴。契丹地区人口繁盛，每日烧炉；居民喜洗浴，常常生火加热浴室；富贵人家还要烧水浣衣。这些事都要耗费大量燃料，木柴不敷使用，于是他们以这种石头做燃料，因为它们比木柴更能发热，且成本更低。但它们不能用于建筑，除燃烧外别无用途。我已经介绍完毕，接下来将讲述大汗如何平抑谷价。

第一〇二章
大汗设常平仓赈济百姓

谷物丰收之年，为防谷贱伤农，大汗在各行省收购粮食，储于各地大"常平仓"中，精心储存，可三四年不腐坏。每三年以新谷换陈谷，仓中常满。灾荒之年，大汗开仓赈济穷人。仓中有小麦、大麦、粟子、稻谷、稷子等大量谷物。若谷物歉收，市面粮价大涨，大汗会取常平仓中谷物贱价出卖。如小麦的市价值是一贝赞特，大汗以三四分之一的价格卖与饥民，以使百姓不致饥馁。此种方式在其治下通行，因此各地都积聚粮食，以备赈济饥民。接下来我要继续讲大汗如何扶助贫民。

第一〇三章
大汗扶助贫民

我已介绍了大汗如何在米价高昂之时平抑米价，赈济饥民，现在我要讲讲他如何怜惜救济汗八里的贫民。汗八里城郊有贫民，缺衣少食。大汗从中选择贫户，养于邸舍之中，每邸舍六户、八户、十户不等，总数不少。大汗粮仓里有小麦等谷物，足够各户一年之食。大汗每年都要挑选很多贫户赈济。比如有名门因灾祸而败落，或某家因主要劳力患病无法工作，又或某农户全年无收——这些贫户会得到大汗赈济的全年用度。他们定期去见住在上文所述宫殿里的负责大汗支出的官员。贫户出示上一年收到赈济数额的证明，而官员据此发放当年款项以及衣物。大汗拨出通过什一税征收来的羊毛、丝绸和麻布，令工匠专为贫户制衣，有场地专门为此事而设。所有匠人必须每周为大汗工作一日，于是大汗命他们为贫户制作冬衣夏裳，也为军队做军衣。每城都有人为大汗制作羊毛织物，所用原料可以抵税。众所周知，鞑靼人信奉偶像教之前，没有施舍贫民的习惯。他们会辱骂乞讨者：〝带着神赐你的霉运滚开。若神明能像保佑我一样保佑你，你也不会落得这个下场。〞但拜偶像教的智者，特别是前面提到的〝八合失〞曾向大汗建议赈济穷人以取悦偶像。现在每日都有人去宫廷领布施，大汗来者不拒，每人发面包一块，分文不取，每日计三万余人。主管官员每日发放两万碗大米、粟子和稷子。一年到头，日日如是，对食不果腹的穷人来说，这是莫大恩惠。因其慷慨，人民都爱戴大汗，崇之如神。现在我要讲另一件事。

汗八里有约五千名占星师和卜者，多为基督徒、萨拉森人和契丹人。他们不断在城中施展法术，而大汗每年都为他们提供衣食，与上述贫户同。他们有自己的观象仪，上镌行星宫位和全年之时刻。因此，他们每年用仪器推测星辰运行，确定它们每月的方位，进而预言每月特异之气候现象。比如说某月有雷电和暴风雨；某月地震；某月雷电暴雨；某月有瘟疫、刀兵、反叛等。他们会说根据天象，事物本该如此发展，但神明若愿意，能改变进程。他们制作并出售记载当年每月诸事预言的小册子〝塔古音〞（Tacuini），供大家参考。预言准者被视为大师，声名愈盛。若有人想办重要事务或要去远方做买卖，想预见事情结果，就来咨询占星师：〝看看您的历书，星象现在如何？我想去做某事或某生意。我的生辰八字如此如此。〞生辰八字对所有人都很重要。婴儿出生时，其父会认真记下他落地的年月日时。鞑靼人以十二年为一个完整循环，以十二生肖记之，如某年为虎年，次年为兔年，第三年为龙年，第四年为蛇年，以此类推，直到第十二年再从头开始。于是被问到生辰时，某人会回答说，虎年某月某日，白天或夜晚的某时某分。占星师得知某人生辰八字后，就能找到他的命星，从而预言吉凶。若对方是商人，那么某颗正在上升的星辰将对其生意不利，他该等待天象转吉。或者他出城所见的头一样东西是凶兆，必须从另一座城门出城，或等那样东西消失。又或者，某时某地他会遇到强盗、遭遇暴风雨，或发现驮马断腿，损失货物。总之，占卜者会根据星象预测这一路上的吉凶。

大汗发现契丹州男子更英俊、举止更有风度，因为他们总是专注学习。

他们谈吐得体，很有条理，常笑脸迎人，用餐时姿势优雅。他们非常孝敬父母，且官府有专门机构惩罚忤逆父母的"不孝子孙"。监中罪犯会在大汗规定的释囚时间（每三年一次）被释放，但其面上被烙火印，人人皆可辨识。

大汗发现可怕的习俗，会严令禁止。大汗禁止赌博和行骗，因为这两种行为在他治下比世上任何地方都更常见。为防止百姓染上这种恶习，他说：我已经用刀剑征服了你们，你们拥有的一切都是我的。你放在桌上的赌注都是我的钱。话虽如此，大汗从不以强权夺百姓之产业。

我要谈谈贵族和百姓觐见大汗时的礼仪。首先，出于对大汗的尊重，大汗身周方圆半英里内，人人要恭敬安宁，不发出声音，也不高声喧哗。文武百官都要携带漂亮小唾壶，在殿上向其中吐痰，然后盖上盖，没人敢往地上吐。此外，他们还带着漂亮的白色皮革拖鞋，上殿时换好，把换下来的靴子交给仆人拿着，以免弄脏漂亮精巧的织金丝绸地毯。

正如我们上面所说，这些人都崇拜偶像。人人家中都有神像或写着神名的牌位供在墙上，每天焚香礼拜。拜神时，他们高举双手，叩拜三次，祈祷神明保佑他们幸福快乐，健康长寿。地上供另一偶像，名为"纳的该"，掌管人间俗事和收成。人们还为这位神明配上妻子儿女，以同样方式叩拜。他们认为纳的该能保佑风调雨顺、五谷丰登、子孙绵延。他们不关心灵魂，只愿保养肉身，及时行乐。他们认为灵魂不朽，某人去世后，会立刻投胎，拥有新的身体。此外，人人按这一世的功过，会"恶有恶报，善有善报"。也就是说，即便穷人，只要他积德行善，那么来生他就会投胎在好人家，成为有身份的人；

若他继续行善，他会累世投胎于领主、王侯、皇家，甚至飞升为仙人；相反，若他作恶，就算他是贵族少爷，也会转世为乡间粗人，甚至每况愈下，堕入畜生道，转世为狗。

以上是大汗管理契丹州和汗八里的方法。现在我们离开汗八里，去看马可为大汗出使途经的地区，再详细讲讲契丹州的大事和富庶程度。

第一〇四章
从契丹大州出发，见普里桑干河上石桥

本书作者马可·波罗说，大汗派他出使西方各国。他从汗八里出发，西行四个月，接下来我将讲述他一路之见闻。从汗八里出发，向西行十英里，见普里桑干（Pulisanghin）大河。这条河一直注入海洋，因此许多商人乘船顺河入海。河上有美丽石桥一座，举世无双，桥身长三百步，宽八步，够十骑并行，有桥拱二十四、桥墩二十四承之。此桥通体为灰白色大理石所筑，工艺精良，桥身稳固。桥两侧各有大理石桥栏一道。桥身呈拱状，两端较窄，中间较宽。桥拱之顶有大而高之柱，有大理石龟承之。柱脚有大狮。桥头亦有大理石柱一根，柱上柱下各有石狮一只，大而美，雕工精巧。由此柱向桥拱方向一步半处，另有石柱一根，亦有石狮两只。桥两侧各有小石柱众多，均上下各有石狮一只。柱身雕刻各异，立于桥侧椎眼处。每两柱间距一步半，连以灰色大理石栏，免得行人落水，段段如此，整齐美丽。下桥时所见一如上桥时。此桥共有柱600根，石狮1200只，均以精细大理石雕成。此桥言尽于此，我们来谈谈其他事情。

第一〇五章
涿州大城

从上述之桥出发，西行30英里，沿途皆为美丽树林、村庄和客栈，以及壮丽宫殿、葡萄园、花园、丰收的农田和清澈泉水。30英里后，可见美丽大城涿州（Giogin），其中多有拜偶像教的僧侣和寺院。当地人都崇拜偶像，以工商业为生。该城盛产丝绸金锦，以及精美之绫罗。此处行商和外邦人来往甚众，是以多舒适客栈旅舍。离开此程，行一英里，大路由此分歧：一路朝西，一路往东南。向西之路穿过契丹州，往东南之路通向大海和广大

蛮子之地。西行穿过契丹州，从涿州城到太原府（Taianfu）要走十日，沿途尽是工商业发达的美丽城镇村庄，以及盛产丝绸的良田、葡萄园和树林。居民安居乐业，待人友善。因城镇密集，居民常相往来，商品交流频繁，各城都有集市。当地产葡萄酒，销至不产酒之契丹州。此地遍植桑树，当地人以桑叶养蚕，缫丝织绸。此十日程行至中途，据称有一最美之大城名阿黑八里（Achbaluch），近大汗猎场。除大汗及其扈从，以及被猎鹰队长登记在册者，无人敢去狩猎，但贵族可入其界。大汗从未在此狩猎，因此猎场中野兽繁殖甚众，尤以野兔为害最烈——它们毁掉了全境谷物。大汗得知此事后，便率全宫之人行猎于此，所获无数。现在我们离开这里，去太原府。

第一〇六章
太原府国

离开涿州后，骑行十日即至太原府国，其首府亦名太原府，大而壮丽，贸易繁荣，手工业发达。该城为大汗生产军需。此地广有葡萄园，盛产葡萄酒。大汗治下契丹全境中，唯有此城酿葡萄酒，亦植桑养蚕，产丝之多，令人称奇。出太原府，向西行七日，沿途乡间风景宜人。城镇村庄商业繁荣，生产大量手工艺品，当地大量商人携货物赴印度等国，获利颇丰。七日行毕后，可至平阳府（Pianfu），城大而富庶，盛产丝绸，商贾云集，当地人以工商业为生。接下来我要介绍大城哈强府（Cacionfu），但在此之前，我们先来看看当地名该州（Caiciu）之著名大堡。

第一〇七章
该州

从平阳府出发，西行两日，至一宏伟大堡，名该州，为当地"黄金王"昔

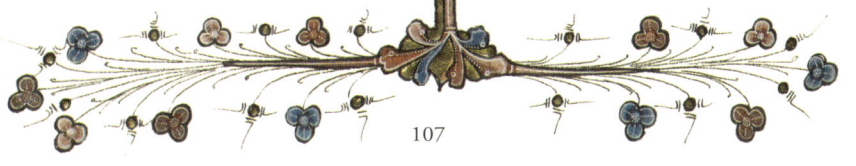

日所筑。堡中有一美轮美奂之大宫，宫中正殿悬此地历代国王之画像，以金漆及其他美丽颜色绘之，赏心悦目，乃该国历代国王陆续为之。关于黄金王，我会讲述他与长老约翰间的有趣故事。当地人对我讲，黄金王是伟大领主，曾纳众多美女于后宫。他常乘小车于堡中戏耍，令众美女曳车而行，同众女游玩取乐。他以铁腕治国，公正严明。该堡固若金汤。他本臣服于长老约翰，但后因骄傲而反叛，虽长老约翰不能制。于是长老约翰耿耿于怀。一段时间后，有7位长老约翰的贵族近臣来见，说愿假投诚于黄金王，伺机擒之来献，如不可行事，则杀之。长老约翰欣然许之，还说如果他们能立此功，将有重赏。于是这7位年轻贵族离开长老约翰投奔黄金王，求他收留。黄金王问他们来历，他们谎称自己来自遥远异邦，反叛主人来此，愿为他服务。黄金王非常高兴，毫无戒备地礼遇宠爱他们。这7位包藏祸心的贵族，也就是长老约翰的手下谨慎侍奉黄金王两年，装作对他忠贞不贰，赢得他的青睐。黄金王也非常信任他们，无论去做何事，都允许他们同进同出，还常带他们去狩猎。接下来我要讲这些卧底做的事，毕竟没人能免于受背信弃义者伤害。某日

黄金王纵马出游，除他们外仅携13位亲信扈从。他们渡过某条距宫殿一英里远的河，而另外13位亲信尚在河另一边。于是这几人见四下无人，而国王孤立无援，认为机会到了，可以履行对长老约翰的承诺。他们互相示意，围住黄金王，持剑威胁他与他们同走，否则就要杀了他。国王非常害怕，说："众爱卿，你们这是做什么？你们要带我去哪里？""去见我们的主人长老约翰，听从他的发落。"他们警告黄金王不得鲁莽求救，别害了自己手下，只要乖乖同他们走，就不会受到伤害，也不会失去王位。于是黄金王吩咐儿子和手下，不许他们靠近，命他们照常理政，等他回来。

第一○八章
长老约翰如何对待黄金王

黄金王听到是长老约翰派这些人来，明白自己必须去见长老约翰，于是大怒。但他不想郁郁而终，就对这几人说："众爱卿，看在神的分上，难道我还不够宠信你们吗？我爱护你们，就像爱护我自己的儿子一样。但现在你们要把我交给我的死敌长老约翰，这是不忠

不义,是不可饶恕的罪行。"但对方坚持如此。于是黄金王求他们杀了自己,但一切请求都无济于事,黄金王只好与他们同去,跨过王国边界,很快就进入长老约翰的势力范围,黄金王的手下也无计可施。长老约翰见故人被俘虏,大喜过望,怒斥黄金王辜负自己的信任和尊重,说他是背信弃义之徒。黄金王两股战战,无话可说,俯首认罪,认为自己必死无疑,只求饶命。长老约翰命人送黄金王去牧羊,又令人监守他。黄金王被迫换上粗衣放牧。长老约翰这样做是为了折辱黄金王,意为他只配做贱役。后者整整放羊两年,无处可逃,痛不欲生。两年后,他穿着牧人衣服,被带到长老约翰面前,心中恐惧忐忑,以为自己死期将至。但长老约翰微笑着说:"欢迎你,我的牧羊人,羊群怎么样?"黄金王谦恭地回答:"我的主人,愿您垂怜您最卑微的仆人。"长老约翰说:"看哪,你之前趾高气扬,现在竟如此卑微。你的主人一度宠信你、尊重你,赐你无数利益,你却忘恩负义地背叛我。你不自量力,低估了我的手段。你以为自己位高权重,却被我的手下俘虏。低头认罪吧。"黄金王浑身颤抖着对他说:"我的主人啊,我忘恩负义,再怎么受罚也不为过。求您开恩,再送我回去牧羊。我不是国王,只是您最低贱的仆人。"长老约翰说:"黄金王,我不记得你有任何忘恩负义的过错,只记得我对你的仁慈慷慨。脱下牧羊人的衣服吧,穿上你之前的王室袍服。"黄金王非常惊讶,不知道这是吉是凶。他换回王袍,站在那里浑身发抖。长老约翰礼遇他,对他说:"黄金王,按我的经验,通过这番话,我就能看出你不是我的对手。在我面前,你的实力微不足道。我把你抓来牧羊两年,若我愿意,随时可以杀了你,没人能救你。如果我是你,我会让你因忘恩负义而受极刑折磨。就算是公正的法官,也会做出这样的判决。但我不计较你的忘恩负义,只想记住你的友谊。我曾看重你,擢升你于众人之上。你的主人如此慈悲,你要懂得感恩,这样你才会珍惜自己的一切。你带着这个建议回国吧。你会在自己的王国里体面生活,妥善治国,将王位传与子孙。但若你仍不自量力,敢于挑战你的主人,那我现在提醒你,我有成千上万的手下,其勇气不亚于掳你来见我的那七位。若将来你再犯错,我不会再宽恕你,只会秉公制裁你,你也别指望从我手中逃脱。请像我一样，以我们的友谊为念，幸福地生活在你自己的王国中，服从你的主人。别忘了，你的地位，甚至你的生命，都是蒙他所赐。""谨遵您的命令，公正的主人，"黄金王俯伏于地，"我很清楚这一点，我一直知道世上没人能与您抗衡。我畏您之威。您忘恩负义的仆人不该再奢望王位。我非常后悔，我将永远做您的朋友，您羊群中最卑微的仆人。您饶了我的命，已是莫大的恩惠。但您的心胸如此宽广，居然把王位也还给我，我真是感激不尽。您再不会有比我更忠诚的仆人，也不会有人对您的恩赐比我更感激。我会一直祈祷神明，保佑您的仁慈统治稳固。""既然你已经明白自己要对抗我，"长老约翰说，"就像蚍蜉撼树一样不自量力，那这就够了。我不会再折磨你，此后我仍然会满足你的要求，对你以礼相待。要知道，我本来可以杀了你，一了百了的。"随后长老约翰赐黄金王许多马匹、武器和马具，还派大队人马护送他回国。从那一刻起，无论是友是敌，都拜服于长老约翰，终其一生不变。这就是我听来的黄金王的故事，现在我们接着说另一件事。

第一〇九章
哈剌木连大河

离该州堡，西行约20英里，有大河名为哈剌木连（Caramoran）。河面宽阔，水流湍急，其上无法建桥。它通向环绕整个世界陆地的海洋。沿河多有城镇村庄，多商人工匠，贸易繁荣。沿河地区盛产生姜丝绸，有水鸟栖息无数，令人惊叹，其中尤以野鸡为多，每三只仅值一威尼斯格罗西。河两岸生长无数粗竹，直径一至一英尺半，可用作不少器物之原料。渡河后西行两日，至一著名城市哈强府，其居民均为偶像崇拜者——除少数基督徒和萨拉森人外，契丹州人都崇拜偶像。哈强府是工商业重镇，盛产丝绸、金锦、姜、良姜、甘松等我国人未见之香料。除此之外，别无可述。我们继续向前，看看高贵著名的京兆府（Quengianfu），同名王国的都城。

第一一〇章
京兆府城

离开哈强府后西行八日，沿途多城镇村庄，工商业发达，布料交易繁荣。

此地多美丽园林农田，遍地桑树，触目皆绿色。当地人养蚕织绸，崇拜偶像，此外还有信奉景教的突厥人和萨拉森人。此地飞禽走兽众多。八日后抵京兆府，美丽之大城也。它是古代富庶京兆府国之都会。该国历任国王都是伟大、勇敢、高贵的贵族，今大汗封其子忙哥剌（Mangalai）于此为王。该城工商业发达，盛产丝绸金锦，以及优质大张兽皮，可制造一切所需品。当地人的生活必需品丰富而价廉，城外约五英里处有忙哥剌之宫殿，宏伟壮观。宫殿位于平原上，周围有河流湖泉，亦有高而厚之墙环绕，周长约五英里。墙头多城垛，固若金汤。四周飞禽走兽甚多，因为除国王外，无人敢以它们为猎物。国王非常喜欢狩猎，狩猎时常住此宫中，因其周边是最好的猎场。墙中央为国王行宫，大而美，设计精妙，多美丽厅堂和房间。所有宫室皆以金漆和最好的天青色绘之，大理石圆柱不计其数。忙哥剌甚肖其父，善治其国，公平正直，深受百姓爱戴崇敬。他富有且高贵，非常喜欢富丽堂皇的宫殿。其禁卫军驻扎在宫殿周围，以狩猎为乐。关于宫殿和这个王国我们就讲到这里，现在我们去群山间的关中（Cuncun）州，其路崎岖难行。

第一一一章
契丹和蛮子交界之地

离开忙哥剌之宫殿，穿过契丹州，在美丽平原上西行三日，沿途有城镇村庄无数，人烟稠密。当地盛产丝绸，居民多以工商业为生。三日后至蛮子与契丹交界，山脉广布，有美丽山谷无数，属关中州。山谷中多有城镇村庄，居民多信奉偶像，也有信奉景教的突厥人和萨拉森人，多农耕狩猎为生。

此地广有森林，林中多狮子、熊、狼、猞猁、黄鹿、狍子、獐子等野兽。当地人大肆捕捉，以此获利。在高山、山谷、平原和森林中行二十日，处处皆是城镇村庄、葱郁森林和舒适客栈。现在我们离开这里，去另一州。

第一一二章
蛮子境内之阿黑八里大州

从关中州西行二十日，可抵阿黑八里（Acbalec）之蛮子州。它位于平原上，辖城镇村庄不少。该州居民崇拜偶像，以工商业为生。该州盛产生姜，销往契丹全境，百姓由此获利。此地土壤肥沃，小麦、稻米、大麦等谷物多且价贱。其首府与州同名，在我国语言中意为"蛮子境内之白城"。平原广两日程，风景秀丽，遍布城镇村庄。两日后可见高山、峡谷和森林，再西行二十日，方可见城镇村庄。当地人崇拜偶像，以农牧狩猎为生。此地多狮子、熊、猞猁、黄鹿、狍子、鹿和狼等野兽，还有大量产麝香的香獐。此地已讲完，我们继续前行。

第一一三章
成都府

依上文所述，于山间骑行二十日毕，日落时可抵平原上一大州，邻蛮子边境，称成都府（Sindufu）。此州首府亦名成都府，一度强大富庶，曾有多位英明神武之国王统治，功勋卓著。其周长20英里，现有众王裂土而治。昔日该州某王临终时，命其三子三分都城及国土。于是三子各自裂土称王，在都城中圈地而治，三国皆富庶，因其父王就已相当强大富有。大汗征服此三国，废此三王。有大江名江水（Quiansui）穿过此城中心，江宽半英里，极深且长，水中多鱼。乘船顺流而下，八十至一百日后方可入海。两岸城镇村庄甚多，江中船只无数，未亲闻亲见者难以置信。商船往来运货，繁荣之至，世上未见者无人能信。此江宽广如大海，两岸高山林立。成都府有一大桥，横跨大江，桥体全以石筑，宽八步，长一英里。桥两侧有美丽大理石柱支撑木制桥顶。桥顶漆以美丽红色，上覆黑瓦。桥上有众多整洁房屋店铺，商贾工匠于其中陈列商品、制作手工艺品。此类房屋以木棍搭成，早晨搭起，晚上拆卸、折叠并带走。其中最大一屋为大汗的征税所，对在桥上出售的货物征税，每日税收至少一千贝赞特黄金。成都府和其州人民都崇拜偶像。从此城出发行五日，沿途见平原和美丽山谷，遍布村庄城镇。当地人以农耕为生，家畜以及狮子、熊、鹿等野兽繁衍甚众。此地也盛产美丽丝绸和金锦。骑行五日毕，可至一州名吐蕃（Tibet），昔日颇经蹂躏。

第一一四章
吐蕃州

五日后可抵吐蕃州，此州昔日为蒙哥汗所毁。该州广有城镇村庄，但都已残破不堪。行二十日，不见人烟，唯

见狮子、熊、猞猁等野兽，甚是危险。然而行人自有护身之法：当地盛产粗大之竹，尤以河边为多。此竹粗至三掌，高至十五步，每节长逾三掌。过往行商或行人会以车运竹筒，晚上休息前将它们扎成数捆，扔进火堆。竹筒燃后爆炸，其声震耳欲聋，可吓走狮熊等猛兽。它们尽可能远遁，再不敢靠近篝火和人类。惯于听此声者可置若罔闻，但未经预警而初次听者可能会被惊吓致死。因此后者必须以棉花塞耳，用所有可用之衣被蒙住头面，待之后习惯方可免去此等预防手段。不仅人类，未曾习惯此声之马匹也会惊惧不已，以至挣脱缰绳飞奔而去。有许多粗心的行人就这样失去了坐骑。为避免此种情况，须以铁镣系牲畜四蹄，蒙其头、眼、耳，这样即使其受惊，也无法遁逃。听过几次后它们就不会再大惊小怪了。我敢说，这是世间最恐怖之声，行商和牧民可以此驱走狮豹等猛兽，但当地猛兽实在太多，此法也不能次次奏效。如此骑行二十日，不见人烟，偶尔才会有机会补充给养。所以旅者商队必须随身携带粮草等一切所需之物。一路上常有猛兽挡路。但此二十日程结束后，可在陡峭山区中发现小村镇。我要讲讲当地娶妻风俗——一种来自盲目偶像崇拜的，最荒谬、最可憎的陋习。当地男子不娶处女为妻，只娶已与多位男子发生过关系的姑娘。他们认为，不习惯同男人撒谎的女子一文不值，而神灵厌恶处女。所以男子对处女不屑一顾，而若她能取悦偶像，男子就会趋之若鹜。于是如果有商队或外邦人经过此地，并在其城镇村庄或任何民宅附近（行人不敢在城镇村庄或民宅之内住宿，免得引当地人不悦）搭帐篷住宿，附近家有成年处女的老妇就互相约好，把家中女儿送到路边帐篷或客栈中——有时甚至有数十人之多，以外来者人数为准，这样每人都可有份。她们把少女交给对方，抢着求对方收下自家女孩，说可对她们随心所欲，为所欲为。被外来者选中的姑娘算是大获成功，其他人则悲伤地返家。外来者在姑娘身上恣情取乐,若她愿意,也可留她过夜,只不能将其带走。外来者临走前,把她们交还给带她们来的老妇。就这样,行人在村庄附近住宿时,可见求寝之女二三十人。露水情缘后,男子离开之前,会按照惯例送戒指等小珠宝信物给与他同床共枕的女子,供她议婚时出示,证明她有情人。出嫁前,当地少女至少须收集二十余件珠宝信物,以表明自己广有情夫。她们将信物随身佩戴,欢喜返家,其父母亦欢喜迎之,觉得与有荣焉。信物越多,姑娘就越受欢迎,在议婚时就越受男子追捧,因为男人认为她更容易受神垂怜。她们带去婆家的嫁妆也比不上收到的信物更受人重视,因为信物本身就是很大的光荣。拿不出二十件信物的女子会受人鄙视。新娘会在婚礼上展示信物,新郎也觉得面上有光,说是他们信奉的偶像偏爱她们,让她们讨男子喜欢。若姑娘怀了外来者的孩子,丈夫也会欣然抚养,让这孩子与自己儿女平等继承财产。但婚后男子珍爱其妻,视通奸为大罪。所以我劝我国16至24岁的年轻绅士去那个国家,可不花一文随心所欲,而且当地人也视其为好事。当地居民崇拜偶像,不视抢劫作恶为罪,所以背信弃义,行尽残忍邪恶之事。这些人是世上最恶劣之无赖小贼。他们以农牧狩猎为生。且当地多香獐,每月产麝香一次,其味笼罩全境。香獐肉味亦甚美。当地人广蓄优良猎犬,它们行动敏捷,体型庞大,训练后可捕捉大量香獐,制作麝香。他们不使用银币或大汗的纸币,以盐和珊瑚作为通货。他们的衣服用兽皮和粗布制作,极粗糙。他们自有语言,被称为"吐蕃人"。吐蕃为极大一州,其他事情在后文我会简短介绍。

第一一五章
再言吐蕃州

吐蕃为一大州,与不少蛮子州接壤。当地人自有语言,崇拜偶像,乐于为盗。该州有八国,广有城镇村庄。有河流、湖泊和山脉盛产沙金。全境盛产生姜和肉桂,以琥珀和珊瑚为货币,其价高昂,因当地人喜欢以其为妻子和偶像之项链。该州亦有丝绸金锦和粗棉布,以及许多我国人从未见过之最好香料。该州亦有最聪明的法师和最好的占星家,能施世上罕见之法术,观者无不惊叹,在此书中不再详述,免得读者认为我在说大话。他们能呼风唤雨,驱使雷电,又是邪恶之徒。当地有世上最大之獒犬,体大如驴，遍体生毛，善于捕兽，尤其善于捕捉野牛。这种野牛被称为"卑亚迷弥"（Beyamini），高大强壮。当地还有其他良种猎狗，山中有蓝隼和猎鹰，飞行如电。我已介绍了吐蕃州，现在我们来看看建都（Gaindu）州。吐蕃州臣服于大汗，本书中诸国、州和地区，以及本书开头介绍的东鞑靼国王阿鲁浑之子治下诸地亦然。这些地区要么是他的属国，要么属于他的族人。除此之外，本书记载的所有土地都属于大汗——即使未注明，也可作如是理解。现在我们来看看建都州。

第一一六章
建都州

建都州及建都城均西向，自有国王。以前它自成一国，但现在隶属于大汗，由大汗派来之人统治。我说此州西向，非是因其在西域，而是因为从东北方而来时，此地在路线之西。当地人崇拜偶像，臣服于大汗。其辖下有众多城镇村庄，首府亦称建都，位于该州边界。此地有大盐湖，湖中多珍珠，白而形状不一。常有数粒合为一体。大汗不许人任意采珠，因为如此珠价会骤降，甚至一文不值。若大汗想要，会派专人采珠；无大汗许可而私下采珠者会被处以极刑，采到之珍珠也会被国王没收。此外，山上盛产极美之绿松石，亦为大汗禁采。其出产皆为大汗所取，他会出售一部分给商人。该省亦有奇异风俗。若有外来人或其他任何人与某人妻女姊妹，或家中任意妇女奸宿，此人不以为耻，反以为荣，认为神必降福于此妇女，使其家富庶。所以他们对外乡人相当慷慨。若有外来人投宿，男主人会欣然迎接，命妻子家人倾其所有款待，然后离家去田里或葡萄园，直到客人告别后才回家。他一走，客人就把帽子等物挂在窗户或院门，表明家中有客，然后他在宅子里待三四天、七八天甚至十天，和男主人之妻女姊妹，或任何情愿的妇女享乐。而戴绿帽子的男主人只要

看到标志还在，就根本不敢回家，免得妨碍客人享乐。家中女人也欢天喜地，因为她们相信，如此盛情款待客人，神明和偶像会使他们来年五谷丰登，牲畜满栏。客人走后，男主人还家，女人们会讲述她们如何款待陌生人，于是全家人一起高兴地感谢神明。此种卑鄙习俗盛行于建都府所在之州全境，当地人认为给予外来人快乐和便利，神灵也会大为欢欣，从而保佑他们富贵。大汗禁之而不绝，因为他们情愿如此。住宅靠近大路的山民若有漂亮老婆，也会让路人随意取乐，换取微薄钱财，也许是半个银币。路人尽兴后上马离开，那对当地人夫妻就在背后取笑他，以得钱财为幸事。此地之风俗类此。黄金是该州的通行货币，以"萨齐"为单位，而小货币则用盐，当地没有用模具铸造标准货币。他们用锅煮盐水，约一小时后盐晶凝结，然后将其放入模具，做成下平上圆的形状，重达一磅，就像在我国花两第纳尔能买到的一条面包。脱模后它们被放在火烤热的石头上，使其干硬，最后在上面钤盖大汗印章。除大汗指定官员外，任何人都不允许制造这样的货币。其重有一磅、半磅不等，取决于其大小和以萨齐衡量的重量。80个这种盐币相当于一金萨齐。这就是当地通行的货币。商人与住在荒凉山区的人用盐币兑换黄金，价格低至40至60个盐币换一萨齐精金，因为这些人远离城镇文明，不能随时出售在河湖中淘到的沙金，以及麝香等物。这些商人在同样使用盐币的吐蕃山区及各地区间来往，获利颇丰。当地人烹调时须加盐，也要向商人买生活必需品。当地盛产香獐，猎人捕之，制成大量麝香。上述产珍珠之大湖中亦有鱼类无数。野兽众多，如狮子、猞猁、熊、黄鹿、獐子、狍子、野兔等，鸟类也有不少。当地人以狩猎为生。他们不以葡萄酿酒，而是以小麦、大米和许多香料混合酿酒，酒液清澈香醇，十分可口。该州广有丁香，还有某种叶子类似月桂（唯较长而窄，称对开叶）的小树，其花小而白，又如丁香，凋零时色泽变深。此地盛产生姜、肉桂和许多我们不认识的香料——它们尚未引入我国，因此不必赘述。从建都府城出发，行十日可抵该州边界，沿途城镇村庄无数，居民举止习俗皆同，狩猎飞禽走兽甚众。行十日后可抵大江不里郁思（Brius），乃建都府之边界。江中盛产沙金，江岸广有肉桂树。此江注入大海。再无别事可述，我们继续前行，往哈剌章（Caragian）州。

第一一七章
哈剌章州

渡江后即至哈剌章州。该州广大，朝向西方，有七国，臣属于大汗，居民崇拜偶像。其国王为大汗之子也先帖木儿（Esentemur），英明神武，经验丰富，能公正治国。渡河后西行五日，沿途城镇村庄不少，出产良驹。当地人以农耕畜牧为生，自有语言，难以索解。五日程后可抵国都押赤（Laci），乃地位尊贵之大城。城中多商贾工匠，种族繁多：有崇拜先知者，有崇拜偶像者，信奉景教之突厥人不多。城主崇拜偶像。此处土壤肥沃，盛产小麦水稻，但小麦不利于健康，当地人只食稻米，并掺以香料酿酒，清澈可口。他们以海中白贝壳为货币，也将其串起为狗之颈饰，或以之制造器皿。80贝壳值一萨齐银币，相当于两个威尼斯格罗西金币，或24英镑；八萨齐银币相当于一萨齐金币。其地有井，井中产盐，可供全国使用，国王亦赖此牟利。此外，该国已婚妇女不以贞节为意，与外人通奸唯己所欲，但若强为之，则视为大罪。此外，该国有湖，周长一百英里，产世上最大最好之鱼类。当地人生食鸡、羊、牛、水牛等肉。穷人则去屠宰场，贱价购买刚掏出的动物内脏，归家剁成小块，以盐腌之，然后蘸热水香料制成的蒜酱食用。贵族亦食生肉如此，就像我国人吃熟肉一样。此事就谈到这里，我们再来看哈剌章州其他诸事。

第一一八章
再言哈剌章州

从押赤城出发，西行十日抵哈剌章城，为哈剌章州另一尊贵首府。居民崇拜偶像，臣服于大汗。城主亦为大汗之子，名忽哥赤（Cogacin）。该州河流湖泊及山区盛产沙金，一萨齐黄金可兑换六萨齐白银。当地人也会以上述海贝做货币，但此地不产海贝，海贝由印度商人携入。该州有巨蛇，见者恐惧，闻者咋舌。蛇长有十步左右，最大者体粗如树干，周长十掌。近头部处有两短腿，无脚，唯有三爪，两小一大，其利如猎鹰或狮子。其头大，双眼大如价值四第纳尔的面包，闪闪发光。其嘴大得足以吞下一个人或一头牛，牙齿亦大而锋利。它如此可怕凶猛，世上人兽无不惧之。其小者长至五步、六步或八步。但猎人仍能抓住它们，请听我讲。天气炎热，它们白天躲在阴凉处的土

中，晚上出来觅食，抓住所有可及之动物（狮子、狼等），悉数食之。进食之后，它们去河流湖泉处饮水。因身躯过重，所过之处，沙地上有深沟，如人拖一整桶酒而行。而那些专门捕捉它们的猎人观察到这一点，加以利用。他们知此蛇必循旧路返回，就在它们爬过之斜坡上深植一粗而结实之木桩，桩上固定利刃，刃尖指向巨蛇爬来的方向，以沙掩之。巨蛇饮水归来，循旧路自斜坡而下，冲力甚大，土中之利刃将其开膛破腹，其欲止步而不可得。破腹至脐，巨蛇立死。而后鸦声喧闹，于是猎人知蛇死，循血迹而至，立剥其皮，取其胆高价出售。蛇胆珍贵，可制灵药，一第纳尔之量即能医疯狗啮伤、难产和癣疥等恶疾，立见其效。因此蛇胆在该州相当珍贵。此外蛇肉相当美味，价格甚高，为当地人喜食。此种巨蛇饥饿之时，可至狼、狮子等猛兽巢穴食幼崽，虽其父母不能救。即使成年之兽，如不防备，也会成为巨蛇腹中餐。该州产良马，马驹被贩至印度。人抽马之尾筋二三条，这样马就不能以尾击骑者，奔跑时马尾也只能下垂。因为在他们看来，奔马甩尾，再丑不过。当地的马镫很长，一如法国人之马镫，而鞑靼人要在马上立起射箭，通常会拉高马镫。他们的盔甲以煮熟牛皮制作，战斗时持长矛、弩和盾牌，在弩箭上涂毒。据说他们总随身携带毒药，尤以作恶之人为甚。若有人行应受重刑之恶事时被抓，他会服毒自尽，免受酷刑之苦。但官府发现这一点后，就随时准备狗粪，若有人畏罪服毒则立灌之，使其呕出毒药。此法甚灵，官府时时为之。被大汗征服之前，此地有一极恶之风俗。若有外来者体貌英俊温雅，或举止优雅有度，在此州投宿时，夜晚会被主人家毒杀，或以别法杀之。他们害命不为谋财，也不为报复，而是要因此优秀外来者之灵魂于其宅，从而占据其优良品性才华，保佑他们万事顺利，受害者越优秀，他们就越觉得自己会受到祝福，从而幸福快乐。大汗征服此地前，多有人因此丧命。忽必烈汗征服此地后，严禁此种恶行，约35年后，当地人畏大汗之威，这种该被诅咒的习俗完全消失。该州已介绍完毕，下面我们来看看别的国家。

第一一九章
金齿州

离哈剌章州，西行五日，至金齿州（Çardandan），首府名永昌

(Uncian)。当地人崇拜偶像，臣服于大汗。男子都镶金牙，即以薄金片做套如齿形，套于齿上，满口牙视之如同金铸。男人皆为武士，除上阵打仗、带鹰出猎外万事不管；女人待在家中负责一切家务，命战争中掳来之奴隶帮手。该州有习俗，妇女分娩后，为婴儿洗浴，裹于襁褓中，而产妇的丈夫与新生婴儿一起卧床四十日，非有要事不会起身。众亲友都来看他，表达祝贺之意。他们说妇女十月怀胎，一朝分娩，相当辛苦，因此丈夫也必须分担。而这四十日内，除喂奶外，她应该休息，不再劳累。而产妇生下婴儿，就要尽快起床忙家务，服侍丈夫饮食，让丈夫躺在床上，就像生孩子的是他一样。当地人食肉，生熟均可，还按各自习惯用肉奶等物煮米饭。当地的酒以大米和多种香料酿造，醇美可口。当地货币为黄金，按重量计算，贝币被当作零钱。此地盛产黄金，而方圆五月程内没有银矿，所以一萨齐黄金可换五萨齐白银。于是多有商人携银来此兑换，赚取差价，获利颇丰。此州居民不奉偶像，也没有庙宇，唯供奉家族祖先，并说，吾辈皆其所出。他们没有文字，也不会书写，这不足为奇——此地偏僻，尽蛮荒森林高山，瘴气袭人，夏日尤甚，外邦人至此有性命之忧，因此当地人很难与外界沟通。若必须立契，他们会取方形或圆形的小木块，在上凿几个缺口为记号，或标注交易所涉金额，再将其劈成两半，双方各执一半。偿债时限到时，双方合符木，令标记完整，债主收取钱财后，将另一半还给债务人，就算两清。押赤、哈剌章及永昌三州都无郎中，如有人生病，则请崇拜偶像之法师（在该州人数颇多）来，问病人之吉凶。法师来到，问病人情况如何，然后许多法师聚在一起，奏乐歌舞，赞美偶像。其间某法师会仰面倒地，口吐白沫如昏死状，于是其他法师说有魔鬼附此人体，不再歌舞，而是问病人的病因。那被附体的法师就说，病人做了错事，有鬼缠上了他，然后说出鬼的名字。其他法师就求鬼魂赦免病人的过错，许以鲜血或其他祭品为报。若病人似乎已病入膏肓，那被附体的法师就会说：病人之过错无可赎，无论如何祭祀，鬼魂都不会饶他，他必定会于数日后一命归天。如果病人还有希望，被附体的法师就会回答：虽然病人犯了大错，还是可以挽回的。若要病好，须献黑头羊（或其他特征）两三只，备至少十或十二种昂贵好酒，以及优质香料，专门献祭给某偶像或某神灵。再请供奉该偶像的若干男女法师同来，奏乐颂唱，遍燃香烛，献上丰盛供品，请神灵治愈病人。此时被附体的法师就会回答：病人必痊愈。得到此答案后，病人亲友立刻遵法师之令而行。他们牵来羊，把羊毛染成相应颜色；准备各种香料；宰羊并洒羊血于指定之处，以祭某神灵；在病人家中把羊煮熟。随后男女法师聚在病人家中，以羊酒祭神，奏乐歌舞，赞美神灵。他们把肉、汤、酒水扬向空中，在屋中徘徊，四处熏香，高燃灯烛。稍后又有一法师倒下，口吐白沫，于是其他人再次问他，偶像是否满意？是否原谅了病人？病人会不会痊愈？有时他回答是的，有时他说神明还不满意，还需要献上某物。马上有人执行命令。一切完成后，他就说：神明已饶过病人，病人很快会痊愈。得到这个答案后，其他法师将肉汤酒水洒在地上，燃灯烧香，认为神明的怒火已平息。他们会开心地将病人送回家等待痊愈，自己留下来分享献祭的肉。大家围坐桌边，吃羊饮酒，大快朵颐，而之前倒地之法师也起身一同用餐。他们说神明已享用了供品的精华，剩下这些可供凡人食用。一切完毕，众人分钱，各自回家。此后病人或死亡，或者痊愈，立即离开病榻。虽然时有错误，这种预言往往能说中。若病人碰巧痊愈，法师会说，神灵收到供奉，已饶过了他；若病人去世，法师会说准备供品者心不诚，在奉神前就偷尝了供品。除为病人举行此种仪式外，富贵之家每月无事也要举行一两次。因为郎中实在不多，这种仪式在契丹州极为常见。恶魔以这种方式嘲笑那些盲目而愚昧的人。我已讲述这些恶劣习俗，以及法师如何迷惑普通人，现在我们离开此州，接言其他诸州。

第一二〇章
大汗征缅国及班加剌国

我之前忘记讲述哈剌章国及金齿州永昌城间的大战，今在此处详述其始末。1272年，大汗派遣有名贵族纳速剌丁（Neseradin）率大军镇守永昌和哈剌章，免得它们被另一邪恶之国攻击。这两地为大汗疆域之边界，其时大汗尚未封其子于彼，后方封某故皇子之子也先帖木儿于彼为王。印度的缅（Mien）和班加剌（Bangala）国地域广大，人口繁盛，国库充盈，且国王

第一二一章
大汗与缅王之战

并未臣服于大汗。不久之后，大汗征服此地，废其国王。当时国王知大汗军至永昌，十分害怕，担心大汗军队入侵。他认为有必要派军出击，保卫本土，尽歼大汗军，免得大汗再派军队来此。国王召集军队，分发军械，还装备大象（当地大象无数）。他有战象两千头，装备精良，随时可上战场。他命人装备坚固木楼于战象之背，军士可在楼中射箭举火。每楼可容军士十五六人或更多，人人全副武装。此外，他还召集骑兵步兵共六万，可谓万事俱备，有强国强主之气象。要知道这可能是一场恶战。国王做好准备后，毫不拖延，立刻命军队出征与鞑靼人作战。他们以最快的速度行军，很快就到达距永昌城中鞑靼军队三日程处，扎营休息。

数日后，大汗任命的鞑靼统帅得知缅国国王率大军来战，忐忑不安，因为他手下骑兵虽久经战阵，但只有一万两千人。纳速剌丁智勇双全，善将兵。他不动声色，调兵遣将，激励士气，竭尽全力准备迎战。他带着全副武装的善战兵士过关口至永昌平原，等待敌人出现。他足智多谋，且善于领军。平原旁有极大森林，他于林边布阵，就不惧敌人包围，因为大象无法驮木楼入树林。他做好打算，若战象来势汹汹，无法抵抗，就命全军避入树林，向它们射箭。他以最雄辩的言辞告诫所有战士不要怯敌，因为胜利不在于士卒人数，而在于战场经验和战士之勇。缅和班加剌国王的军队缺乏实战经验，虽多而不足畏；己方军队久经沙场，凶名远传，世上人皆惧之。现在他们和以前一样勇敢，毫无疑问会大获全胜。鞑靼军队在平原上列阵候敌，我们先置之不谈，去看看他们的敌人。缅王及其军队休息数日，就接到报告说鞑靼军队已经进入永昌平原。于是他们拔营出发，直到距敌人一英里处扎营，把驮木楼之战象和象卒安排在前线。战象之后有众多骑兵步兵翼护，中间留有很大空隙。国王开始做战前动员，鼓励士兵勇往直前，说己方兵力是敌方的四倍，还有众多战象和木楼，因此必能取胜。他说：敌人不敢正视我们，因为他们从未与战象交过手。一切就绪后，他命人奏乐，全力向鞑靼人进攻。鞑靼人见此夷然不惧，士气不泄，静立待敌人近前。随后他们悍然列队冲锋，训练有素，队列丝毫不乱。两军交战，鞑靼人的战马见到战象木楼，惊而退走，骑兵不可以蛮力或技巧制约。于是缅王乘势掩杀。

第一二二章
再言此战

鞑靼人大为恼火，无所适从。他们明白，若无法控马，就会一败不可收拾。但他们睿智的统帅早已预见到这种局面。见阵线一乱，他立即命令士兵下马，绑惊马于树，弯弓搭箭——要知道，鞑靼人是世上最棒的神射手。骑兵依言而行，步行对抗战象前锋。他们大声呼喊，箭如雨下。这办法似乎很奏效，很快就有战象受重伤或被杀，也有许多士卒阵亡。木楼中之缅军开弓还击，倾箭雨于鞑靼人头上。然而他们的准头不如鞑靼人，射程也不如对方远。鞑靼人久经战阵，英勇还击。箭如飞蝗，皆瞄准战象（依统帅之令）。大象受伤奔逃，溃不成军，不向鞑靼人冲锋，反而转身冲乱己方阵营。一时缅军大乱，象群脚步如轰雷，仿佛地面陷落。战象驭者也无法控制它们，它们一心要远避鞑靼人军队，散入茂密林中，背上木楼皆毁。鞑靼军以密林为掩护，大肆屠杀木楼中象卒，以及在林中四散奔逃之缅军，一时血肉横飞，混乱不堪。鞑靼人见象群溃散，无法重返战场，勇气大增，立即整队上马，直入敌阵之中。缅王重整队伍，全力迎敌，双方恶战一场，流血遍地。见缅王及其军全力自卫，鞑靼人弯弓射箭，箭尽后持剑、长矛、狼牙棒酣战。虽缅军势众，然鞑靼骑兵骁勇善战，否则无法与缅王大军抗衡。两方人马厮杀已久，地上人马残肢横陈，双方死伤甚众。人喊马嘶，声赛惊雷。缅军渐不敌，鞑靼人取得战场主动权。战斗持续到下午，缅军节节败退，再也无法抵抗鞑靼人，士气动摇。虽然缅王亲临战阵，一再安抚军心，还调后军替换疲惫的前锋，但仍无济于事。士兵不愿在前线奋战，尽可能退却，再无法抵抗鞑靼人进攻。缅军伤亡惨重，战场上血流漂杵，到处都是受伤的人马在溃退，其状可悯。鞑靼人乘胜追击并大肆屠杀，至天黑终得胜利。究其战败原因，是缅和班加剌国王没能像鞑靼人那样武装军队，也没能武装前锋的战象，所以它们抵不住敌人的首轮箭雨，以致阵线大乱。但更重要的是，他不该攻击有森林翼护的鞑靼军队，而应在宽阔平原上开战，这样对方就无法承受第一波战象冲击。随后他应以两翼骑兵和步兵包围敌人。鞑靼人追敌良久方停，回军去林中抓捕逃逸之战象。他们砍倒大树，横于象前，这样它们就无法前进。但鞑靼人无法带走大象，因为它们不听驱使。于是他们让缅军俘虏驱使大象——他们通此技能，大象也能理解他们的话，因为它们是最聪明的动物。鞑靼人最终以这种方式带走了二百余头大象。从这场战斗开始，大汗也学习以大象作战。就这样，鞑靼人智胜缅军，从此缅和班加剌国全境臣服于大汗。

第一二三章
大下坡

离金齿州后地势下降，成绵延二日半程之大下坡。除一平原空地上之盛大集市外，沿途无甚可述。因此地盛产金子，一萨齐金可换五萨齐银，于是四面山区的居民每周三次来此赶集，以金子兑换银子，许多商人也远道而来兑换，同时卖货，获利颇丰。当地人不可携金去外地，因此他们盼商人带白银和货物来此交易，满足其需要。当地人把金子带到集市兑换，无人知其住处。他们住于高山僻岭，野蛮之地，远离大路。若想见到他们，只能去平原上的市集。两日半的行程结束后，见一南向大州名缅，位于印度边境。再行十五日，沿途荒无人烟，尽为大森林，林中多有大象、犀牛、狮子等奇异野兽。沿途无甚可述，我要讲述其他国家。

第一二四章
缅城

此贫瘠偏僻之地广十五日程，沿途无人烟，行人须自携食粮。十五日后抵一美丽城市，亦名缅，是缅国都城，尊贵富庶。城中居民崇拜偶像，自有语言，臣服于大汗。昔日该城有一富有强大国王，受众人爱戴，遗旨命在其墓上建双塔，呈圆锥形，一镀金，一鎏银，以为纪念。此二塔以美丽石头所建，外部通体镶金板，厚一指，触目之处皆为金。塔高十步，塔身直径与高度相称。塔身上部为圆形，顶端有圆球，环以金铃，有风吹过，丁零作声。另一塔与此金塔形制相同，唯通体以银装饰，亦有银铃。两塔之美，世所无匹，工艺精巧，价值极高。两塔之前为此国王墓，覆以金银板。国王建此二塔以昭告平生功绩，兼求死后英名。每当阳光照于塔上，二塔熠熠发光，从很远的地方就能看到。大汗轻取此地，方式颇为新奇。他计划攻打此城时，召来宫廷中小丑及杂技演员，说要派他们去征服缅州，指派良将士卒与其同去，还拨给大量军需。因为大汗认为缅王过于愚蠢，居然敢反抗大汗，不配与大汗的军队作战。小丑伶人们欣然接旨，于是大汗为他们准备军需，拨给他们一队兵马，他们就与军队统帅同赴缅州，按大汗旨意将其征服。他们进入缅城，发现金碧辉煌的双塔，叹为观止。未得大汗旨意，他们不敢动此二塔，于是派人回报大汗，形容双塔有多美丽、价值有多高昂，问大汗如何处理。如果大汗愿意，他们会剥下塔上金银献给他。但大汗知道，是某位深受百姓爱戴的国王为自己的坟墓和灵魂建造，供后人凭吊，于是下旨，不许军队洗劫此二塔，说希望它们能如那位规划并建造了它们的国王之遗愿，受到保护尊重。不管怎样都不应践踏明主的身后名。于是直至今日，双塔仍完好无损，被严密保护。大汗有这种态度不足为奇——鞑靼人相当忌讳触碰死者之物，以及被雷电击中或死于瘟疫之生灵，也不会接受它们作为税赋，因为觉得这是惹怒神明才招致天罚。该州盛产大象以及大而美之野牛、獐子、黄鹿、狍子等。我已介绍完缅州，现在要谈谈班加剌州。

第一二五章
班加剌州

班加剌为向南一州。1290 年，我马可·波罗第一次来到大汗宫廷时，它还没被征服，但大汗之军已在出征路上。该国强大，大汗军队围其良久方克之。各州自有国王及语言，崇拜邪恶偶像。该地与印度接壤，贵族多驱使阉奴看守女眷。当地公牛高如大象，但不如大象强壮。当地人以肉、牛奶和大米为食。此地盛产大米棉花，棉花贸易繁荣，多有大商贾贩售甘松、胡椒、生姜和糖等珍贵香料。印度人来此购买阉奴（当地多有被阉割后售卖的战俘），也大量购买女奴，再转手卖到印度或其他地方。该州女子都穿裤子。此处再无值得一提之事，我们来看看东向之交趾国（Caugigu）州。

第一二六章
交趾国州

交趾国州近上述各州，朝向东方，自有国主。当地人崇拜偶像，自有语言，臣属大汗，每年入贡。国主纵情声色，有妻三百，但见国内有美女，立刻纳入后宫。该州盛产黄金、宝石和昂贵香料，但因其地处内陆，离海甚远，所以物产在当地价格低廉。该州也有大象、野驴等野兽，猎物甚多。当地人广种水稻，以肉、牛奶和大米为食。他们不用葡萄，而是用大米和多种精致香料酿酒，酒味甚美。该州人无论男女均在身上刺青，即以针尖在身上扎满鹰、狮、龙、鸟等图案，再涂上颜料，这样颜色就不会因清洗或其他原因脱落。这种刺青布满全身各处，如脸、颈、腹、胸、臂、手、脚、腿等。欲刺青者首先确定图案，以黑笔在身上描好。随后有人捆住他手脚，至少有两人按住他。有专门刺青师取针五根（四根环一根）束好，以针沿黑线图样扎入肉中，流血后涂上颜料。其疼痛如在炼狱中受折磨。他们遍体刺青，以为高雅，刺青面积越大，便越高雅美丽。有许多人在受刺青时因失血过多而死。现在我们离开该州，讲讲东向之州阿木（Amu）。

第一二七章
阿木州

阿木州朝东方，臣服于大汗，居民崇拜偶像，以农耕畜牧为生，自有国主和语言。女子于腿、手、臂上戴金银镯，上镶昂贵珍珠宝石。男人也戴此类首饰，比女子首饰更美、价更高。此地盛产良马，大量出口至印度。牧场丰美，有无数水牛和牛。当地人生活必需之物样样具备。从阿木州到西侧交趾国州有十五日程，再西行三十日可至班加剌州。现在我们从阿木州出发，东行八日，至秃落蛮（Toloman）州。

第一二八章
秃落蛮州

秃落蛮州朝向东方，臣服于大汗。当地人崇拜偶像，自有语言。他们貌美身高，肤色棕褐，都是久经沙场的勇士。当地广有城镇村教育厅，且在高山峻岭中有众多堡垒。当地人死后火葬，骨灰放进木匣，家人悬之于高山大洞中，免得人兽侵扰。该州盛产黄金，以黄金为货币，小额钱币则使用印度进口的贝币。上述班加剌、交趾国和阿木都以黄金和海贝为通货。商人不多，但多能因商致富。当地人以肉、牛奶和大米为食，用大米和香料酿酒，不用葡萄。除此之外，该州再无可述，我们来看其东方的叙州（Cuigiu）。

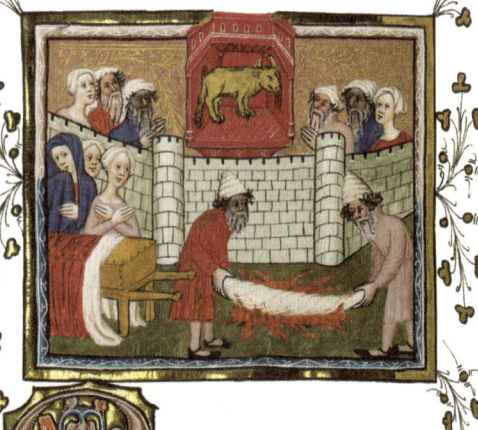

第一二九章
叙州

离秃落蛮州，沿河东行，途中多城镇村庄，但没有值得一提的地方。十二日后可抵美丽高贵之大城叙州。城中居民崇拜偶像，是大汗臣民，以工商业为生。他们会用树皮做衣，非常漂亮，夏天无论男女均着此种衣服。男子是勇敢战士。他们没有自己的货币，使用上文所述盖大汗御玺的纸钞。自此州起，我们所过之处均通用大汗发行的纸币。此地狮子之多令人称奇。没人敢夜宿屋外，唯恐被狮子吃掉。上文所述大河上有不少商船往来，若有人敢在夜间航行或停泊，船只必须远离河岸，否则船中人入睡后，狮子会入水游至船上，将人叼走食之。若船在河中，河面很宽，尚能保证安全。但当地人知道如何自卫。若没有他们帮忙，路上巨狮众多，外地人无法穿越此州。此地产犬，大而凶猛，可搏巨狮。它们喜欢成双结对，所以当地人外出时都会带两条狗。比如某人携弓箭，骑马独自穿过森林，同时牵两条猛犬。若发现狮子，二犬就奋勇上前扑咬，一在前，一在后。狮犬相搏，但猛犬经过训练，懂得如何自卫，而且动作敏捷，不会被狮子攫住。狮子若转身要逃，猛犬就在它身后狂吠，撕咬它的腿、尾巴或任何它们能咬到的地方；狮子回头时，它们就迅速逃开。狮子受不了狗的狂吠，就躲进灌木丛，或背靠大树，面对猛犬，这样它们就不能从身后袭击它。狮子沉稳地步步退却——它自恃身份，不会鼠窜——而猛犬一直在后面追咬，人类又向它开弓放箭，最终狮子被箭伤得太重，失血过多，在找到避难所之前就死去。究其原因，在于它的注意力全贯注于猛犬，所以会被人射中。行人通过这种方式自卫，因为这些猛兽无法同时抵御两条猛犬和一位持箭猎人。尽管如此，他们猎杀狮子时还是非常小心。该州盛产金锦，各种货物都非常丰富，沿上述大江向上下游运至其他工商业发达之地。沿江向上，行十二日程，沿途有城市村庄不少。居民崇拜偶像，臣服于大汗，使用大汗发行的纸币，以工商业为生，其中有全副武装的勇敢战士。行十二日后，至上文所述之成都府，复行七十日，经过来时诸国州城（已于上文列出）后，可至上文中之涿州城。再从涿州出发行四日，沿途可见城镇村庄无数，工商业繁荣。居民崇拜偶像，使用大汗发行的纸币。从该州另一边返回，四天后可抵哈寒府城（Cacanfu）。它朝向南方，是契丹州最高贵之大城，详细情况我将备述如下。

第一三〇章
哈寒府城

哈寒府是契丹一高贵大城，朝向南方。城中居民崇拜偶像，死后火葬。也有基督徒在城中建起教堂。该城臣服于大汗，使用印有大汗御玺的纸币。当地盛产金锦，居民以工商业为生。该城辖无数城镇村庄，有大江穿过城中，有运河将大批货物运至汗八里。离哈寒府南行三日，可抵强格路城（Cianglu）。

第一三一章
强格路城

强格路是一向南大城，位于契丹境内，臣属于大汗，使用大汗发行的纸币。居民崇拜偶像，死后火葬。当地土壤中富含盐分，可制盐。当地人找到极咸之土脉，聚土为丘，大量泼水，水渗至丘底，盐分也溶入水中。他们让水顺管道流入大瓮，用不超四指深的大铁锅煮开。水开后放凉，盐分便凝如霜花，洁白细腻，非常漂亮。当地人制盐不仅供应本城，还销往其他国家，获利颇丰，为大汗上交大量赋税。此盐色如桃花，味甚美，通常做成重两磅的盐块。

该城没有其他值得一提的地方，现在我们来谈谈另一南向之城强格里（Ciangli）。

第一三二章
强格里城

强格里城位于契丹地界，朝向南方，臣服于大汗。其居民崇拜偶像，使用大汗发行的纸币。其距强格路城有五日程，两城间多城镇村庄，都臣服于大汗。当地物产丰富，手工艺品众多，为大汗上交巨额赋税。有大江流经强格里城中心，江上货船往来不绝，运送金锦丝绸、香料等贵重贡品。关于强格里城，我言尽于此，接下来谈谈此处向南六日程外的中定府（Tundinfu）城。

第一三三章
中定府城

从强格里出发，南行六日，沿途多城镇村庄，贸易繁荣，地位尊贵。当地人均崇拜偶像，臣服于大汗，使用大汗发行的纸币，以工商业为生，生活之物样样不缺。除此之外无甚可提，我直接介绍中定府城。上述六日程后，行人可抵高贵之大城中定府。昔日其为大国都城，但为大汗攻克。此处有众多富商，交易金额动辄巨万。当地盛产丝绸，其数量多至不可思议。城周多有美丽园林，出产美味水果。中定府下辖11座宏伟城市，商贸繁华，利润丰厚，富庶不可言。被大汗征服之前，此处曾有国王自治。1272年，大汗派李璮将军（Liitan Sangon）治理并守卫该州，还交八万骑兵于李璮号令。李璮在该州驻守一段时间后，见此地人口繁盛，物产富饶，渐渐妄自尊大，欲拥兵自立。他与城中士绅交谈，骗他们与自己一同谋反。该州人民一致背离大汗，愿意服从李璮，拥其为主。大汗接报后，立即派名为阿术（Agiul）和茫家台（Mongatai）的两位贵族率十万骑兵和无数步卒前往平叛。长话短说。李璮听说两位贵族率

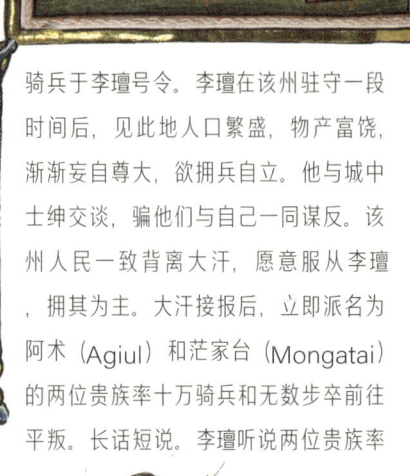

大军来讨伐,立刻整军相迎。他的军队是从周边乡村征召来的,约有十万骑兵和大批步卒。两军迅速到达战场,投入战斗,双方均伤亡惨重。最后李璮战败,死于阵中,于是其军大溃。大汗军队乘胜追击,杀人无数,俘虏亦无数。大汗得知平叛军大胜,非常高兴。他调查李璮谋反始末,命两位贵族将所有主犯处死,赦免从犯,将其充军。此乱后,当地人一直对大汗忠心耿耿。

契丹州之少女与众不同,极注重贞节,稳重自持。她们不会跳舞嬉闹,不乱发脾气,不会在窗后窥视路人,也不会让路人看见自己的面容。若有人讲不得体的话,她们会回避。她们不会沉浸于宴饮,若要外出,比如去寺庙进香或走亲戚,必有母亲陪同。在公众场合,她们戴上笠帽,有面幕垂下遮住脸,这样她们就能专心看脚下的路,不会抬头失礼地盯着人看。在长辈面前她们表现得很羞涩有礼,除非被人问到,否则绝不开口说话,说话前也再三斟酌。平时她们待在闺中做女红,很少出来见父亲兄弟和家中长辈。她们对求婚者不假辞色;除非被长辈问起,否则不会主动提起某个小伙子。当地人讲究"男女授受不亲",即使近亲属间也一样,男女绝不会一同去浴室。该城情况就介绍到这里,我要谈谈另一南向之国家,名为新州(Singiu)。

第一三四章
新州马头(Singiu Matu)

从中定府出发南行三日,沿途多富庶高贵安宁之城镇村庄,工商业发达。居民崇拜偶像,臣服于大汗。当地有众多熊鹿等野兽和各种鸟类,供人狩猎贩卖。此处土地肥沃,物产丰饶。三日后可抵尊贵之城新州马头,城大而富丽,商贾辐辏,手工业发达。城中居民崇拜偶像,臣服于大汗,使用大汗发行的纸币。城中有南方流来大河一条,大利沿岸百姓。城中人分此河为二支流,一东一西,分别流经蛮子地区和契丹州。此城船舶多如过江之鲫,未亲眼见者难以置信。而且其中有不少大船,可在大江中航行。这些船舶装载大量货物往来契丹、蛮子之地,运输量惊人。现在我们继续向南方,谈谈临州(Lingiu)。

第一三五章
临州城

离新州马头,行八日程,沿途多

见富庶之城镇村庄，贸易繁荣，商人云集，手工业发达。居民崇拜偶像，死后火葬。臣服于大汗，使用大汗发行的纸币。八日后抵一尊贵富庶之城名临州，是同名之州的首府。城中工商业发达，居民多为勇敢武士，大量猎杀飞禽走兽。当地农作物常丰收，各种食物饮料极丰盛。全境广植枣树，果实有普通枣的两倍大，被当地人用来做面包。上述大河也流经此城，河上船只众多，船身更大，运载大量贵重货物。现在我们离开此城，讲讲富丽大城邳州（Pingiu）。

第一三六章
邳州城

离开临州，南行三日，沿途多富庶之城镇村庄，都在契丹境内。居民崇拜偶像，死后火葬。臣服于大汗，使用大汗发行的纸币。当地有世上最好之鸟兽供猎捕贩卖，凡生活所需之物皆丰饶。三日后抵邳州城，富丽尊贵，工商业发达。此地位于蛮子州入口，盛产丝绸。商人从此城将大量货物陆运至蛮子地区，为大汗缴纳巨额赋税。其他事不值一提，我要谈谈南方另一城。

第一三七章
西州城

从邳州城出发南行两日，穿过契丹州。沿途尽为美丽乡间，盛产各种佳果，物产丰饶，鸟兽甚多。两日后可抵西州（Ciugiu）城，大而富庶，工商业繁荣。居民崇拜偶像，死后火葬。该城臣服于大汗，使用大汗发行的纸币。城周环绕美丽平原田野，盛产优质水果和小麦等谷物，此外再无值得一提之事。我们继续前进。离开西州城南行三日，沿途尽是美丽村庄，以及受到精心照料的农田。当地鸟兽甚多，盛产小麦等谷物。居民崇拜偶像，臣服于大汗，使用大汗发行的纸币。三日后可抵发源于长老约翰治下之境的哈喇木连大江。据我判断，此江宽至一英里，深不可测，能行大船。当地船只不小于我国的拖网船，但比我国的船载货更多。江中有大鱼无数，江上有一万五千艘船属于大汗——不仅在此处，还有别处许多其他城市。若有叛乱，它们会运送大汗军队去印度海诸岛。此地距海仅一日程。这些船如此庞大，每艘至少须二十名水手操纵，可载约十五匹马，以及所需人手、食物和马具。它们停泊在哪里呢？河口两岸各有城一座，隔江遥遥相对。大城名淮安州（Coigangiu），小城名海州（Caguy）。渡江后则入尊贵之蛮子大州，我将讲述大汗如何征服这里。然而我还未能将契丹全境全部讲完，我讲过的地区不足其二十分之一。因我马可只介绍沿途所见之城，路线之外或两城中间之城不谈——若要一一介绍，就太占篇幅了。

第一三八章
大汗征蛮子大州

蛮子州是东方最高贵富庶之地。1269 年，其主名法黑福儿（Facfur），地位高贵，广有财富、人口和土地。百年之间，除大汗外，世上再找不到比他富有强大的君主。但当地人不尚武，唯好女色，尤以国王为甚。他治国平和，能抚恤贫民。其治下无马，人民不习战阵之术，也不谙武事。他恃天险，认为防备固若金汤，没人能入侵自己国家。他王国的所有城市都有宽而深的护城河，其宽可至一射之远，唯放下吊桥方可入城。若有全副武装之军队守卫，城池永不会沦陷，即便大汗至此也无计可施。但当地人懦弱，不习武事。伟大的忽必烈汗与法黑福儿的性格截然不同，他以战争征服为乐，想要成为伟大君王。征服了大片疆域之后，1268 年，他派骁勇的伯颜丞相（Baian Cingsan，在我国语言中意为"百眼伯颜"）去攻打蛮子。此前，蛮子王夜观星象，知道只有长着一百只眼睛的人才能征服自己的国家。于是他高枕无忧，因为没有哪个人类会有一百只眼睛。但他大意了，没有想到"百眼"可能是某人的名字。伯颜率大批骑兵步卒和战船来征讨蛮子州。法黑福儿是太平皇帝，虽治下人口众多，但皆不习战阵。他召集大军准备迎战，但无法抵挡鞑靼军队的铁骑。伯颜挥军直入，迅速踏平大部分关隘，而法黑福儿只能退守其都城行在。伯颜率军来到蛮子首地，即我们现在所在的淮安州（我将在下文介绍），劝守军投降而被拒绝。于是伯颜直接率军前行，一连五城都拒绝

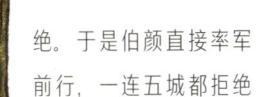

降大汗。他并不害怕越过某个没被征服的城池，因为他的大军是虎狼之师，还因为大汗另派增援部队尾随其后。至第六城，伯颜方以武力和智谋攻取，此后屠城。自此以后，他短期内连取十二城，蛮子人闻风丧胆。长话短说。伯颜攻下城池后，率两支军队直奔国王和王后的宫廷所在的行在，在城外列阵。国王见鞑靼军队阵容强大，非常害怕，叫占星家来占卜。他不知伯颜的名字和为人，于是派斥候去刺探，得到回报说敌军统帅名为"百眼"。国王既惊且惧，于是率臣民离城登船。他命手下船只满载着他的所有财富逃入印度洋中，留王后守行在，命其尽力为之。因为她是女子，就算落入故军手中也不会被处死。王后与贵族和守军全力守城，虽日渐窘迫，但仍希望不会亡国。有一天她召来占星师，问哪方会获胜，以及敌方统帅是谁，才知道攻城者名为"百眼伯颜"。王后想起之前预言，顿时泄气，立即开城投降。于是全境其他州郡城村都放弃抵抗，唯有襄阳府（Saianfu）孤守三年。对鞑靼人来说，这是辉煌的征服，因为世上所有财富加起来也抵不上蛮子州的一半。蛮子国王有如此多的财富，真是美事一桩。而且他公平仁慈，深受百姓爱戴，在这方面比世上任何统治者都强。他常抚恤穷人。他治下每年有两万名婴儿因家贫无力抚养而被遗弃，于是国王收养他们，记录每人生辰八字，选数处派乳母哺育。若富贵人家无子，就去见国王，国王按照其意愿喜好把弃婴送他们收养，同时命他们承诺抚育弃婴如己出。若弃婴成年后，生父或生母寻来，就必须有书面证据证明亲子关系，然后方可将孩子领回。若无人收养或认回，国王在他们长大后就命他们从事某种行业，或自相婚配，并赐物让他们舒适生活。就这样，他每年可救两万名弃婴。他还做过令百姓称道的事：有时他在城中发现若干富丽大宅后有某间陋舍，就问房主是谁，以及为何房屋如此小。手下会告诉他，屋主太穷，无力翻盖。然后国王立即出资，命房主翻盖装潢小屋，一如四周宅邸之堂皇。若房主碰巧是富人，他就命其立即把它拆掉。他这样做，是想让首都行在处处皆高堂华厦，处处为宫殿豪宅。其宫中有男仆女侍千余人，皆形容美丽，着奢华袍服。他一生都过得轻松愉快。他性格平和，严谨公平治国，以至于国内无恶徒窃贼。行在极安全，居民夜不闭户，路不拾遗。所有店铺门扉

大开至夜，也不见有商品丢失。即使深夜，行人也可像在白昼一样，安全无阻地穿过整个王国。此国之富庶及百姓之善行不胜枚举，因此国王受爱戴。我已介绍了国王和他的国家，现在我们来谈谈他的王后。王后降伯颜后，被带到忽必烈汗的宫廷。大汗礼遇她，待她如上宾。但法黑福儿国王终生未能离开海岛，久后终驾崩于彼。这样，大汗就把蛮子州纳入版图。现在我们放下这件事，讲讲蛮子大州，条理清晰地介绍当地风土人情。现在我们从淮安州开始，介绍蛮子州如何被征服。

第一三九章
淮安州城

入蛮子之地，首见淮安州。该城大而富丽，地位尊贵。上文说过它位于蛮子州入口，面朝东和东南方。与蛮子全境一样，该城人崇拜偶像，死后火葬。臣服于大汗。此城位于哈喇木连江旁，城中多船。此城地理位置优越，天下商货辐辏于此，且与其他地区交流频繁，居该地区之首。城中盛产食盐等货物，可沿江任意运至许多城市，足够四十余城使用。它向大汗缴纳巨额盐税及关税，许多陆上运输的货物也经过此

城。现在我们离开它，讲讲另一个城市宝应（Paughin）。

第一四〇章
宝应城

离开淮安州，沿堤向东南行一日。此堤以石头建筑，石质极细腻。堤两边为沼泽和深水，可行船，因此欲进蛮子，若非乘船，必经此堤。大汗军队讨伐蛮子时，在此下马乘船。行一日后，行人渐多，最后抵达宝应城，一座大而富丽的城市。城中人崇拜偶像，死后火葬。臣服于大汗，使用大汗发行的纸币。其中有信奉景教的突厥人和一座教堂。居民大多靠工商业为生，大量生产丝绸金锦，极其美丽。所有生活用品一应俱全，除此之外，没有其他值得一提的事。我们离开此城，去下一个城市高邮（Cauyu）。

第一四一章
高邮城

离开宝应，向东南行一日，抵大而尊贵的高邮城。城中居民崇拜偶像，死后火葬。臣服于大汗，使用大汗发行的

133

纸币。城中工商业发达，百物丰饶。此地盛产游鱼、飞禽和走兽，供人捕捉。野鸡繁衍尤其多，一格罗西银币可购三只肥野鸡，其大如孔雀。然后我们离开高邮，赴泰州（Tigiu）。

第一四二章
泰州城

离开高邮，骑行一日，沿途有农田、耕地、树林、村庄无数。一日后可抵泰州城，城不甚大，但土地肥沃，百物皆备。当地居民崇拜偶像，死后火葬。臣服于大汗，使用大汗发行的纸币，以工商业为生。当地许多行业都颇有利润，因为该地朝向东南，有船只无数在上述大江上往来。当地鸟兽众多，可供狩猎。从泰州东行三日即至大海，沿途各处都有上好盐场，产大量盐。另有一城名真州（Cingiu），大而富庶，地位尊贵。此城出产之盐足够全州人食用，为大汗上交巨额盐税，若非目睹，无人敢信。然后我们离开这里，重返泰州，再由泰州至另一城扬州（Yangiu）。

第一四三章
扬州城

离泰州城，向东南骑行一日，于风景秀丽的乡间穿行，沿途多城镇村庄。一日后抵富丽高贵之扬州城。此城实力强盛，辖下有27座高贵大城，都极富庶，商贸繁盛。它曾被选为十二行省治所之一，大汗委派的十二位高级官员中，有一人驻此城中。城中居民崇拜偶像，臣服于大汗，使用大汗发行的纸币。本书作者马可·波罗阁下曾奉大汗之命，取代某位官员治理扬州三年。城中居民倚工商业为生，大量制造武器和马具。大汗派重兵驻守在城中及附近辖区。再没有其他事情可提，我们从此出发，西行至契丹境内两大州，讲述当地风土人情。首先是南京城（Namghin）。

第一四四章
南京城

南京位于西边，靠近蛮子州边界。该州大而富庶，居民崇拜偶像，死后火葬。臣服于大汗，使用大汗发行的纸币，以手工业为生。这里盛产丝绸和金锦，其他商品也极为丰富。周边土壤肥沃，出产大量粮食和所有生活所需。境内有野兽不少，还有狮子。此处广有富商巨贾，为大汗上交巨额赋税。没有其他值得一提的事情，现在我们将离开这里，赴襄阳府(Saianfu)。这座城市地位高贵，大有功绩，值得我详细介绍。

第一四五章
襄阳府

襄阳府是伟大尊贵之城，位于蛮子州西，下辖十二座富庶大城，工商业繁盛。居民崇拜偶像，死后火葬。臣服于大汗，使用大汗发行的纸币。该城盛产丝绸，居民以优质丝绸制作华服。当地野兽甚多。凡尊贵大城应有之物，此处一应俱全。在蛮子州全境降大汗后，它孤城据守三年，宁死不降。究其原因，是其三面环水，大汗军队虽勇猛，只能攻其北方。其运粮草军需的船只可由水路进城，大汗军队也不能禁止。因此若不出意外，此城永不会因缺粮而陷落。大汗军队围此城三年，毫无进展，愤愤欲退。而尼科洛、马菲奥和马可·波罗阁下认为能让此城开门投降；军中来使表示这样再好不过。他们这些话都是在大汗面前说的，因为军队派使者报告大汗，他们如何久攻不下，以及守城者如何由水路得到补给。大汗对此颇为不满，因为当时蛮子全州都已俯首，唯有襄阳久攻不下，损害了他的威名。大汗决心征服这座城市。尼科洛、马菲奥和马可当时在大汗宫廷中，听到此事，立刻去见他，说他们能找到某种机械，攻下此城。这种机械称为"茫贡诺"(Mangonel)，制作精巧而威力巨大，能把沉重巨石由远处投进城中，杀人毁屋，引起混乱。大汗、众贵族和军队派来的使者听到此处，十分惊讶，因为他们从未听说过，也未曾在战场上使用过投石机。他们说："陛下，我们随从中有人会制造投石机，它们能投掷巨石，无坚不摧，能立逼城中守军投降。"大汗喜出望外，命此三人尽快制作投石机。所有人渴望见到这一新奇之物。于是三人命擅长这项工作的随从二人（一为德国基督徒，一为景教基督徒）制作两三架可投重三百磅巨石的投石机。三人立刻筹集优质木材。逾数日，他们做成三架投石机，每架都能投掷重三百多磅的巨石，可连发六十次，距离相当远。在大汗等人面前演示时，他们瞠目结舌，对它们大加赞赏。大汗立刻用船把投石机运至军中，对付久攻不下的襄阳城。投石机来到阵前，他们立刻安装。鞑靼人从未见过这样的武器，认为它们是世上最伟大的奇迹。投石机在襄阳城下启动，每架都投出一块三百磅的巨石。巨石无坚不摧，声震如雷，城中人惊慌失措。鞑靼人每天都投掷大量石头，许多人因此丧生。守军从未见过或听说过此种灾祸，惊惧不已，茫然若失。他们聚众商议，不知如何对付投石机，保护自己免受巨石袭击。攻击来自天空，于是他们认为这是法术。他们不知如何应对这种新式武器，空自每天见到战友或亲人死于石雨，他们说若不投降，都会死于房屋废墟中。最后大家一致决定投降。于是他们派使者去见军队统帅，说他们要像其他蛮子城市一样投降，奉大汗为主。

军队统帅欣然接受，于是襄阳府也开城投降。就这样，尼科洛和兄弟马菲奥，以及马可提出的妙计迅速解决了问题，这兄弟二人在大汗心中以及宫廷内外的声誉大大提高。这场胜利意义重大，因为襄阳府和它所在之州无论过去还是现在，都是大汗治下缴纳赋税最多的地区之一。我已讲述了襄阳府如何在尼科洛、马菲奥和马可制作的投石机面前认输，现在我们谈谈另一个名叫新州（Singiu）的城市。

第一四六章
新州城

从扬州出发，向东南行15英里，可至新州城。该城占地不广，但商业繁荣，航运发达，各方货物辐辏至此处港口。居民崇拜偶像，臣服于大汗，使用大汗发行的纸币。它临世上最大江，名"江水"，江面宽六至十英里，顺流而下，须一百二十日方能入海。有无数河流从四面八方汇入此江，均可行船。河道在拐弯处会变宽。无论货物从何处运来，船舶都要停泊在此城，为大汗贡献巨额赋税。乘船于此江，可至无数州城，其运输货物价值，合基督教世界一切江河

湖海船运之数尚且不及。马可·波罗阁下曾听该城为大汗掌管航运税的官员说，每年有二十余万艘船经此城逆流而上，顺流而下者不计其数。马可说曾在新州城同时见到一万五千艘船在江上航行，因此它虽名为江，但看起来和海一样宽。仅此小城就可见到这么多船只，那么沿江各城所见的船只，加起来又会是多么可怕的数字！此江流经十六州共两百余大城，其余城镇村庄不计其数。上述城市都比新州大，船只也比新州要多——这还不包括支流流经的同样航运繁荣的区域。所有上述船只都赴新州往来运货，其中主要商品是盐。商人们在新州装盐上船，将其沿干流或支流运至此江流域各地区或内陆。此外他们也贩卖铁器。船载来木材、木炭、亚麻等商品，再运到海边。

货物太多，船只往往不够，便有许多木筏运货。江上所有大船只有一层甲板、一根桅杆和一张帆，但能载无数货物。按我们威尼斯的标准来算，它们多能运四千至一万二千坎塔尔[1]（有些能达到这个标准）货物。再无其他事值得一提，我们来看另一城市瓜州（Caigiu）。但首先我要补叙一事：上述所有船只，除桅杆和帆上之外，都没有麻绳索具，但配备了缆绳，或者说纤绳。江水甚急，想要逆水而行的船只需借助纤绳力量。纤绳以上文中提到的那种长至十五步的粗竹结成。工人将竹节从一端到另一端劈成细条，绑在一起，扭结成长三百步之纤绳，比麻绳要结实得多。每艘船都有八至十二匹马拖着逆流而上。江岸多有小山和石丘，上面建有寺庙住宅。我已经没有其他可讲的了，现在我们去瓜州。

第一四七章
瓜州城

瓜州是一小城，朝向东南。居民崇拜偶像，臣服于大汗，使用大汗发

---

[1] 坎塔尔（Cantar）是重量单位。

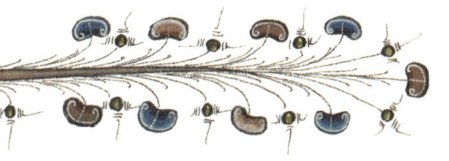

行的纸币。它位于上文所说的大江边，每年都将大量谷物稻米顺水路运至汗八里，供大汗宫廷之用。汗八里之粮不依赖海运，而是依赖漕运。大汗曾疏浚修整从此城至汗八里的河道，并修宽而深的运河连接沿途诸河湖。这样大船便可运粮从此处至汗八里，无须通过海路。除运河外，也可由陆路前往——挖运河、修整河道时取出来的土堆在两岸，建成堤岸，可供人行。这样货物就既可以走水路，也可以走陆路。江中央有座石岛，与瓜州城遥遥相对，岛上有大寺一座，供奉偶像，有僧侣二百余人。此寺管理其他许多寺庙，就如基督教的主教座堂一样。现在我们渡江，去镇江府（Cinghianfu）。

第一四八章
镇江府城

镇江府位于蛮子州境内，居民崇拜偶像，臣服于大汗，使用大汗发行的纸币，以工商业为生。此地盛产金锦丝绸等布料，多富商。这是一片乐土，盛产飞禽走兽供狩猎，肥沃土地出产大量谷物，其他生活必需之物也应有尽有。城中有两座景教基督教堂，建于1278年。大汗派一名为马薛里吉思（Marsarchis）的官员治理此城三年。他是位景教基督徒，在那里建造了两座基督教堂。从那时起，镇江府就有了基督教堂。此处再没有什么可讲的，我们去看看大城镇巢军（Ciangiu）。

第一四九章
镇巢军城

离开镇江府，向东南方行三日，沿途城镇村庄工商业繁荣。居民崇拜偶像，臣服于大汗，使用大汗发行的纸币。三日后可抵镇巢军，尊贵富丽之大城也。此处盛产丝绸金锦，款式繁多，非常漂亮。当地人安居乐业，有各种鸟兽为猎物，也有丰富生活用品，因为这里土地相当肥沃。城中居民曾为一大恶事，并为此付出高昂代价。百眼伯颜奉大汗之命，征服了蛮子州主要城市后，派一队信奉基督教的阿兰人（Alain）攻此城。它有两道城墙，阿兰人攻破第一道城墙，城中守军就向他们投降，于是他们没有再伤害任何人。他们在那里发现了大量美酒（这座城市盛产美酒），辛苦厮杀一天后，他们大肆饮酒，都喝醉了，忘记留人放哨。内城中人平静地等敌军都沉睡过去，立即出城尽杀之，一人不留。大军统帅伯颜知道此城居民背信弃义，杀害自己手下，于是另派一将率军攻克此城，尽屠城中居民，以此警示他人，也是对这种背信弃义行为的报复。正如你所听到的，城中人被屠尽。现在我们离开这里继续前行，去大城苏州（Sugiu）。

第一五〇章
苏州城

苏州是一尊贵大城，居民崇拜偶像，臣服于大汗，使用大汗发行的纸币，以工商业为生。此处盛产丝绸金锦，城中人以此为衣，也出售它们获利。城中多巨贾富人。城墙极长，约40英里。城中人口繁盛，不计其数。若他们都是战士，那么世上就没有他们不能征服之地。然而他们本性懦弱，不习武事。他们中有聪明谨慎的商人，有会各种手艺的巧匠，有像我们的哲学家一样的智者，有了不起的医生——他们非常了解自然，能诊断疾病并给予适当治疗，还有许多术士和占卜师。此外，城中有六千座石桥，其最大桥拱可容一两艘船通行。城周山上出产优质大黄和生姜，其价贱，一格罗特银币可以买到40磅新鲜生姜。苏州城下辖16座工商业发达的大城。"苏州"在法语中的意思是"地球之城"，而附近的行在则被称为"天堂之城"，从上述名称可以看出它们的繁荣强大。现在我们离开苏州，去仅一日程内的吴州城（Vugiu）。吴州是一大城，工商业发达，但没有新奇之事值得一提。我们离开它，去吴兴（Vughin）城。吴兴也是一大城，地位尊贵。居民崇拜偶像，臣服于大汗，使用大汗发行的纸币，以工商业为生。此城盛产丝绸和其他各种昂贵商品。离开此城，至强安城（Ciangan）。此城大而富庶，地位尊贵，居民崇拜偶像，臣服于大汗，使用大汗发行的纸币，以工商业为生。此城盛产各式丝罗，销往全州。居民热衷

于打猎。此外无别事可提，我们继续向前，介绍行在，即蛮子州之首都。

第一五一章
高贵宏伟之行在城

从强安城出发行三日，沿途风景秀丽，多城镇村庄，皆富庶有生气。居民崇拜偶像，臣服于大汗，使用大汗发行的纸币，以工商业为生，生活所需之物应有尽有。三日后可抵一最宏伟尊贵之城，名"行在"，法语中意为"天堂之城"。它是世上最大的城市，因其中乐趣可使人以为自己身在天堂。接下来我要详细介绍这个很值得一提的城市，它是蛮子州最尊贵之城。上文所述蛮子王后献城之前，曾请伯颜将其书信转致大汗。信中描绘了此城盛景，求大汗不要破坏它。马可阁下读过那封信，也曾多次来此城。我将以该书信及其见闻为基础，详细介绍行在。信中称此城极大，方圆达100英里，其中有宽阔街道和运河。居民在开阔广场上举办市集，人群摩肩接踵。城中有一清澈湖泊，另一边有大河，连接街巷和河道，带走所有杂质，注入湖泊，再流向海洋。这使空气清新，有益健康。居民可乘船沿大小河道任意来往，也可推手推车经过街道运送货物。据说城中有一万二千座桥梁，大小不一，多为石桥，少数是木桥。主河道和主干道上的桥极高极大，没有桅杆的巨船可从最大拱中穿过，桥上仍然车水马龙。街道也倾斜，配合桥身高度。有这么多的桥其实不足为奇，因为此城与威尼斯一样，都位于潟湖水中。若没有这么多桥，行人就很难走到城中任一角落，只能乘船。城市另一边有条长约40英里河沟，沟很宽，注满来自上述大江的水。这是该州古时国王的命令，以便每次江潮来时，能将江水引到沟中。它也是城市的防御工事，挖出的土在内侧堆积如小山。

城中有十处大坊，其余小坊无数。十坊均为正方形，每边长约半英里。有主干道宽四十步，横贯城市，平坦宽广，上有众多

桥梁。主干道两侧，每四英里就有一大坊，其围墙长两英里。坊后有宽阔运河一条，与上述街道平行，岸上有巨大石屋一处，所有来自印度等地的商人都在此存放货物，因此处靠近广场。每个广场上每周开三次集市，有四五万人参与。这里食物应有尽有，取之不尽：野味有獐子、马鹿、黄鹿、野兔、鹧鸪、雉鸡、山鸡、鹌鹑；家禽有鸡鸭鹅等不胜枚举。家禽平日养于湖边，成本低廉，一格罗特银币可买一对鹅和两对鸭。城中有屠宰场，屠杀小牛、阉牛、山羊和羔羊等大牲畜，供富贵之家食肉。地位低下的平民则食种种不洁之肉，毫不在意。广场上总是有各种蔬菜和水果，最引人注目的是大梨——每只重十磅，梨肉白如面粉，其味清香。当季的黄桃白桃非常可口。此地不种葡萄，也不酿葡萄酒，但有外地贩来的上佳葡萄干。居民嗜饮米与香料酿的酒，不爱葡萄酒。每天都有大量鱼类从河下游25英里的海边运至城中，湖中淡水鱼也有不少，时有渔人在湖中捕鱼。一年四季，渔获不同。湖中鱼吃城中居民之食物残渣，肥而味美。每见市集中鱼之数量，都以为会积压在摊主手中，但几个时辰后鱼市即空，因为居民嗜鱼如嗜肉。上述十坊周围建高楼，

楼之底层为商铺，出售香料珠宝等各种商品。有酒肆专售米酒，边酿边售，新鲜且价贱。其他街道有娼妓居住，人数众多，我不敢言。广场周围是她们的指定居处，但整座城市都可见到她们。她们衣着华丽，身上兰麝之香逼人，出入有无数侍女随行，居所富丽堂皇。这些女子非常聪明，善以言语惑人，投人所好，将外邦人迷得如痴如醉，沉迷于她们的甜蜜和魅力。于是他们回国时，就说自己去过天堂，极愿重返其地。其他街道上居住着医生和占星家，他们也教人读书写字。坊市周围三教九流皆有，都有各自居处。每坊有两大衙门，分处两端，国王委派的官员居其中。若商人与本坊居民间有贸易纠纷，他们会立刻介入调查。此外，他们每日还要监督附近桥梁上的守卫是否在岗，并惩罚擅离职守者。

主干道两侧有宫殿园林，以及工匠之作坊，终日客流不断。城中人口无数，若非亲见，无人能信有如此多食物来养活所有人。然而每当集日，所有广场人满为患，车船运货往来不绝——此时方能信之。城中共有十二种行当，各种行当的人都认为自家更重要，交易量也更大。每行都有一万二千户执业，而每户至少十人，多

有十五至四十人不等。这些人未必都是平民,其中有仆役不少,按照主人命令行事。上述安排很有必要,因为此城为其他许多城市供应必需品。城中有富商无数,生意经手动辄巨万,无人知其详情。富商及其女眷,以及上述行当之主人不亲自劳作,十指不沾阳春水,但生活精致优雅,不下国王贵族。其女眷养尊处优,衣绫罗绸缎,佩金挂银,价值无法估量。国王曾有旨,子孙必须承其父祖本业。就算子孙家财已累积十万,也不可转为别的行业,只不过无须自己动手操劳而已。他们只能保留商铺,延续祖业。但此类人常有怨言,因为若匠人贫困,必操此业以养家糊口,那么也算心甘情愿;但若其家财累积丰足,可以转业,更体面地度过一生,却又被强迫限定在此行业中,必然会觉得此种做法不合适、不公正。城中住宅工艺精良,装饰繁多。此处居民喜爱装饰、绘画和建筑,所以在住宅方面花掉的钱多到惊人。行在人爱和平一如其国王。他们的生活环境一向如此。他们不蓄武器,不爱争执,全心贯注于其商品和技艺。他们团结一致,友爱邻里,同乡人间守望相助。夫妻间相敬如宾,丈夫从不嫉妒或怀疑自己的妻子。敢于调戏已婚妇女者会被当作可怕的无赖。城中居民对外邦商人同样友好,乐意在家中接待他们,尊敬他们,并对他们的生意提供帮助和建议。另一方面,他们厌恶军队,也不喜欢大汗的军队,认为是大汗的军队推翻了他们的正统国主和各级官员。城南有一美丽大湖,周长三十英里,沿湖有无数华丽大宅,设计精妙,建筑出色。这些宅子属于城中高官士绅,内外皆美。城中有许多寺庙,湖边尤多,庙中有众多僧侣。湖心有两小岛,各有美轮美奂之宫殿,工艺精良、装饰华丽,犹如皇帝内宫。其间宫室廊台无数,令人难以置信。若有名士想在堂皇之所举办盛大婚礼或宴会,可以此为场地。那里有宴会所需的所有陈设,如餐具、亚麻桌布等。这些由城中居民凑款购买,留置宫中,以为公用。若有不同集会,来宾就会被安排在不同房间和游廊上,秩序井然,不会互相影响。此外,湖上大小船只或驳船数量众多,可游湖为乐。每船长十五至二十步,可容十人、十五人或二十人以上。船底宽而平,航行平稳。愿与同伴及歌伎取乐者皆乘此种船。船上有精美桌椅,以及盛宴所需的其他家具。船夫撑篙行船(湖水深不逾两步),到雇主指定的地方去。船舱内涂有彩漆，绘有精美图案，所有驳船也是如此。四周有窗，乘客可以关上或打开，以便用餐时观赏四周风景。船上有美酒佳肴，众人泛舟湖上，一心享受，世间乐事莫过于此。城池依湖而建，因此从船中可远观全城之宏伟宫殿寺庙、园林树木。此类画船在湖中随处可见，城中居民每日工作或交易之余，即携家眷或歌伎泛舟湖上，或乘马车游城，以为莫大享受。城中多有木屋，易失火，因此到处建有精美石塔，若附近起火，周边居民便将细软搬入塔中，以免被烧毁。有六万更夫守卫城市，防止火灾发生。城中居民崇拜偶像，臣服于大汗，使用大汗发行的纸币。城中男子英俊，女子美丽，多衣丝绸。全州物产皆集中于行在，还有商人从其他州源源不断地运来货物。他们以所有野兽家畜之肉为食，虽马犬亦不忌——世上任何基督徒都不会吃这二者的肉。大汗攻下此城后，命城中一万两千座桥上，每天都要有十名更夫在棚下看守，白昼夜晚各五人轮换，杜绝恶行、反叛、窃盗、谋杀等行为。每棚中有一木梆和一钟，用于报时。夜间每过一个时辰，更夫就敲一次梆子（是几时，就敲几下），为这一带的居民报时。他们轮班值守，从不睡觉。日出时，他们重新从第一时辰报起。有些更夫可以在规定时间内巡视，看是否有人违规点灯照明或生火。若有，他们就在其家门上做标记，让户主明早见官听讯。若他没有充足理由，就会受到惩罚。如果更夫发现有人于宵禁后在外行走，就会扣留他，次日早上将其交给官员。若白天他们看到有穷人因生病不能工作，就会送其去"卑田院"。此种机构为前朝国王所设，消耗大量国库收入。此人痊愈后，便会被分派工作。更夫若见失火，便敲打梆子，邻近桥上更夫也会跑来帮忙灭火，并把店铺中货物运到上文所说的石塔中，或以船运至湖中岛上，免得被烧毁。城中居民不敢夜晚离家，只有受到波及的居民和更夫一同灭火，人数至少有一两千。更夫也要观察城中是否有叛乱行为。此外，城中每隔一英里，就有一土丘，每丘上有一木塔楼，可俯瞰全城。塔上有巨大木板，一人持板，一人持木槌击之，声传甚远。塔楼上终日（尤其是夜间）设守卫，若见有火灾便及时发出信号，若不如此，便有半城毁于大火的风险。若城中有骚乱，守卫也会击板，这样邻近桥上的更夫可以立刻执兵器来援。你要知道，此城为蛮子州之首，人口繁盛，富庶无比，为大汗上交巨额赋税，因此他必须谨慎看顾，生怕它叛变。行在的所有街道都铺以优质砖石，所以全城地面非常干净。蛮子州所有主要道路、街道和堤路都如此铺设，于是行人无论骑马步行，无论天气如何，都不会弄脏脚。蛮子州地势低且平坦，雨后十分泥泞，骑马或徒步之行人无法在未铺石砖的路上行走。但大汗的驿马又无法在石砖路上飞奔，只能在路旁土道上奔驰。上文中提到的横贯城区的主干道两侧以砖石铺成，各宽十步，中间以细小砾石填平，有阴沟将雨水引至附近河道，因此路面总能保持干燥。街上常有长马车往来奔走，马车上有帷幔和丝绸垫子，可坐六人。日日都有嬉游之男女租车代步，是以此类马车沿干道至园林络绎不绝。园林中侍者撑起帷幔接待客人，男子与女眷终日享乐，至夜晚才坐上述马车回家。城中有近万条整洁街道和三千家浴室，浴室中水由地下冒出。当地人讲究卫生，每月数次在其中洗澡，非常享受。它们是世上最大最好之浴池，大至可容百余人同时沐浴。印度洋位于行在的东北和东方之间，距此25英里，海边有一城名澉浦（Gampu），是优良港口。从印度等海外之邦有无数船只至此，因此该城有极高航运价值。有大江从行在至澉浦，其港口就在此江入海处。每天有行在商船载货穿梭来去，此江流经印度和契丹州诸多城市。大汗征服整个蛮子州后，分其全境为九国，每国封一英明国王统治，为人民伸张正义。此九王皆臣服于大汗，每年向大汗上奏各国收支理政等一切情况。驻行在之国王辖一百四十余城，富有强大不可想象。蛮子州地域辽阔，除有墙垣的众多城镇外，尚有一万两千余城，均富丽强大，人口众多。根据其规模和需要，每城均有守军防叛。在此一万两千余城中，每城至少有一千骑兵步兵驻扎，多有一万、两万甚至三万士兵驻扎者。所有军饷都由大汗支付。士卒之多，不可胜数，恐怕读者要斥我的话为无稽之谈。但行在肯定有三万驻军。上述城市的赋税集中于大汗国库，用来供养守军。若某城有动乱（居民一时热血上头，往往会杀掉统治者），那么邻近城市听到警报，也要派军前来协助平叛，因为若要从契丹州调动军队前来需两月，耗时过长。守军皆鞑靼人，来自契丹州，骁勇善战。鞑靼军擅骑马，在地面坚固干燥的地方操练或作战才能发挥最大优势，不适宜在地势低洼的城郊作战。守城军队不光是骑兵，也有大量步卒。大汗每年征兵一次，派手下契丹军队和武装起来的蛮子人驻守地势低洼的城市。但蛮子州的士兵不会驻扎本地，而是被派往外地，距本城可能有二十日程，驻防四五年后始能还家。契丹州和蛮子州均执行此换防之法。蛮子州贸易繁荣，为大汗国库上交无数赋税，不可估量。言尽于此，接下来我要介绍行在和蛮子全州的习俗。在此州，婴儿一出生，父母就记下其生辰八字，以及其出生时的星象和命星，因此每人都知道自己的生辰。若他长大后要出远门、做生意或成亲，就会拿着自己的生辰八字去请教占星师，问哪个时辰吉利。占星师按其生辰八字为其预测，如果测出吉兆，对方就会充满信心。若发现某个时辰不利，他会等到吉日吉时到来时才出门办事。他们的占星师都很有本领，真的能预言吉凶。这样的占星师在每坊中都有很多。若来人以婚事相询，占星师会告诉对方，这门婚事是否合适，男女双方八字是否相合。若结果吉利，双方就会定亲；若不吉，则两家作罢。此处有死后火化的习惯。若有富人去世，遗体会被抬去焚烧，其亲朋好友都要去哀悼。死者亲属无论男女，都会穿上廉价麻衣，把遗体抬到火化之处，一路奏乐诵经。在火化场，他们用纸制作马匹、奴仆、骆驼、马鞍、服饰、金锦丝绸以及金银钱币的样子，与遗体一起火化，说死者在彼世也会拥有这些东西。而且他们为死者奏乐诵经，死者也会在彼世听到——在那里，他们的偶像会亲自来接引并礼遇死者。这样死者会往生，投胎开始新的生活。因为有这种信仰，他们不惧怕死亡，认为只要有这样体面的葬礼，在下一世也能受到礼遇。蛮子州人气性很大，常有人因愤怒或悲伤而自杀。若有人受到袭击，对方又过于强大以至于其无法复仇，受害者会在深夜悲愤地吊死在对方门楣上，以此谴责对方。邻居发现此种情况，会谴责施害者，强迫其赔偿死者，并要求其以上文所述方式为死者举办体面葬礼。而死者上吊自杀也多半为此：欺侮他的人比他富贵，却在他死后如此礼遇他，那么他在彼世也就能得到同样尊重。该州风俗如此。蛮子州的统治者是法黑福儿，其宫殿就在行在。那是世上最美轮美奂之宫殿。宫殿为方形，周长十英里，有高厚宫墙环之，墙头满是城垛。在宫墙之中，宫殿后面，有世上最美之花园，里面有人类所能描述的最好水果。还有许多美丽喷泉和几个湖泊，湖中有鱼甚肥美。宫殿广阔辉煌，世所无匹。其正殿开阔，可容许多人用餐。正殿中，墙都被漆成金色和蓝色，上绘飞鸟走兽、贵族男女、奇人奇事，令人赏心悦目。我无法向你们描述这座宫殿的富丽华贵，只能简述其规模。宫中有二十间大厅，大小相同，装饰也相同（都漆成金色），可容万人同时用餐。又有千余房间，舒适美丽，可供起居。现在我要讲讲大汗从此城收缴的赋税和居民人数。马可说行在有大街一百六十条，每街有房屋一万所，因此全城共计房屋一百六十万所，有壮丽宫室夹杂其中。城中人口繁盛至此，却只有一处堂皇的景教教堂。此外，行在及蛮子全州都有一习惯：每户户主都要将家中妻子儿女、仆人婢女之名写于门首，还要注明此户蓄养多少匹马。若家中有人去世，则将其名去除；若家中有婴儿出生或接收外人入户，则将名字添至门首。这样城主就能知道城中人口情况。在蛮子州和契丹州都是如此。不仅居民如此，这两州所有客栈都会在门首写明来投宿者的名字及其入住离开的具体时间，这样大汗就能知道治下人口流动情况。这确实是个好办法。在蛮子州，不能抚养孩子的穷人会将儿女卖入富贵之家。这样他们可以得到钱财维持生计，孩子们也能在更好的环境中长大。以行在消耗的胡椒粉为例，可以估算该城肉类、葡萄酒和香料等每日常食物消耗的数量。马可阁下见过大汗海关官员记的账目：每日行在要消耗四十三担（每担合二百二十三磅）胡椒粉。以此可以推算每日消耗的其他香料，以及其他生活必需品有多少。此前我们讲过，伯颜围困行在时，法黑福儿从城中逃跑。当时发生了一件奇事：城中有许多居民从流经城边之深而广的大河逃跑，但河水马上干涸。伯颜惊闻后马上赶到，将所有逃跑者驱回城中，有人发现河床对面有条大鱼卧于地上，长约百步，但体型与长度不相符，且遍体生毛。有许多人食其肉，其中多人毙命。马可阁下曾在某寺庙里亲眼看到了那条鱼的头。现在我已大致介绍了行在的情况，接下来我要谈谈大汗从此城及其治下（蛮子州九国之一）获得的巨额赋税。

第一五二章
大汗由行在所得之巨额税收

大汗从此城及其治下（蛮子州九国之一）每年收取赋税无数，其中盐税最多，为八十秃满黄金，每秃满即七万萨齐，因此八十秃满黄金相当于五百六十万萨齐黄金，而每萨齐黄金的价值超过一弗罗林黄金或一达克特黄金。这真是个天文数字。该城盐税如此之多，是因为它位于海滨，多潟湖沼泽，海水在夏季凝结，可产大量食盐。该城出产之盐足敷五个蛮子国之用。除盐税外，还有其他商品也产生巨额赋税，如香料课税之数无法估算。我不知每种香料抽税几何，只知所有香料合计要付百分之三点三三的税，而所有商品要向国王再付百分之三点三三的税。此外，此地米酒和木炭也课税不少。上文讲过十二种行业，每种行业都有一万两千户，其手工艺品也要缴纳赋税。凡从陆路将货物运到行在，并将货物从行在运到其他地方的商人，以及从海路将货物运走的商人，纳税标准等同，即货物总价的三十分之一。而从印度等遥远异邦运货来此贩卖的商人要交十分之一。此外在大汗治下收获的农产品、猎物和丝绸等物，要付十分之一给大汗，即"什一税"。丝绸产量极多，课税也甚重，长话短说，丝绸课税为十分之一，其总数令人咋舌。什一税年年为大汗国库做出不可忽视的贡献，然而在蛮子国种种赋税中只能排在第五位。马可·波罗曾几次被大汗派去行在，也曾听说或亲见过大汗每年课税总数。除去盐税，大汗每年收入通常为二百一十秃满黄金，按上述标准计算，相当于一千四百七十万萨齐的黄金。这是个可怕的数字，但不过是蛮子州九国之一的赋税，你们可以想象其他八国的赋税共有多少。此地是最大的"聚宝盆"，最受大汗关心爱护。他对其防守最严密，以保护当地人安居乐业。大汗将所收赋税均用于支付军饷、赈济平民。现在我们离开行在，去塔皮州（Tanpigiu）城。

第一五三章
塔皮州城

从行在出发，向东南行一日，沿途尽住宅城镇、美丽园林和肥沃农田，生活所需之百物具备。一天后可抵塔皮州城。它是行在属城，富庶美丽。其居民崇拜偶像，死后火葬。臣服于大汗，使用大汗发行的纸币，以工商业为生。没有其他值得一提的事，我们离开这里继续前行，去武州（Vugiu）城。离开塔皮州，向东南方行三日，沿途尽美丽城镇村庄，物产丰饶且价贱。其居民崇拜偶像，臣服于大汗，使用大汗发行的纸币，属行在管辖。没有什么新鲜事值得一提。三日后可抵尊贵大城武州。其居民崇拜偶像，死后火葬。臣服于大汗，使用大汗发行的纸币，以工商业为生，也属行在辖地。再无别事可言，我们来看看衢州（Ghiugiu）城。离开武州，向东南方行两日，沿途城镇、村庄和园林绵延不绝，好像走在某个城市中心一样。这是行在辖地，其居民崇拜偶像，臣服于大汗，生活所需之物样样具备。当地竹子最粗长，粗至四掌，长至十五步，其他无甚可提。两日后可至衢州，大而富丽之城，也属行在治下，盛产丝绸。其居民崇拜偶像，臣服于大汗，以工商业为生，百物俱全。其他无甚可提，再向东南方行四日，沿途尽是城镇村庄，生活用品样样俱全。其居民崇拜偶像，臣服于大汗，使用大汗发行的纸币，以工商业为生。此处仍为行在治下，当地鸟兽众多，可供狩猎。此外，还有许多大而凶猛的狮子，当地人以如下方式捕杀它们：猎人脱下鞋子，身披粗布，肩上放一个沥青球，手持尖刀，去狮子巢穴。狮子看到人来就扑过去，咬住球，自以为咬住了猎人。猎人立刻以刀刺狮，狮子负伤而走，慢慢失血而死。当地人用这种方式杀死了许多狮子。蛮子全境无绵羊，只有牛、水牛、奶牛、山羊和猪。再无别事可述，我们从衢州出发，

四日后可抵强山城（Cianscian）。此城大而美，坐落在河旁小山上。小山中分河流为二，两支流一向西北，一向东南，流入大海。强山城也属行在管辖，居民崇拜偶像，臣服于大汗，使用大汗发行的纸币，以工商业为生。再无值得一提之事。离开强山城后行三日，沿途风景秀丽，多城镇村庄，居民崇拜偶像，臣服于大汗，以工商业为生。此处仍是行在领地，多飞禽走兽供狩猎，生活用品丰富。三日后可至信州城（Cugiu），城大而美。居民崇拜偶像，臣服于大汗，使用大汗发行的纸币，以工商业为生。这是以行在为都城的王国之边境，接下来我们进入蛮子九国的另一个国，即福州国（Fugiu）。

第一五四章
福州国

离信州城后，即入崇迦国境（Choncha），其首府称福州。向东南行六日，穿山越岭，沿途尽是城镇村庄，居民崇拜偶像，臣服于大汗，以工商业为生，属福州国治下。他们生活所需，样样具备。当地飞禽走兽无数，也有凶猛巨狮。此处盛产姜、高良姜等各种香料，一格罗特银币可买80磅鲜姜。

当地还有一种植物,果实的气味颜色都像藏红花,价值也与藏红花相差无几。居民以其为食,因此它价格昂贵。此外,当地人以一切肉类为食,甚至人肉也可充饥,只要死者不是病死即可。比如他们会吃掉死于剑或利器者的肉,认为很美味,还会四处寻找这种肉。当地军士会改变形貌,能一眼识别出来。他们把头发剪短到耳际,脸中央涂成蓝色,仿佛剑刃。上阵时除队长外,士兵均步行,手持长矛和剑,残忍杀敌。他们整天都杀人喝血,然后食其肉。此外没有值得记述的事了。上述六日程行至第三日时,会发现福州国的格里府(Quenlinfu)城,大而尊贵。居民崇拜偶像,臣服于大汗,使用大汗发行的纸币,以工商业为生。城市位于河边,河上有三座世上最大、最美、最坚固的桥梁,它们建在城墙一侧,长一英里,宽九步,全以石建,有漂亮大理石柱为装饰,每桥造价甚高。此地盛产丝绸等各式布料,以及生姜和丁香,棉布行销蛮子全境。城中居民外貌美丽,生活方式也很讲究。还有一件怪事值得一提:当地有种母鸡,全身无羽毛,却有黑毛如猫毛,极肥,然而下的蛋和我国鸡蛋一样好吃。此地多狮,因此行人须成群结队,以免落入狮口。再行三日,沿途多城镇村庄,工商业发达,盛产丝绸。居民崇拜偶像,臣服于大汗。当地飞禽走兽众多,可供狩猎,也有凶猛巨狮,是行人的心头之患。三日行毕,复行15英里即至武干城(Vuguen)。此城盛产糖,上贡无数,供宫廷使用。但被大汗征服之前,当地人不知如何制造出如巴比伦地区那样的精糖,只会煮沸糖浆,冷后变成黑色糟糊。大汗征服此地后,派宫中来自巴比伦的人去教他们制糖,用某种树木燃烧后的灰烬来提炼。此地再无甚可提,离开此城,再行15英里,可至福州城,即该国都城。

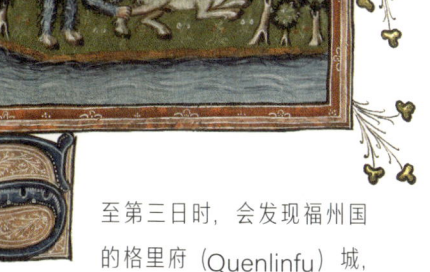

第一五五章
福州城

福州城是蛮子九国之一崇迦国的都城。此城工商业极发达。居民崇拜偶像，臣服于大汗。城中有重兵把守。上文说过，大汗派出许多军队驻扎全国各处，因为许多城镇村庄经常发生叛乱。当地人不惧死亡，认为死后能在彼世体面生活，还因为他们住在山区，易守难攻。他们若喝醉酒，或一时被热血冲昏头脑，就会杀掉统治者。而他们一旦反叛，驻扎各城的军队就要镇压叛乱，维护大汗的权威，所以此地驻兵甚多。有宽一英里的大江穿过该城中央，两边河岸上尽是华丽建筑。江上有许多船只往来运载货物，其中糖最多。江上有座壮观大桥，桥下有大驳船穿行，船板极厚，泊船时以巨锚固定。此处产糖极多，具体数目无人知道。印度商人带大量商品来到此城，大批交易珍珠宝石和香料。当地有许多狮子，猎人设陷阱捕捉它们。他们先挖两深坑，相距一厄尔。两坑各有一侧高篱笆遮挡，但坑上方无遮无掩。晚上猎人把一只白色小狗拴在两坑中间，自己避开。猎人离开后，狗会狂吠不止。狮子听到犬吠会愤怒地冲过来，看到黑夜中的白色皮毛，就扑过去抓它，结果落入陷阱中。第二天猎人会过来，杀死坑里的狮子，吃掉其肉，卖掉狮皮——狮皮相当昂贵。如果他想活捉狮子，就用绳子把它拖出来。当地还有一种狒狒，外形似狐狸，爱啃食制糖原料甘蔗。商人车队经过此处，夜晚在野地住宿时，狒狒会来偷走他们的货物，造成很大损失。但商人们想办法捉住它们。他们把大葫芦顶端切开如瓶口，其大小恰好够狒狒把头伸进去。为防止狒狒挣脱瓶口，他们在瓶口周围钻孔，穿一圈绳子。然后他们放一块肥肉进葫芦，把葫芦放在离车队不远的地方。狒狒们来偷东西时，闻到肥肉味，就使劲把头探进葫芦。发现够不到食物，它们就抬头把葫芦顶在头上，视线被遮住，只能像无头苍蝇一样乱走。此时商人就能随意抓住它们。它们的肉很好吃，皮的价格也很贵。这一带有种特别繁殖的鹅，体重约24磅，喉下和鼻边各有一肿块，犹如天鹅，但体型比天鹅大得多。福州距刺桐城（Çaiton）有六日程。刺桐港位于海边，有许多印度货船往来。而上文所述的大江也能运货至福州，再通过水运和陆运来到刺桐城。于是有许多珍奇货物由印度运至刺桐城。

此外，当地人有一切生活必需品，而且价格便宜。此处还有美丽园林，盛产佳果。这座城市各方面都井井有条，是无法形容的奇迹。在下文我将详述。马可阁下还讲述了一件事。他和其叔马菲奥在福州遇到一个聪明的萨拉森人。萨拉森人说无法理解当地人的信仰：他们不崇拜偶像或火，不承认先知，似乎也不见基督教传播。萨拉森人请他们一同去和当地人谈谈，问其生活和信仰情况。但当地人以为他们是来审查自己，要禁绝其信仰，非常害怕。马菲奥和马可安抚他们说："不要怕，我们来此不是为了与你们作对，而是为了你们好。"他们怕若大汗派人去审查，可能对当地人不利。于是两人每天都去跟当地人聊天，问他们生意如何，最后发现当地人信奉的是基督教。他们把自己的经文给两人看，两人开始逐字逐句地翻译，最后发现这明明是《圣咏集》(Psalter)，于是问他们的宗教是从何处传来，得知是其祖上信之，代代相传。他们在某寺庙里供奉三位 70 岁使徒之画像，说这三人在世界各地传教，很久以前就教导其祖先，这种信仰在他们中间已流传七百年，但很长一段时间以来，他们都没聆听过教义，因此对关键事情一无所知，只知祖辈遗命要尊崇这三位使徒。

于是马菲奥和马可说："你们同我们一样，是基督徒。你们最好去见大汗，报告自己的情况，然后可自由地信仰宗教。"因为当时他们害怕拜偶像教徒，不敢公开信仰自己的宗教。于是他们选中两人去见大汗，马菲奥和马可教他们要先去见大汗宫廷中的基督徒领袖，请对方将他们的情况转致大汗。这两人照办了。但接下来发生了什么事？基督徒领袖向大汗汇报此事，请大汗确认这些人为基督徒时，拜偶像者的领袖提出反对意见，说上述人等一直以来都被视为偶像崇拜者。双方在大汗面前唇枪舌剑地争论。最后大汗发怒，命所有人退下，召来上述使者，问他们是想成为基督徒，还是做偶像崇拜者。他们回答说，若没有冒犯大汗的话，他们希望像祖辈一样做基督徒。于是大汗下旨，认定他们为基督徒，所有人都必须遵守基督教教义——当时在蛮子州，有七十余万户都属于这种情况。再无其他事情可述，我们来谈谈刺桐城及其港口。

第一五六章
刺桐城

离开福州，横渡上文所说的大江，

向东南走五日，沿途尽为农田、城镇和村庄，物产丰富。此地多丘陵山谷，还有大片树林，有制造樟脑的树木，也有无数鸟兽可供狩猎。这里属于福州治下，居民以工商业为生，崇拜偶像，臣服于大汗，使用大汗发行的纸币。五日后可抵大而富丽之刺桐城，城中有刺桐港，有不少印度商船载珠宝等贵重货物来此。蛮子州各地商人也云集此港，因此其吞吐之货物多至不可思议。商人们从此港口出发，四散去蛮子州其他地方。可以说亚历山大港每接纳一船要运至基督教国家的胡椒，刺桐港就要接受一百余船。它是世上两个货物吞吐量最高的港口之一，地理位置极为优越，商贾货物往来无数，大汗在此港及此城课税亦无数。所有输入宝石珍珠等奢侈印度货物，大汗均取十分之一；小件货物须付货价百分之三十为船舶运费；胡椒为百分之四十四；沉香、檀香等香料及大件货物为百分之四十。因此商人要付约货值的一半为赋税和船租，然其余一半仍可获巨利，以至于他们都迫不及待地运货来此。所以大家都知道，此城也是大汗的"聚宝盆"。此外，该城居民崇拜偶像，拥有生活所需的一切，过着悠闲平和的生活。城中有技术精湛的刺青师，有很多印度人专为此而来。大江流经刺桐城时江面宽阔，水流湍急，于是分出许多支流。江上有五座美丽桥梁，其中最大者长三英里。海边散布许多巨石，中段粗，末端细，末端指向大海，能消减海水回流。刺桐城边有一城名迪云州（Tingiu），出产瓷器，精美无比，远销世界各地，一格罗特银币可买三只瓷碗，美丽无可比拟。其制作方法如下：工人从某土脉深处取土，堆成巨大土丘，曝于风雨日光下三四十年，等其风化为细土，然后可造瓷器，漆以天蓝色，耀人眼目。祖辈积此土，待其子孙之辈方可用，这就是所谓的"前人栽树，后人乘凉"，只能由后人谋取利润。该城居民自有方言。在整个蛮子州，语言和文字是统一的，但各地自有方言，彼此无法理解，就像伦巴第人、普罗旺斯人和法国人听不懂对方说话一样。依靠刺桐城之力，福州国上交赋税，能与行在国相等。蛮子州共有九国，目前我只介绍了扬州、行在和福州，余不赘述，免得你们听厌了长篇大论。此三国马可阁下曾亲身到访，因此我按其到访顺序介绍。他也听过其他六国的许多信息，但不如行在和崇迦那样确切，所以无法详细介绍，留待之后再谈吧。现在我已详细介绍了蛮子州部分地区以及契丹州的情况，条理清晰，毫无错漏。如其居民、鸟兽、金银珠宝、各种商货、风土人情等。然而我还意犹未尽。因为印度风物十分奇妙，是世上其他任何地方都看不到的。出于这个原因，本书要逐一介绍，以飨读者。也许大家会因此大吃一惊，但我讲的确为实情，不是神话寓言。马可·波罗阁下曾在印度待了很长时间，做过详细调查，亲眼见过，也亲耳听闻过许多奇事，非常了解当地的风土人情。很少有人能像他一样介绍当地的实情。我要将他所说的一一记下。他曾奉大汗旨意，赴印度执行各种使命，亲临其中若干地区。后来他和父亲、叔叔一起为阿鲁浑的准王妃送嫁，然后归祖国。因此他有资格讲述其所见，而对于其听闻的有名望和值得信赖的人士讲述的事情，也与曾航行至印度者的航海图相符。本书第二卷至此完结。

chapter 03
第三卷

印度 / 日本国岛 / 小印度和占巴国 / 爪哇大岛 / 桑都儿岛和昆都儿岛 / 朋丹岛 / 小爪哇岛 / 苏门答腊国 / 淡洋国 / 南巫里国 / 班卒儿岛 / 捏古朗岛 / 案加马难岛 / 锡兰岛 / 马八儿大州 / 木夫梯里国 / 婆罗门所居之剌儿州 / 加异勒名贵大城 / 俱蓝国 / 戈马利城 / 下里国 / 马里八儿国 / 胡茶辣国 / 塔纳国 / 坎巴夷替国 / 须门那国 / 克思马可兰国 / 男子岛和女儿岛 / 速可亦剌岛 / 马达伽思迦儿岛 / 僧祇拔儿岛 / 中印度之阿巴西 / 阿丹州之风土人情 / 祖法儿城 / 哈剌图城 / 忽鲁模思城 / 大突厥 / 海都女之勇武 / 阿鲁浑回宫夺位 / 阿鲁浑与阿合马之战 / 阿鲁浑死后乞合都掌权 / 乞合都死后伯都掌权 / 北境之王宽彻 / 黑暗之州 / 斡罗思州及居民 / 黑海口 / 西鞑靼国王 / 旭烈兀与别儿哥之战 / 脱脱蒙哥成西鞑靼国王 / 脱脱征讨那海

第一五七章
自此叙述印度之奇事及风俗

上述众多州城王国已讲述完毕，现在我们离开这里，介绍奇妙的印度。商人乘大船经印度洋进入印度。船只大多以杉木或松木建造，有一层甲板，甲板上通常有六十个小房间（根据船身大小增减），供商人舒适居住。船上有优良大舵，还有四根桅杆和四张帆。根据天气变化可增加两根桅杆和相应船帆，不用时再收起。有些大船的船舱被结实木板分为十几格，这样如果船只撞上岩石或觅食的鲸鱼（这种情况经常发生，因为夜间航行的船在鲸鱼附近驶过，会激起水波，闪闪发光。鲸鱼以为有食物，就迅速冲过来，撞到船身），船板破损进水，水手就可以把漏水那格的货物搬走，淘干水后修理漏洞，而其他格子有木板隔离，不会进水。船修好后，再把货物搬回去。船板用优质钉子钉在一起，两块木板叠加，但不涂沥青，因为当地人不知有这种东西。他们把生石灰和亚麻捣碎，与树脂混在一起，黏稠如粘鸟胶。他们用此物涂船身，起到沥青的作用。船身大小不同，所需水手人数也不同，一般需150至300人。它们的载货量比我国船只大得多。昔日船只比现在更大，但因为海上风浪破坏了几处海港，大船很难停泊，因此船身逐渐变小。现在的船每艘能载五六千筐胡椒。船只经常配备大桨，每柄须水手四名划动。大船装卸货物时须大型交通船，有时一艘能运一千筐胡椒，或40至100名水手，有时还可同时运载桨和帆。用桨划船时，船员也经常会用缆绳牵引大船；若风斜吹，水手们会升起帆，因为小船的帆会比大船的帆鼓风更满，带动缆绳，拖动大船；若风直吹，大船的帆就会鼓满风，挡住小船的帆，抢在小船前面。每艘船配备两至三艘大交通船，规模不一。就算其中较小的，也需要花相当多的时间来抛锚、捕鱼、等待大船。在深海航行时，所有交通船都被绑在大船船舷上，如果必要，它们会被放进水中，拖动大船。每艘船都配备水手和船帆，以及水手需要的一切。此外，大型交通船也会配备运载小船。大船远洋航行归来，或航行了一整年后，就需要维修保养。此时人们在上述两层木板外，再加厚一层，达到三层，用上述的黏稠混合物涂遍船身。次年修理时，再加厚一层木板，直至六层方止。此后该船就不再做远洋航行，只在天气晴好时在近海航行，而且不可超载。最后再无法航行，再没有利用价值时，人们就将其拆开。船出海前，人们会预言此行是否一帆风顺。大风起时，船上水手用柔韧木条扎成风筝，每个角和每条边都绑上一根绳子，八根绳子的另一端结在一根长绳上。然后他们找来个疯子或醉汉，将其绑在风筝上。之所以找这种人，因为若此人头脑清醒——无论聪明与否，都不会做这么危险的事。大风来时，人们抓住长绳，将风筝逆风高高放起。如果它下沉，人们就把绳子拉紧些；如果它直冲云霄，人们就放出长绳，直到风筝高得看不见。要是风筝能飞得很高，就预示着此行会一帆风顺，而所有商人就会争抢着要搭乘此船。要是风筝飞不起来，人们就说这船遭了霉运，不愿搭乘。当年它就只能泊在港口。我已经描述了商人往来印度洋所乘船只的情况，它们在印度洋和印度群岛之间运送大量货物。现在我们离开船舶，谈谈印度本身。但首先我想告诉你们，在我们现在所处之海洋中有许多印度岛屿[1]，位于上卷所述地区的东方。我们先来介绍其中的日本国（Çipingu）岛。

第一五八章
日本国岛

日本国是东方海中一大岛，距蛮子州1500英里。岛上人白皙美丽，举止得体。他们崇拜偶像，有自己的国王，不臣服于别国。该岛盛产黄金，储量不可估计。国王禁止外来人带走黄金。此外，因为距离实在太远，且岛上物产丰富，商贾等人不会由大陆乘船去岛上。因此岛上人虽坐拥大量黄金，却无处可用。该岛国王宫殿是伟大奇迹。他拥有无数黄金，于是用金箔贴满整座宫殿，就像我们用铅覆盖住宅和教堂一样。此宫殿造价之高不可

---

[1] 波罗所说的"印度岛屿"实际指包括日本在内的东海中岛屿，而上述船只也为中国船只。

想象，世上也没人能够买下它。王宫正殿和房间的地板皆为厚两指的金砖所铺，大厅和窗户等所有其他部分都以黄金装饰。岛上盛产白色珍珠，也有红色珠——圆而大，美且贵，其价格与白珠相等，甚至更高。岛上居民死后有土葬，也有火葬。土葬者口中必放一颗珍珠，是当地习俗。此地还有很多其他宝石。无人知该岛多富有。有人将此岛情况告知无比尊贵富有的忽必烈汗，他打算将此岛纳入自己治下。他派两位智勇双全的名将阿巴罕（Abacan）和范参真（Vonsamcin）率大批骑兵步卒，乘船来攻占此岛。他们领旨出征，来到上文所说的刺桐港，准备大量船只军备，从刺桐城和行在出发，航行多日后终于抵达该岛。他们弃船登陆，占领了大片平原和许多村庄，但还没攻下任何城镇或要塞。就在这片平原上，不幸的事发生了。两位将军间发生龃龉，分道扬镳。当时北风大起，因该岛沿岸港口不多，大受影响。

狂风肆虐，诸将领认为船只经不起风暴，于是扬帆起航，离岛出海，一人不留。航行约四英里后，风愈大，船只互相撞击，大部分被毁。只有那些分散航行的船只幸免于难。他们发现附近有一小岛，荒无人烟。那些能抱住船板，游到小岛上的人逃得性命；还有船被风吹到岸边撞毁，士兵被困在岛上，其他无法到达小岛的人全部遇难。风停雨息后，两位统帅带着幸免于难的船只来到小岛，载上百夫长、千夫长和万夫长等军官，扬帆回国——幸存船只太少，无法带走所有人。有三万人在岛上避难，离日本国很近，但都认为面前是死路一条。虽然他们侥幸逃脱风暴，但岛上没有食物武器，也没有人谋划，他们无法安全到达港口。他们见幸存船只掉头回国，似乎不会再回来救自己。事实也确实如此。现在我们不谈那些乘船安全离开的人，回到小岛，看看那些认为已无路可走的士兵。

第一五九章
海难余生之大汗军队夺取敌城

岛上的三万残兵见不到生存希望，认为自己必死无疑。他们愤怒悲伤，不知该如何是好。岛上人见敌军部分溃逃回国，部分困在孤岛，欣喜若狂。风暴一平息，就有大军做好准备，全副武装，登船起航，乱哄哄地、毫无组织地驶向小岛，打算全歼岛上敌人。那三

万人见敌人来袭,就躲进港口附近的树林。他们见敌军无所畏惧地下船,船上无人看守,于是想出一计。岛中央地势很高,敌军攻打过来时,他们装作败退,从岛的另一侧转过去,躲过敌军视线。他们迅速赶到敌船上,见船上无人,就立刻上船。这很容易,因为敌军还在朝他们佯败的方向追赶,没想到他们已经绕回来了。他们立刻扬帆离岛,勇敢前往敌方大本营。船上还飘扬着岛王旗帜,而都城守军以为是自家船队和士兵,于是打开城门迎他们进城。城中没有男子,只有老人妇孺。于是他们赶走城门守军和城中所有人,只留漂亮的年轻女子在城中伺候自己。这样可以节省城中粮食,支撑更长时间,同时也可以避免城中人反抗。就这样,大汗军队占领了这座城市。岛主和岛民见鞑靼人得以逃脱,而自己失去了城市和军队,落得这样下场,十分痛苦,悔不当初。他们知道都城被攻陷,男子被驱逐出去,女眷被留下来,觉得是奇耻大辱。尤其是国王,他认为自己犯下如此大错,不是因为敌人强大,而是因为自己行事鲁莽。然而有勇敢岛民鼓励国王说,现在不是哀叹的时候,也别胡思乱想,先要杀敌报仇。因为船只太多,而鞑靼军队只有三万人,没能驶走所有船只。于是他们驾驶余下船只回到本岛。国王从周围其他岛屿召集所有军队,把鞑靼人和岛上妇女围在都城中,无人能出入。大汗军队占领此城七个月,夜以继日地为告知大汗此事而努力,好让他派来援军,但信使不得出城。岛军围城不懈,这样鞑靼军就无法报告战况给大汗。所有鞑靼信使都落入遍布各地的强大岛军手中。鞑靼人不停袭击岛军,重创对方。但最后他们发现自己无法达到目的,同时城中开始缺粮,于是他们只能谨慎从事,与围城的岛军达成协议。他们投降保命,但许诺终生不离开该岛。多年未经战争的岛民深受战争折磨,自家妻女还落入敌军手中,因此他们再也不愿动仗。他们见鞑靼人愿意把家园和女眷还给自己,非常满意,所有人都异口同声要求国王按照上述条件议和。于是双方休战,此城又回到岛王手中。此事发生1269年。话分两头,那部分鞑靼军队逃回国后,大汗知道两统帅不和,就立即砍掉其中一人的头,把另一个流放到名为主儿扯的荒岛上。岛上尽是犯了重罪的犯人,他最后死在岛上。人们用刚剥下来的牛皮将他裹紧,密密缝之。牛皮干后会缩紧,他被束缚其中,无法动弹。他没有食物,只能蠕动着吃地上的草，最后死去。大汗这样残忍地对待他们，是觉得他们的表现太糟糕。我再给你们讲一件发生在此次远征中的奇事——此前我忽略了它，但我觉得它值得一提。鞑靼军队最初在大岛登陆，占据大片平原，唯某堡中守军不愿投降。于是攻下城堡后，两位统帅命令将他们全部枭首。军士们照办，但其中有八人不受刀剑之伤。于是鞑靼人剥光他们衣服检查，发现每人右臂的皮肉之间都嵌了块石头。这块石头被魔鬼施过法，佩戴它们的人不会被铁器伤害。统帅们搞清这一点后，就用粗木棒将他们打死，又从他们手臂上取下石头，珍藏起来。我已经讲述了这场战斗，以及大汗军队的窘境，现在我要谈谈偶像教的情况。

第一六〇章
偶像之形式

契丹州、蛮子州以及印度群岛的偶像同属一种风格：有牛头、猪头、犬头、羊头者，一头四面者，三头（其一正常，肩上另有两个）者，双肩生眼者，四眼四手者，十眼十手者，百眼甚至千眼者（在蛮子州，千眼偶像最受人尊敬）。基督徒问拜偶像者，为何偶像有如此多不同形态。他们回答说：祖辈相传，我们也将如此传给子孙后代。他们能用魔法控制偶像。其行为古怪而邪恶，本书不便提及，因为向基督徒讲述这种实在太邪恶可憎，听者很难相信。所以我要讲关于他们的其他事情。这些岛屿上的崇拜偶像者会劫走敌人，命其家人来赎。如果无力赎回，那么抓住他的人会请亲朋好友到自己家，杀掉他，煮熟他的肉请大家吃。人人都说这是世上最美味的食物。现在我们来谈谈别的。上述岛屿被称作秦（Cin）海，临蛮子州，因当地语言中，"蛮子"即"秦"。秦海在东方和东南方之间，极广阔，有7448座岛屿。有聪明领航员和水手仔细调查过那些岛屿，说大部分都有人烟。他们日日在这一带航行，非常了解那些岛屿，所以这个说法应该靠得住。那些岛屿上生长着芬芳树木，如上佳之沉香木。此外，还有多种珍贵香料，如雪白胡椒（也有黑胡椒和生姜）只盛产于此处。西方人对此处一无所知，所以没有哪种胡椒能传到西方。黑胡椒在西方更易获得，价格也更低。这里盛产黄金和珠宝，当地人善于采珠。黄金、香料等贵重物品的价格极其昂贵。来自刺桐港或行在的商船若能到此，都能获巨利。来往一次需一年，因冬夏吹不同方向的风，船只可顺风来去，冬往夏回。此地离印度遥远。此海虽名为秦海，实则为大洋。它之所以叫这个名字，就像英吉利所临之海名英吉利海，而罗塞勒（Rocelle）海和爱琴海因其所临之州或国家命名一样，但上述所有海洋都是大洋的一部分。此处过于偏僻，再无可述之事，且其不在大汗治下，也不向大汗纳贡。现在我们回到刺桐城，继续我们的话题。

第一六一章
小印度和占巴国

从刺桐港出发，顶着西南风航行1500英里，穿越名为海南（Cheynam）的大海湾。海湾长两月程，船沿行其北境。此地一侧接蛮子州东南部，另一侧与阿木和秃落蛮州等上文提到的地区接壤。海湾中有无数岛屿，几乎都有人烟。河流入海口有大量沙金，此地也盛产铜。各岛物产不一，岛民彼此交易，也向大陆人出售金铜等物，并买回所需的东西。大部分土地都产粮食。海湾太大，人烟稠密，看起来像是另一个世界。闲话少说，从刺桐城出发，航行1500英里，横越此海湾，抵占巴国（Ciamba）。此国面积广大，物产丰富，人民自有语言，崇拜偶像。该国每年都向大汗上贡20头大象和无数沉香。我要讲述其国王为何向大汗纳贡。1278年，伟大的忽必烈汗派将领萨合都（Sogatu）征服该国。萨合都率大批步兵骑兵出征。占巴国王年纪很大，不怕战争，也没想到会有大军。他兵力不如大汗军队，正面战场不可能取胜。但他命人民撤退到岛屿、城池和要塞中，勇敢自卫。城墙非常坚固，所以他们毫不惧怕。但平原上的所有住宅、村庄和树木被大汗军队破坏殆尽。国王见敌军在自己土地上大肆蹂躏，非常痛心，马上派使节面见大汗求和。使者见到大汗，对他说："陛下，我们国主占巴王向您致敬，尊您为他的主人。他年事已高，时日无多，希望能平静地度过余生。他的国家长期以来都和平安宁，现在的乱象使他非常痛苦。他向您保证愿意奉您为主，愿意每年上贡大象和沉香。只要您愿意，他就俯首称臣。如果您命令大军离开占巴国，不再蹂躏它，他将立即听从您的命令，绝不食言。"大汗听到老国王的意思，非常同情对方，立刻命将军萨合都离开占巴，征服别处。大军立刻离开，于是占巴国王从那时起，每年都会上贡给大汗20头该国能找到的最美的大象，还有大量象牙。就这样，占巴国成为大汗属国，上贡大象。这件事就讲到这里，接下来我要谈谈占巴国王本身及其国家。当地风俗是，漂亮姑娘嫁人前，必须先经国王检视。若国王喜欢她，就纳她入宫；如果国王看不上她，就允许她结婚，并赐她嫁妆，这样她就能找到个体面丈夫。1285年，马可·波罗就在该国，此等风俗是他亲见。国王共有子女326人，其中有150余人能披甲上阵。国中盛产大象、沉香和乌木（一种黑色昂贵的木材，可用来制作黑棋子和墨水瓶）。此外再无别事可提，我们从这里出发，去爪哇岛。

第一六二章
爪哇大岛

离开占巴国，向南方和东南方之间航行1500英里，至爪哇岛。熟悉它的水手说这是世上最大岛屿，周长3000余英里。它属于一位伟大国王，居民崇拜偶像，不向别国纳贡。岛上物产丰富，有胡椒、肉豆蔻、高良姜、荜澄茄、丁香等种种美味香料。无数商船来此岛购货，当地人获利颇丰。此岛是一宝地，无人知其蕴含的财富有多少。但因路途遥远危险，大汗始终没能征服它。来自刺桐城和蛮子州的商人在这里大大获利，该岛香料行销世界各地，占市场大部分份额。此岛再无值得一提之事，我要谈谈其他岛屿情况。

第一六三章
桑都儿岛和昆都儿岛

从爪哇岛出发，向南方和西南方之间航行700英里，会发现两个岛屿，一大一小，分别称为桑都儿岛（Sondur）和昆都儿岛（Condur），荒凉无人烟，无事可提。所以我们继续前行，向东南方航行约500英里，至一州名苏哈惕（Lochac），土地肥沃，大而富庶，属于一强大国王。当地居民崇拜偶像，自有语言，不向别国纳贡。该州地理位置偏僻，没有敌人能侵略他们。如果大汗能派军到达那里，他会欣然将其纳于治下，因为他酷爱派军四处征伐。该州广植苏木，果实像柠檬，非常美味。此地还盛产麝香、乌木和黄金。黄金储量极丰富，未目睹者难以相信。当地产大象，以及大量鸟兽供狩猎。此外，世上其他地区用作货币的海贝都产于此国。此地多山区荒野，少有外人来此，其国

（Malaiur），大而尊贵。该国自治，国民自有语言。麻里予儿城盛产香料，商贸繁荣，香料交易活跃。此外没有别的事情值得一提，我们从这里出发，去小爪哇岛。

第一六五章
小爪哇岛

从朋丹岛出发，向东南方航行约100英里，可至小爪哇岛。虽说与上文所述的"大"爪哇岛相比，它面积较小，但实际它并不小，周长最多2000英里。岛上有八国，我马可去过其中六个：分别是八儿刺（Ferlec）、巴思马（Basman）、苏门答腊（Sumatra）、淡洋（Dagroian）、南巫里（Lambri）和班卒儿（Fansur）。八国有八王，都独立统治自己国家，各国自有语言，但岛民都崇拜偶像。岛上物产丰富，都极昂贵，如沉香、苏木、乌木、珠宝黄金等。因路途漫长，困难重重，它们从未输入大洋彼岸的我国，但行销蛮子和契丹州。现在我要一一介绍各国奇妙的风土人情。该岛位置偏南，在那里几乎看不到北极星。我要从八儿刺国讲起。国人曾崇拜偶像，但有不少萨拉森商人常坐船来此，受其

王也不欢迎外来人，因为不想别人知道该国宝藏和其他情况。现在我们来谈谈别的。

第一六四章
朋丹岛

从苏哈惕出发，向南航行500英里后，可至朋丹（Pentan）岛。它地理位置偏僻，岛上尽是山脉，盛产香味浓郁、硬度高、价值极高的木材，以及樟脑。不远处还有两个岛屿，相距约60英里。此外无其他事情值得一讲。我们离开这里，在两岛间航行，不少地方水深只有四步，大船必须抬起舵，有时还需要用纤绳拖船。航行完60英里，再往东南向航行约30英里，可抵一岛国名朋丹，其都城名麻里予儿

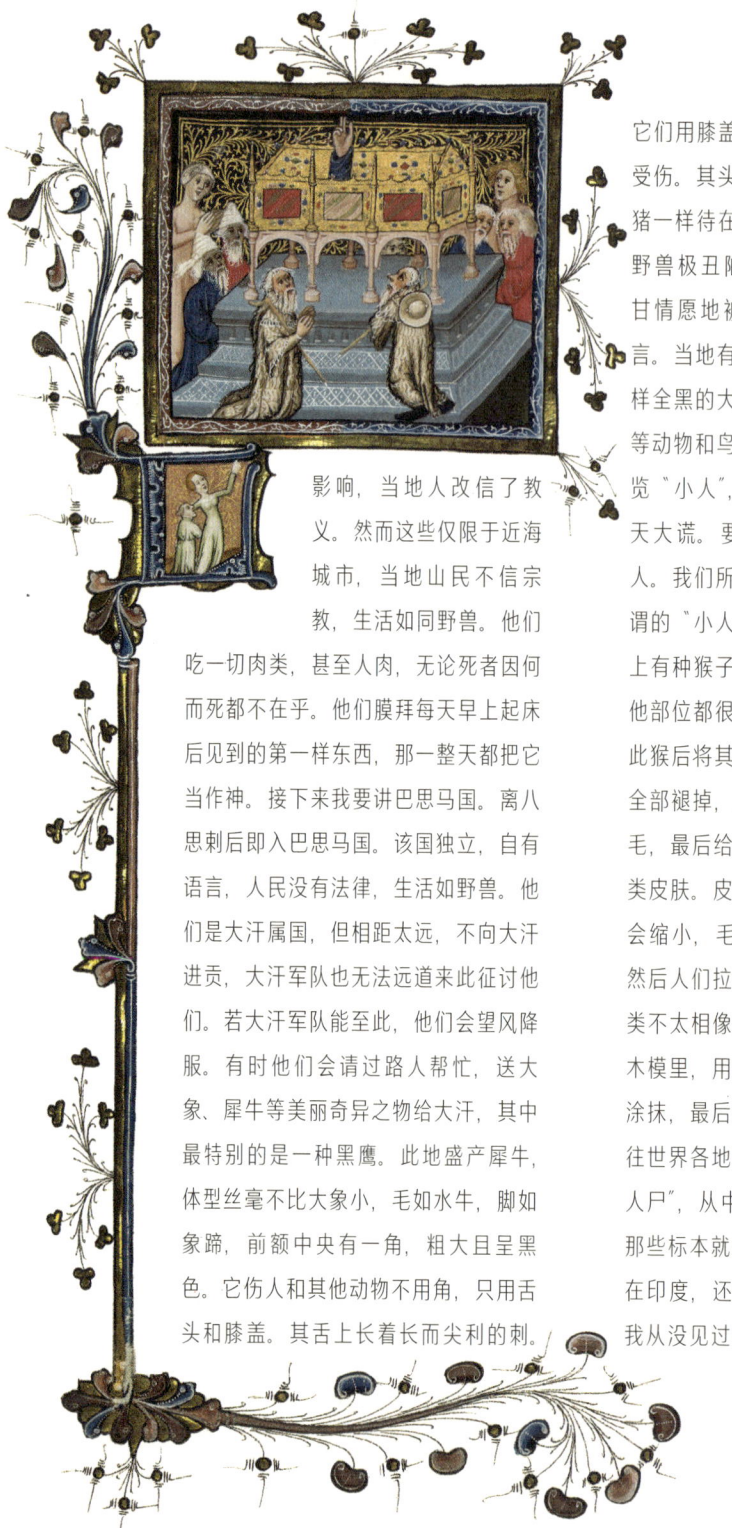

影响，当地人改信了教义。然而这些仅限于近海城市，当地山民不信宗教，生活如同野兽。他们吃一切肉类，甚至人肉，无论死者因何而死都不在乎。他们膜拜每天早上起床后见到的第一样东西，那一整天都把它当作神。接下来我要讲巴思马国。离八思刺后即入巴思马国。该国独立，自有语言，人民没有法律，生活如野兽。他们是大汗属国，但相距太远，不向大汗进贡，大汗军队也无法远道来此征讨他们。若大汗军队能至此，他们会望风降服。有时他们会请过路人帮忙，送大象、犀牛等美丽奇异之物给大汗，其中最特别的是一种黑鹰。此地盛产犀牛，体型丝毫不比大象小，毛如水牛，脚如象蹄，前额中央有一角，粗大且呈黑色。它伤人和其他动物不用角，只用舌头和膝盖。其舌上长着长而尖利的刺。它们用膝盖压住人，然后舔对方，使其受伤。其头如同野猪，总俯首向地，像猪一样待在泥沼、湖泊、森林中。这种野兽极丑陋，极肮脏，据说它们会心甘情愿地被处女捕捉，但这不过是谣言。当地有各种猴子，还有许多乌鸦一样全黑的大鹰，行动敏捷，常捕捉猴子等动物和鸟类。我国有时能看到有人展览"小人"，称其来自印度，那真是弥天大谎。要知道，没人见过活着的小人。我们所见的遗体并非人类，那些所谓的"小人尸"正是在此岛制作。此岛上有种猴子，体型极小，面部和身体其他部位都很像人类。所以当地猎人捕到此猴后将其杀死煮熟，用药膏把其毛发全部褪掉，只在下巴和胸口植入几撮长毛，最后给皮肤涂色，使其看起来像人类皮肤。皮肤干燥后，植入毛发的毛孔会缩小，毛发就像是自然生长出来的。然后人们拉长或削去猴子的手足等与人类不太相像的肢体，把猴尸晒干，放在木模里，用盐、藏红花、樟脑等防腐物涂抹，最后卖给商人。商人把这标本带往世界各地展示，骗人们说这就是"小人尸"，从中取利。这就是个巨大骗局，那些标本就是以上述方式制造的。无论在印度，还是在其他更为蛮荒的地方，我从没见过那么小的人类，也从没听说哪里有。巴思马国就讲到这里，我们来看看苏门答腊国。

第一六六章
苏门答腊国

离开巴思马国境，即至苏门答腊国，我马可·波罗和同伴曾因逆风不停，在此逗留五个月。这里看不见北极星。国民野蛮，崇拜偶像；国王富有强大，臣属于大汗。在逗留的五个月期间，我们带着两千人弃船登陆，在陆上建了五座木楼，还挖了一条大沟，沟的两端都在海边，以此防备野兽和喜食人肉的土人。但岛民过去常与这些人交易食物等东西，彼此信任。这里盛产世上最好的鱼和稻米，但没有小麦，也不产葡萄酒。此处有种奇树，他们想喝酒时，就砍断树枝，酒就从树枝断口滴下来。人们把大瓮绑在树上接酒，就像接藤条流出的液体一样。树枝滴酒很快，一天一夜就能注满容器。这种酒非常好喝，不逊色于我国的酒，还能治疗水肿、咳嗽和脾病。树高如小枣树，通常分四枝，每年某个时间当地人会砍断其中一枝。容器接满，人们就把它倒空，再放回去，一连几天。树枝不再滴酒后，人们以水渠从溪流中引水来浇树根。很快树枝又开始滴酒。此时的酒不像之前那样呈红色，但更清澈，口感和自制的白葡萄酒一样好。此处盛产椰子，大如人头，其味甚美。椰子中有椰汁，味道像葡萄酒或糖浆。当地人除此之外，不喝其他饮料，也不爱吃任何肉——无论干净与否，柔嫩与否，都不爱吃。该国没有其他值得介绍的，我现在要谈谈淡洋国。

第一六七章
淡洋国

离开苏门答腊，即入淡洋国。该国也位于此岛，地位独立，自有国王和语言。国民野蛮，臣服于大汗，崇拜偶像。我首先要讲当地的邪恶习俗。有人病倒，就立刻召来亲戚，亲戚又派人去请法师，请其查看病人能否康复，还是会死于这种疾病。法师施法后，说通过自己法力，以及神明的美德，已经知道病人会康复还是死亡。但别信他的话，因为这是来自恶魔的信息。如果他说病人可以康复，那么亲戚就会离去，任病人自愈；若法师说病人将不治，死于某种疾病，亲戚就派人去请专门的刽子手，告诉他这个病人活不长了。这些刽子手知道如何轻易且不流血地杀死病人。他们按住病人，堵住他的嘴，让他窒息而死。死后大家将其肢解煮熟，所有亲戚分而食之，美餐一顿。他们甚至会吸干所有骨髓，不留任何水分或脂肪，免得它腐烂。因为他们说，如果有骨髓残留，腐烂后会生出蠕虫，而蠕虫最终会被饿死。若它们饿死，死者灵魂就会受到严厉惩罚，因为有如此多的灵魂从他的身体中诞生，却又灭亡。因此他们将死者身上脂肪全部吃掉，此后将骨头放进漂亮石匣，挂在山中大洞里，免得被恶人或鸟兽侵犯。此外，该国人会劫走外邦人，如果俘虏无法自赎，就会被杀死吃掉。这是一种恶习，可以看出该国人本性残忍邪恶。该国再无别事可谈，我们来看看南巫里国。

第一六八章
南巫里国

离淡洋国境即入南巫里国。它自有国王及语言，臣属于大汗。国民崇拜偶像。此地广有苏木，也有樟脑等种种珍贵香料。当地人种植苏木，待幼株发出，就将其挖起移植别处，生长三年。然后再将其连根挖起，再种植几次。他们也这样出售苏木。马可·波罗阁下曾将苏木携至威尼斯种植，但因环境过于寒冷而未能成功。此国中还有一样奇事：有国人生尾，尾长一掌多，无毛，粗如狗尾。这种人住于山中。当地产犀牛等奇异动物，也有大量鸟兽供狩猎。该国除此之外别无可述，我们去下一个王国班卒儿。

第一六九章
班卒儿国

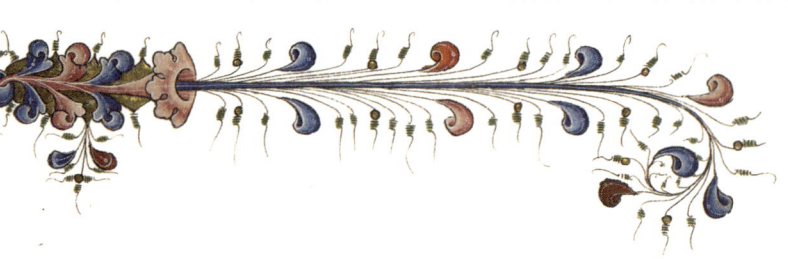

离南巫里国，即入班卒儿国。该国自有国王，崇拜偶像，名义上臣服于大汗，也位于上述小爪哇岛。这里有世上最好的"班卒儿"樟脑，比其他樟脑都昂贵，可换同重之黄金。此地不生小麦等谷物，但有稻米，可与肉和牛奶共食。他们的酒像苏门答腊国一样，来自树上。另有一件奇事：此地树上能生面粉。有种两人合抱的老树，树皮很薄，木质厚约三指，其中满是面粉，像虫蛀之灰。当地人将这种面粉放进水桶，用棍子搅拌，谷壳就浮上水面，面粉沉入桶底。然后他们就可以把谷壳捞出来扔掉，再把水倒掉，留下面粉在桶底。他们用清水把面粉揉成团，做成饼——味道很好，就像我们的小麦饼一样。我马可·波罗亲眼看到这一切，也亲口吃过这种饼。我还带了些这种面粉回威尼斯做成面包，味道很像大麦面包。面粉树的木材沉重如铁，入水也像铁一样沉底。取出面粉后，木质仍有三指厚，可从头至尾直劈如竹，制成木矛。但木矛宜短不宜长，因为木质过重，太长的话会重到无人能使用。木矛一端磨尖，在火上烤一下，就可刺穿任何盔甲，比铁矛还顺手。该国再无可述。我已介绍了岛上六国，只余岛另一侧我未曾到过的两个国家。现在我们离开小爪哇岛，谈谈另外两个极小岛屿，一名加威尼斯波剌（Gauenispola），一名捏古朗（Necuveran）。

第一七〇章
捏古朗岛

从小爪哇岛和南巫里国出发，向北航行约150英里，会发现两个岛屿，一名捏古朗，一名加威尼斯波剌。岛上没有国王或岛主，岛民生活如野兽。无论男女皆赤身露体，毫无羞耻心。岛民崇拜偶像，不遵从任何法律。岛上长满贵重树木，价值奇高，出产檀香、丁香、苏木等数种香料，还有椰子、天堂果等果实。岛民从过路商人处买来约三厄尔长的漂亮毛巾和各色丝绸手帕，把它们挂在家中柱子上，作为珍宝和高贵象征，就像我国人珍藏珠子、宝石和金银器皿一样。他们并不使用它们，保留它们只为观赏。谁拥有更多更美的此类物品，会被认为是高贵伟大。再没有其他值得一提的事，我们离开这里继续前行，去案加马难（Angaman）岛。

第一七一章
案加马难岛

离开上述两岛向西航行，可抵案加马难岛，大而富饶。岛上没有国王，也没有法律和秩序。岛民崇拜偶像，生活如禽兽，没有房屋，一贫如洗。岛民的头、牙齿、嘴巴、眼睛和鼻子都像獒犬。他们生性残忍，抓到外邦人就杀而生食其肉。当地盛产香料。他们以稻米、苞谷和牛奶为食，还吃各种不洁的肉。当地有椰子、天堂果等许多我国没有的水果。岛屿周围洋流汹涌，海水极深，船只无法停泊或经过，怕洋流将其卷入海湾，再也无法出来。海啸吞噬了陆地，将树木连根拉进这个海湾。树木太多，盘根错节，误入海湾的船只会被它们挡住，进退两难。我已经讲完了这些奇怪的岛民，现在离开他们，去锡兰（Seilan）岛。

第一七二章
锡兰岛

从案加马难岛出发，向西航行约1000英里再转向西南，就会发现锡兰岛。它是现存世上最大的岛屿，周长大约为2400英里。在古代它还要大得多，根据在这片海域活动的优秀水手记载，它的周长曾为3600英里。但有猛烈北风刮过，使岛屿很大一部分被水淹没，所以其面积远不如昔。北风吹过，使其地势低而平坦。若有人乘船从公海过来，从远处看不到岛上陆地。岛民崇拜偶像，自有语言。其国王称为桑德满（Sendernam），不臣属于任何人。岛民无论男女，终年赤身裸体，只以布料遮盖下体。岛上只出产稻米和芝麻。他们以芝麻榨油，食用牛奶、肉（来自猎物和人类）和大米。岛上也有上文所说的树木中产的酒。当地广有苏木，质量为世上最优。此外这里也出产宝石，如世上质量最好的红宝石、蓝宝石、黄玉、紫水晶、石榴石等。该州国王拥有世上最美丽、最大的红宝石，长约一掌，粗如男人手臂。这真是最令人震撼的奇物。而且它没有任何瑕疵，红如火焰，价值连城，虽金钱也难买到。忽必烈汗听说国王有这红宝石，于是派使者去见他，表示自己想买这颗红宝石，如果他能献给自己，愿以一城池，或他想要的任何东西相赠。锡兰国王回答说，这宝石是祖传的，自己不会为世上任何东西放弃它。数代祖先传承至他手，他理应将它传给子孙后代。如果他将其送给别人，他会觉得极为羞愧，面上无光。他求大汗不要为难他，他是绝对不会同意的，因为这宝石是他的镇国之宝。使节听到他的回答，两手空空地回来见大汗。我马可·波罗当时也是使节之一，亲眼看到了上述红宝石。它有国王眼睛与嘴之间的距离那么长，一手无法掌握。岛民懦弱卑鄙，不习战事。但若国王要与别国交战，他会付钱去找异邦雇佣兵，尤其是萨拉森人。此岛再无别事可以提及，我们继续向前，去马八儿（Maabar）州。

第一七三章
马八儿大州

离开锡兰岛,向西航行约60英里,即至大印度的马八儿州。它不是岛屿,而是半岛,与大陆相连,是世上最高贵富有之一州。该州有五位国王,都是亲兄弟。半岛极端之国的国王名宋达儿班第答瓦儿(Senderbandi Devar),其治下出产美丽大珠和珍贵宝石。接下来我要讲当地人如何采珠,以及如何开采宝石。此州所临海中,有海湾位于半岛和大陆之前,海水深仅10至12步,有的地方甚至不超过2步。这里出产最好的珍珠。几名商人合伙,事先订好协议,准备一艘专门用来采珠的大船,船上每人有一房间,房里有盛满水的大缸和其他必要物品。然后他们乘船带锚,于4月初找到珠贝聚集之处,即位于大陆的别帖剌儿(Bettala),从此处向正南航行60英里即入海湾。他们在湾中抛锚,离开大船,登小舟采珠。有很多商人从事采珠,于是他们合伙,购买了许多类似大船。每艘大船上又有许多小船,可拖动大船驶过海湾。商人们雇用许多游泳好手和聪明的采珠人,按月付酬。也就是说,在整个4月和5月,一共付他们某个数目的酬金。此外,海湾中有许多大鱼,会咬死下海采珠人。但商人事先做准备,他们请来被称为"婆罗门"的法师,施法控制和麻痹那些大鱼,免得它们伤人。采珠须在白天进行,所以法师白天布下禁咒,晚上再破解,防止有人趁商人不在时,偷偷下海采珠。这样一来,因为害怕大鱼,小偷就不会趁夜晚行动。除了商人雇用的婆罗门,没人知道如何施法。采珠商人须将所得珍珠的十分之一交给国王,再送些(二十分之一)给法师。此外,那些婆罗门也知道如何控制飞禽走兽。船只下锚,泊于湾中,采珠人下小船,潜入深4至12步的海水中,尽量待在水下,实在忍不住时才会上来换气,然后再潜入水底,终日如此。海底有珠贝,大小不一。他们取来珠贝,放于系在身上的小袋子里。这些珠贝之壳从中间分开,人们把它们放在上述船中装满水的缸中,珍珠就结于珠贝肉中。珠贝之肉在水缸中分解腐烂,白如蛋清,漂于水面,干净的珍珠则沉于缸底。这就是采珠的全过程。此海湾中珍珠产量最多,数目不可统计,大多圆而明亮,行销世界各地。此处国王对采珠业课以重税,聚敛了大量财富。5月中

旬采珠结束，此时湾中再找不到珠贝。距此处约300英里也有一处产珠，当地人于9月中旬到10月采珠。马八儿州居民崇拜偶像，自有语言和国王。此州气候全年温和宜人，全境无裁缝制作衣服。居民无论男女，一年四季都赤身裸体，仅用一小块布或皮革遮盖私处。国王也像其他人一样赤身露体，只佩戴饰品显示王室尊严。他戴一只宽大的金项圈，上面镶满大而美丽的珍珠宝石，如红宝石、蓝宝石、祖母绿等。所以此项圈价值连城。此外，他还戴一条由104颗漂亮大珠和上好红宝石串成的项链，就像我国女士佩戴的项链一样。这104颗珠宝起到念珠的作用。每天早晚，国王都要向偶像念104遍祷词，这是他们祖辈相传的习俗，所以他要戴这项链用于计数。此外，国王还戴三只金臂钏，上镶最昂贵的大颗宝石珍珠，以及类似的三只脚环。他佩戴的珠宝之多，令人瞠目结舌，无人知道它们的实际价值，也许可以买下一座富庶城市。这些宝物都是他国中出产的。国王严禁人偷运宝石，或重半萨齐之上的珍珠出境。他这样做是想把昂贵珠宝都控制在自己手中。他每年都多次命令岛民将采到的美丽珍珠和宝石带到宫中，他将以双倍价格收购。(当地习俗，所有优质宝石的价格都要比成本翻一倍。) 于是商人百姓找到优质珠宝时，都会欣然送到宫中，换取高额报酬。所以他才能拥有这么多昂贵珠宝。此外，他共有500妻妾，因为一旦看到美丽女子，无论婚否，他就会纳她入后宫。国中女子都非常美丽。他做过一件很不应该的事：他见自己的弟媳美丽，就抢其入宫，强留多日。其弟谨慎，没表现出任何不满，也不与其争吵，只是默默忍受，但之后因此多次挑起战争。两人母亲就露出胸口，说：如果你们还不讲和，我就把滋养过你们的乳房割掉。于是争端就这样解决。这国王还有一件奇事：他身边有几位受宠贵族，被称为他的忠实跟班。他们在宫中侍奉国王，出则与国王并辔，在国中权力很大，地位极高。国王死后火化时，有许多人围观，这些受宠贵族都要自愿投身入火，一起赴死。国人认为，既然他们在这一世侍奉国王，就应该随国王同去，在彼世继续侍奉他。国王既死，其子不敢擅动其宝库，而是妥善保管。他们会说：我拥有父亲所有土地人民，可以像父亲一样从中获利。如果我愚蠢软弱，不能像父亲一样聚敛同样多的财富，那就真是不肖子孙了。于是，每任国王都不会动用这个宝库，而是将它代代相传。正因为他们有这种想法，历代国王的珍宝都被保存在宫中，以资纪念；而代代国王都善能敛财，于是该国国库极充盈。该国不产马，因此每年大部分税收都用于购买良马。来自忽鲁模思、怯失、祖法儿（Dufar）、琐哈儿（Scier）、阿丹（Aden）等产良马之州的商人将好马装上船，运来卖给这位国王以及他的四位兄弟。每匹马价值500萨齐黄金，合银马克百磅有余，根据马匹具体情况不同，售价稍有浮动。仅该国国王每年就购入2000余匹马，其兄弟购买马匹数与之不相上下。此外，各国贵族也要买马。但到了年底，也许是由于此地水土不适合马匹，也许因为当地马夫不善于养马，这2000余匹马中往往无一存活。贩马商人不会带马夫去那里，也不允许马夫自己去那里，因为他们希望国王马匹快点死尽，这样就可以每年把马卖给国王，从中获取巨大利润。他们每年从海上运马来此，生意红火。我还要讲讲该国另一习俗，若某人犯死罪，他会对国王说，愿自尽以表达对某偶像的尊敬，而国王也会欣然同意。于是其亲朋好友置其一轿中，把12柄锋利的剑或刀绑在他脖子上，带他在城中游行，

高喊："此人勇敢，崇拜某偶像，要为其自杀。"到了自尽之处，死囚持刀大声呼喊：吾为崇敬某偶像而自尽。然后取一刀穿臂，再取第二刀穿另一臂，又取第三刀剖腹。每动一刀，他就重复大喊那句话。最后一刀有双柄，他将其放在脑后，猛地向前拉，断首而亡。他死后，其亲属会欢天喜地将其尸体火化，认为他非常幸运。该国男子都尽可能多娶妻子，丈夫死去火化时，其遗孀会按习俗投火自焚殉夫。国人认为，如果妻子爱丈夫，就要和他一同去彼世生活。那些不怕自焚的女子，以及最先投火的女子会受到赞扬和尊重。但不是所有女子都愿为丈夫殉葬，那些不愿如此做的女子会受千夫所指。当地人崇拜偶像，大多数人还崇拜牛，说牛能耕种土地，使谷物生长，是世上最好的牲畜。他们从不食牛肉，无论给多少钱也不愿杀牛。有一种族被称为果维（Gavi），能吃牛肉，然而也不敢杀牛。若有牛或意外死亡，而不是被人杀死，那么他们就吃它的肉。当地人用牛粪和着灰泥，涂遍所有房屋，说这样就能被神牛保护。当地风俗，上到国王贵族，下到平民，都坐在地毯上。外邦人感到奇怪：为什么要这样坐，不坐在更体面的地方？当地

人说：坐在地上才体面，因为我们生于土，死后也要归于土，必须尊重土地。据说是果维族人的祖先在很久以前杀害了圣托马斯（Saint Thomas），所以凡此族人，无人敢进入马八儿州某小城中圣托马斯的墓室。就算有二三十人，都不能强行把一个果维人拖进墓室。据说有人尝试过这样做，但果维人像钉子一样钉在地上，无论多少人都无法拖动他。这是基督为尊崇神圣使徒而创造的奇迹。国中只产稻米和芝麻，没有小麦等谷物，而且任何马匹都无法在此繁衍——当地人已多次证明了这一点。在此处，如两匹良马交配，所生的马驹体型小，腿脚扭曲，十分丑陋，一文不值。当地人上战场时全身赤裸，只带长矛和盾牌。他们毫无英勇之气，也不习战阵，卑鄙软弱。他们不杀野兽家畜食用。若想吃羊肉等，会请异教徒，如萨拉森人来帮他们杀牲畜。当地人无论男女，每天早晚都要沐浴，否则不进饮食。每天不洗两次澡的人会被别人视为异教徒，就像我们视巴塔里（Patarin）为异教徒一样。前文说过，大家平日都赤身裸体。他们就这样赤身裸体地去河边，把水泼在彼此头上，然后互相搓澡。他们吃饭时只用右手，不用左手触摸任何食物。他们用右手做所有"干净"的事，左手做令人不快，或"不洁"的事，如挖鼻孔、揩屁股等。他们只用杯子饮水，每人都有专用杯子，不用别人的杯子。饮水时，他们不把杯子放在唇边，而是举起它，把水倒进嘴里。他们也不会把杯子给陌生人喝水。但如果陌生人没有专用器皿，他们会把水或葡萄酒倒在对方手中，让对方以手为杯。该国对犯谋杀、抢劫等罪者判决严厉而审慎。关于债务，当地人有自己独特的风俗：如果欠债者被债主多次要求偿还债务，却不断拖延，而债主能够抓住欠债者并在他周围画个圆圈，欠债者就要待在圆圈中，直到他满足债主要求，或向债主就当天还债做出令人信服的抵押和保证为止。但若欠债人轻率地试图离开圈子，或者没能承诺债主当天还债，那么他将被处死，因为他伤害了债主的权利，违背了神明的正义。马可在回国时途经此国。他看到国王欠了某外邦商人的债，尽管商人多次提出要求，但国王托词不便，往往确定一个较迟的付款日期，延误了商人的生意。于是商人做好准备，在某天国王骑马路过此处时，用自己所有马匹把国王围在当中。国王只好勒马不前，直到偿还商人债务，才离开此处。围观者见此一幕，都非常惊讶,说:看国王是怎样服从正义的。这律法是国王所立,他不应因其对自己不利就违背它;相反,他必须遵守它,以做他人表率。当地人大多不饮葡萄酒。醉酒者或水手不可做证人或担保人。因为他们认为,酗酒出海的人心存死志,不以生命为意,其信用很值得怀疑。但他们不以自我放纵为罪。当地酷热难耐,因此土人终年赤身裸体。每年只有6月、7月、8月有雨。若没有雨季的雨水滋润空气土地,那么所有人都会死于高温,但雨季会带走酷热。当地有许多相士,善于相术,能看透别人的性情地位。当地人最重视预兆,那些相师非常了解遇到鸟兽是吉是凶,也能帮人预测未来。比如某人外出,碰巧在路上听到有人打喷嚏,就立即坐在路边,不再往前走。若对方再次打喷嚏,他就觉得这是吉兆,起身继续往前走;若对方不再打喷嚏,那么他就认为这是凶兆,坐着不动或起身回家,不再外出。他们认为每天中都有个凶时,例如星期一的3点30分、星期日的3点、星期三的9点等。这些凶时都被记录下来。他们还能通过人直立时的影子长度来计算凶时。某日某时,某人影子长7英尺,那么这就是凶时。时辰一过,这个数值随太阳升起或落下而被拉长或缩短,那么凶时就过去了。另有一天,影子长12英尺的那个时辰为凶时。在"凶时"中,当地人不做任何交易,也不做任何事。两人做生意时,会走到阳光下测量人影。如果人影达到特定长度,他们会立刻说:这是凶时,先等一下。等这个时辰过去,他们就会说:凶时已过,可以继续了。这事他们做起来非常谨慎,因为他们认为在凶时做事,肯定不会成功,也不会有好结果。当地人家里有蜘蛛,外形像壁虎。它们口中有毒,若有人触碰它们,就会被咬而中剧毒。这种蜘蛛会发出咝咝声,当地人以此为预兆。若做交易时,屋内有蜘蛛,买卖双方会根据它叫的方式——比如朝买方还是朝卖方,从左边还是从右边,从前面还是从后面,抑或是在正上方——来预测吉凶。如果是吉兆,他们会完成交易;如果是凶兆,就放弃交易。有时对买卖双方吉凶不一,有时则一致。他们就用这种方式决定自己的行为。他们是从亲身经历中总结出这些事的。该国中有婴儿出生时,父母都会立即记下他的生辰八字。孩子长大后,相师就可以据此为其预言吉凶。当地人相当迷信相师,凡事必向这类人请教。我已说过,这些人颇擅长星相学和其他魔法。年满13岁的男孩会被送走,不可再吃家里的饭。因为当地人认为,这个年纪应该自食其力,可以像成年人一样做生意谋利。父亲给少年20至24个格罗西或等值货币,让他们以此为本钱去做生意,旨在培养他们,让他们变得老练敏捷,习惯交易。

男孩子们也确实这样做:他们整日跑来跑去,在此处买入某物,又到彼处贩卖。采珠季节到来时,他们会跑到港口向采珠人购买五六颗珍珠,然后去找那些怕晒而躲在屋子里的商人,问:"您要不要买这个?我花了某个数额的钱买下的,您看着给钱吧,别让我赔本就行。"于是商人花较高价格买下他们的东西,然后他们又跑回去。或者他们找到商人问:"我要去买某物,您想收购吗?"他们在实践中学到很多东西,从而成为精明的商人。然后他们买吃喝带回家,让母亲为自己做饭,不必再让父亲供养自己。在这个国家以及全印度,除鹌鹑外,所有鸟兽都与我们西方的大相径庭。比如说,此处有蝙蝠(夜间飞行的鸟,无羽毛,外形类鼠),大如苍鹰。而苍鹰通体黑如乌鸦,体型比我国的大,飞行迅速,善于捕捉鸟类。另外,他们把熟肉、米饭等熟食喂马吃,不再给它们别的食物,所以马匹到了这个国家就活不长。当地寺庙中有许多男女偶像,有女信徒侍奉它们。父母把她们献给自己最崇敬的偶像,但她们仍住在自己家里。若有寺庙中僧侣召那些被献给偶像的女孩来寺庙为偶像做法事,她们都会立即过去,唱歌跳舞,举办盛大节庆,在偶像前铺开白布,摆上她们带来的饮食,献食物于偶像前,久之撤下,称偶像已食毕,然后自食。她们自己做饼,与僧侣们同食,用丰盛的筵席和欢笑取悦偶像,然后各自还家。举办这种活动的时间很长,足够地位尊贵的贵族从容进食。此类少女人数很多,而这种活动每月甚至每周都会有数次,直至少女嫁人方止。为何要这样取悦偶像?僧侣们说,男女神祇彼此不睦,互相发脾气,也不彼此讲话。若他们不和解,就不会再为我们赐福,一切会不可收拾。因此要召集少女们来寺院——她们赤裸身体,只遮挡下体——为神明唱歌跳舞。男女神明各据一殿,各有祭坛。当地人说,只有这样才能调节神明间的矛盾,使其和解。于是少女们来此,歌舞娱乐,以此取悦神明。她们问:神啊,您为什么生女神的气?她不漂亮,不讨人喜欢吗?希望您与她和好,并与她一起取乐，因为她是那么讨人喜欢。然后她们抬腿至颈，旋转跳跃，取悦神明。他们和解之后，她们就回家了。第二天早上，僧侣会宣布他看到神和女神重归于好，是个大喜事。于是所有人都高兴感激。该国国内，这样的女孩有很多。当地人用非常轻便的藤条编织成吊床，睡觉时就用绳子把床挂在房顶上。他们这样做是为了躲开上文提到的蜘蛛、跳蚤和其他昆虫的叮咬，同时也因为当地大多数时间都很热，吊床透气，可以乘凉。但只有富贵人家才这样做，平民睡在路边。此地国王治理国家很公道。比如，人们夜间外出（天气炎热，他们在夜间外出而不是白天），可能想睡觉。如果他随身带着贵重物品，可以将其当枕头，睡着后也不会被人偷窃。若真被人偷走，只要当时他睡在街上，就会立即得到补偿；若没有睡在街上，则得不到补偿。因为官府会说，除非你曾提议抢劫他人，否则你为什么不敢睡在街上？然后他会受到惩罚，损失也得不到补偿。马八儿州的风土人情我已讲了大半，现在我们离开它，跳过州中其他王国，讲讲木夫梯里（Mutifili）国。

第一七四章
木夫梯里国

离开马八儿，北上约 1000 英里，可至木夫梯里国。该国国王去世后，其贤明王后治理国家四十年。她一心怀念国王，对他极其尊重，因此不愿改嫁。四十年间，她治国极公正，尤胜国王在世之时。该国人民最爱戴敬畏她。此地居民崇拜偶像，不臣属于任何国家。他们以米、肉、奶、鱼和水果为食。木夫梯里国有许多巨大山脉，其中盛产金刚石。此地酷热，外邦人至此会被热死。冬天这里的降雨量很大，下雨时山洪奔涌呼号，严重破坏山体，将金刚石冲下山。雨停洪息后，人们可在山涧中找到金刚石。我马可听人说，夏天山上滴水皆无，若有人努力登上山顶，可找到许多金刚石。那些专门找金刚石的人住在山下小屋里。此时酷日当空，炎热难耐。山中奇热，因此大蛇及其他毒虫滋生不少，人若入山，要冒巨险。他们非常害怕，且常被毒虫所伤。但"不入虎穴，焉得虎子"，仍不断有人入山寻找金刚石。此外，毒蛇盘踞的洞穴里有许多金刚石，它们住在那里，就是为了保护宝石，使人无法拿走。于是当地人想了个办法。此处多山谷，深而陡峭，岩石从山峰延伸到谷底，没有人能到达谷底，谷底有很多金刚石。取金刚石者站在山顶，将最精瘦的带血的肉扔到深谷里，肉落在金刚石上，把它们粘住。山中有许多白鹰，以毒蛇为食。它们看到谷中有肉，就飞到谷底啄食，或抓住肉，飞到别处岩石、山谷边缘或树上吃。取金刚石者一直盯着它们的行动，一见鹰落下开始吃肉，就尽快赶去，在下方大声喊叫。鹰受惊，怕遭到袭击，扔下肉飞走。于是取金刚石者捡起肉，发现上面粘着无数金刚石。或者白鹰食肉时，他们会站在下方，观察是否有金刚石掉落。谷底金刚石多至不可思议，但人很难下到谷底，且谷底有毒蛇，非常危险。于是当地人就用这种方法取得金刚石。有时鹰会带着肉飞到没人能惊吓得了它们的地方去吃，把金刚石吞进肚里，但无法消化它们。于是当地人找到鹰巢，待白鹰晚上归巢排泄后，早上将鹰粪带走，其中也有不少金刚石。若他们能活捉鹰，就剖开其腹，取出腹中金刚石。这就是他们取得金刚石的三种方式。金刚石仅在此国出产，数量巨大，质量上乘，行销全世界。流入我们基督教国家的不过是被挑剩下的，绝大多数优质金刚石只会被呈到大汗，以及世上各国之国王贵族面前。他们拥有世上珍宝，购买所有珍贵宝石。我们国家中能见到的金刚石，不过是被他们挑剩下的劣品。金刚石就讲到这里。此外，木夫梯里国生产世上最美最薄的硬麻布，售价昂贵，很像莱茵河边的亚麻布。用它做出的衣物极华美，供应世上所有国王王后。该国盛产野兽，还有世上最大之羊。他们生活所需，样样具备。再没有其他值得一提的事，我们离开此国，去看看最神圣的使徒圣托马斯教长之墓。

第一七五章
使徒遗体所在的城市

使徒圣托马斯教长在马八儿州为基督殉道，其遗体在该州某小城中。城中居民不多，且无物可供交易，也没有行商到城中。此地偏僻，离海很远。然而出于对圣体的虔诚，许多基督徒和萨拉森人都去那里朝圣。之所以萨拉森人也去，是因为该国萨拉森人虔诚信仰他，说他是伟大先知"阿瓦连"（Avariun），法语中意为"圣人"。遗体创造了许多美妙奇迹。守卫教堂的基督徒种下许多树，可以产酒，也可以结出椰子。洁白的椰肉可食用；椰汁甜如蜜，白如奶。椰壳如杯状，其中椰汁容量可盛满一小瓶。对于每棵树，基督徒每月都要付给马八儿四位兄弟国王中每位一格罗特银币。此地有一神迹：来朝圣的基督徒取圣托马斯被杀之处的土，虔诚地带回国，若有人患四日热或三日热，就将此土放入水中，病人喝下，托赖圣徒之力可痊愈。马可带着这种红土回到威尼斯，并用它治愈了许多人。还有一神迹，1288年。该地国王爱囤积米粮，某年收获时，发现稻米（印度诸州只有稻米，无其他谷物）丰收，粮仓空间不够，于是囤米于圣托马斯教堂及其周围房屋中，以至于来朝圣的基督徒无处容身。他们十分忧心，因为他们无法阻止这位地位尊崇的国王，只能祈祷他别这样做。但他非常残忍骄傲，蛮横地驱赶他们，罔顾他们的请求，用米粮填满教堂和周边房屋。基督徒无可设法，只能祈祷。结果在教堂和房子被占用的次日晚上，使徒圣托马斯手持铁叉出现在国王面前，顶着熟睡国王的喉咙说："哦，你这人啊，如果不赶紧腾空我的房子，让我的朝圣者歇宿，再免去我的仆人们为那些树木缴纳的赋税，你将不得善终。"他一边说，一边用铁叉使劲压着国王的喉咙，对方觉得很痛，以为自己马上要死了。随即圣托马斯离开了。而国王次日清早就起床，立刻如圣托马斯显圣时吩咐的那样，腾出所有房屋，并公开讲述了昨晚发生的一切。这的确是伟大的神迹。国王再也不向基督徒栽种的树木征税。他们欣喜若狂，感谢上帝和圣托马斯的恩惠，赞美祂的圣名。除此之外，那里全年都有足以彰显基督教信仰的其他种种奇迹，无论是谁听到，都要为之惊叹。那些体弱或残废的病人在此痊愈，其中尤以基督徒最为灵验。教徒们向我讲述，被祝福的托马斯（据我所知，他是被杀害的最神圣的使徒）是如何殉难的。(尽管传说还有别的版本，但我只讲我听到的。) 当地人说，圣托马斯教长隐居在树林中，向上帝祈祷。树林中有不少孔雀——当地有世上最多之孔雀。他祈祷时，某崇拜偶像的果维人（上文中已介绍过）走来射箭，打算杀死圣托马斯旁边的某只孔雀。此人没有看到圣托马斯，误伤了他。圣托马斯觉得自己受到致命伤，就温柔地向造物主祈祷，死前还在为这致命一击感谢基督。在来到印度前，他曾在奴比亚（Nubie）传道，劝不少土人皈依基督。他如何传道，到该讲时，我会清楚地告

诉大家。现在我们来谈谈其他事。当地人天生肤色较黑，但成长时肤色会越来越黑。婴儿肤色尚算白皙，但出生后，家人每周以芝麻油涂其身一次，其肤色便越来越黑，直至黑如魔鬼。之所以这样做，是因为当地人以黑为美。当地人把神和偶像描绘为黑色，却把魔鬼描绘为雪白。他们奉牛为神圣，上战场时头戴牛皮帽，骑兵把野牛毛系于马颈或马蹄，步兵则系毛于其盾牌、自己头发或腿上。他们相信牛毛可以保佑自己摆脱敌人，取得胜利。所有士兵都这样做，于是野牛毛在当地卖出很高价钱。大家都要用它求平安。再无他事可叙，我们离开此地，前往婆罗门居住之州。

第一七六章
婆罗门所居之刺儿州

刺儿（Lar）州位于马八儿州以西，从圣托马斯遗体所在处出发，很快就会到达刺儿州。世上所有婆罗门都生于此州。婆罗门是世上最好、最值得信赖的商人，因为他们宁死也不说假话。异邦人来此州做生意，但不了解当地风俗习惯，就把钱和货物托付给婆罗门，让对方代表自己处理一切事务和交易，以免上当受骗。婆罗门商人会接管外来商人的货物，诚实地买卖，为异国商人的利益着想，其谨慎更甚于做自家生意。他不求回报，只要外国商人礼貌对待他就好。那些婆罗门不吃肉，也不喝酒，为人正直，忠于妻子。所有婆罗门人都在右肩处系一条粗棉线，或佩戴一块粗布，斜着在另一侧胳膊下系好（在前胸后背处露出），以此辨识身份。无论他们去哪里，都可以凭此标记表明身份。此处国王极为富有，乐于收集贵重的珍珠宝石。他与治下商人约定，派他们从马八儿州——印度最好、最富有、最开化的地方，也是最优质珍珠产地——采购珍珠，他会以两倍价格收购。于是婆罗门商人前往马八儿国，购买能买到的所有珍珠，带回去见国王，如实报价，而国王立刻付给他们两倍的价钱。所以商人们都踊跃参与，为国王买回无数优质大珠，国王由此拥有极多珍珠。婆罗门崇拜偶像，非常注重占卜术，比世上任何人都喜欢以鸟兽行为占卜。他们像上文所述的那样，以影子长度、蜘蛛叫声或路人打喷嚏等细节决定是否做笔笔买卖、是否当天办某事等。另外，他们走在路上时，还会根据某只燕子飞行方向预测吉凶。如果觉得有坏兆头，就返回家中，不再外出。他们忌讳这样多，有时以不同方式得到的吉凶预兆会互相抵触，很是麻烦。婆罗门是世上最长寿之人种，因为他们饮食少，很有节制。他们在用餐时吃某种草药，能促进消化，使牙齿整齐漂亮。婆罗门从不由静脉等部位放血，也不从身上抽血。他们中有种教派，信徒被称为"浊肌"（Ciugui），为其崇拜的偶像的教会服务。他们的寿命通常在150到200年之间，为世上最长。他们都身强体壮，可以随心所欲地去任何地方，侍奉偶像，为寺庙服务，一如年轻人。他们说，长寿要归功于饮食精而少。他们常吃面包、米饭和牛奶，还把水银、硫黄和水混合在一起，每周或每月喝两次，说它可以延年益寿。这些人从婴儿时期起就喝这种饮料，以延长寿命。在马八儿的浊肌中，另有一派僧侣，严格禁欲，为偶像过着艰苦生活。他们赤身裸体，崇拜偶像和神牛，多系一牛像（以皮革、铜或青铜镀金制成）于额。他们把牛的粪便烧成粉末，制成大量药膏，毕恭毕敬地涂抹身体，就像基督徒涂抹圣水一样。若有路人向他们致敬，他们就用此种药膏抹在对方额头上。他们进餐不用碗或木食盘，而是把所有肉都放在芭蕉叶或其他植物的大叶子上——只选枯干之叶，不用青绿之叶，因为他们认为青绿之叶尚有灵魂（世间万物皆有灵），用之有罪。他们宁死不愿破戒。有人问他们为什么要赤身裸体，甚至露出下体也不觉羞愧。他们回答说："我们赤身裸体地来到世上，对万物都没有欲望。而且我们持戒很严，不以下体犯过，能以其示人，就像你们展示四肢和脸一样。而你们会以此犯淫佚之罪，所以羞于以此示人。"他们说万物都有灵魂，因此从不杀飞鸟、游鱼、野兽，甚至苍蝇、跳蚤、虱子等生灵。他们不吃新鲜的肉，也不会吃未被晒干的植物、水果和根茎，除非它们被晒干，因为他们说绿色的东西都有灵魂。他们在海边沙中解手，然后在水中仔细清洗。洗完后，他们拿着小棍子或小树枝，把粪便散布于沙中，直到完全看不见。若有人问他们为何这样做，他们会说：因为粪便被晒干后，其中会产生蠕虫，而在养分耗尽时，它们会死去。我们的身体排出粪便（没有养分我们也无法生存），又滋养了这么多灵魂，我们就应该有大罪孽。因此，我们要破坏粪便，免得它生出蠕虫，如此便不用负它们饿死之责。这些僧侣睡觉时裸卧于地上，无须被褥。他们居然能活下来，真是个奇迹。他们很少吃肉，常年斋戒，只以面包和水维生。我会再次告诉你关于他们的另一件事。寺庙中有常驻僧侣侍奉偶像。若其中有人去世，就会吸纳新人，新晋僧侣要通过以下方式证明自己。首先，候选人要在庙中生活一段时间，其他僧侣观察他是否能习惯这种生活。然后他们召来上文所说的献身给偶像的少女，让她们抚摸候选人的身体，拥抱并亲吻他，让他享受世间极乐。若其下体不勃起，他就会被判断为纯洁，可以入寺侍奉偶像，反之他会被认为不适合侍奉偶像，被逐出寺庙，因为其他人不愿与好色者共处。寺庙中所有僧侣都必须是神圣之人。这些偶像教徒残忍不义，犹如恶魔。他们死后火化，是怕尸体会滋生尸虫，虽小亦有灵魂。而此等虫终将因缺食而死，死者灵魂由此犯大罪，受严厉惩罚。这就是婆罗门的习俗。现在我离开此处，回头讲一个之前忽略掉的美丽传说。这是我途经上文中的锡兰回国时，在岛上听到的。这传说发生在当地山间，非常重要，不应被埋没。

第一七七章
再述锡兰岛

上文已说过，锡兰岛是一美丽大岛，岛上有山，高而陡峭。当地人在山上固定数条粗大铁链，若要上山，只能攀铁链而上。萨拉森人说，山顶有亚当之墓；偶像教徒说山上有其教派创始人释迦牟尼不儿罕（Sagamoni Burcan）的坟墓。释迦牟尼不儿罕是偶像教中首个圣人，偶像教徒为其制作大量偶像。他的父亲是位富有而颇有权势的伟大国王。他过着优越生活，不谙世事，也不想继位为王。其父见此非常恼火，便以重大许诺诱惑他改变想法。于是国王召来王子，许以众多承诺，要他答应继位，治理国家。但王子说自己什么都不想要，不愿做国王，也不愿处理俗事。国王因此险些忧思而亡，因为他只有这个儿子，不知自己死后，能把王国留给谁。国王深思熟虑后，决定用种种享乐打动王子——毕竟他还只是个年轻人。他接受世俗事务后，应该会同意继位，管理王国。他命王子搬进美丽宫殿，派三万名世间最迷人的少女服侍他，与他日夜玩乐，还下令说，最先与王子交合者就是未来的王后。侍女们殷勤备至地服侍王子起居饮食，为他歌舞奏乐，并按国王吩咐，为他提供世上所有娱乐。这些美丽少女的甜言蜜语和取悦人的手段如此高超，再禁欲的年轻人都会被她们勾引着放纵自己。但王子决心不变，仍过着圣洁生活。此外，这位年轻人被养得很娇贵，成年前从没走出过王宫，也没见过死人或残疾人，因为国王不许任何年老之人出现在他面前。某天，王子率大批随从出宫，骑马走在城中街道上，见一送葬队伍，正抬着尸体要去埋葬。他震惊地看着他们，因为之前他从未见过死人。他问随从那是什么，随从说那是死人。王子默默无语，继续前行，若有所思。不久他就看见路边有个弯腰驼背的老人，几乎走不动路，嘴里也不剩几颗牙齿。于是王子问随从：为什么那人的背如此弯曲？为何他走不动路？为何他牙齿都掉光了？随从答道：这都是因为他年纪大了。王子问：他们本是年轻人，为何会变成这个样子？随从答道：殿下，世上人人会老，人人都逃不过一死。王子明白死亡和衰老的意思后，回到宫中，惊恐万分，不愿再留在这个充满邪恶欺骗的不完美世界中。他认为在这世上，人人皆有一死，而且死前还会衰老到无力自理。他决定去寻找那个创造了自己的人，以及不死之道。然后他仍如常生活。某天晚上，他秘密从王宫中出走，在偏僻山中寻找最崎岖、最荒凉的地方，一直待在那里。从此他终生过着圣洁艰苦的生活，以根茎、植物和野果为生，像基督徒一样禁欲。他的生活方式如此圣洁，若他是受过洗的基督徒，也许能与基督一起成为伟大圣人。王子死后，有人带其尸体去见国王，那个爱子胜如爱己的父亲。不必问国王是否烦恼悲伤，因为他痛心得几乎发疯。他哀恸不已，所有的人都痛哭流涕。国王用金子宝石做成王子偶像，令全国人将其当作神明来崇拜，至今如此。传说王子死过84次，第一次死时为人，复活后化为牛，再次化马，已而化驴，如此历经84世，每次都化为不同兽类，末次死后成神。偶像崇拜者认为他是最强大、最伟大的神，说这是他们崇拜的第一尊偶像，其他州的偶像皆源于此。此事发生在印度锡兰岛。虔诚的偶像教徒从很远的地方去那里朝圣，就像基督徒赴加里思（Galicia）朝拜圣雅各（Saint Jaque）一样。这就是印度国王阿维尼尔（Avenir）之子释迦牟尼的生平。据圣父的生平和传说，他皈依了基督教。这是上述人等告诉我的。偶像崇拜者认为山顶之墓埋葬的就是那位王子释迦牟尼不儿罕，还隆重供奉他的牙齿、头发和食钵。然而从远方来朝圣的萨拉森人说，那是人类始

祖亚当的坟墓，而一切遗物都属于亚当。只有上帝知道真相。我们认为亚当之墓不在那里，因为《圣经》上说他的墓在别处。还是留待他人考证吧。1281年，大汗听萨拉森人说人类始祖亚当的坟墓和遗物都在那里，就想把遗物取来。他于1284年派出使团，向锡兰岛国王索要上述东西。这支庞大使团跋山涉水，漂洋过海，终于到达锡兰岛，去见国王，一再要求。虽然不情不愿，国王还是交给他们两颗粗大臼齿、一些头发，以及释迦牟尼的饭钵——它以绿色云斑石做成，非常漂亮。大汗使节得之甚悦，回见大汗复命。他们快到汗八里时，派人奏报大汗，说已带来圣物，请命大汗如何呈献。大汗非常高兴，派众多僧侣前往迎接，同时也命其他人去见识亚当的遗物。汗八里居民倾城出迎，虔诚迎接圣物。僧侣们庄而重之地接过圣物，转呈大汗，大汗持大礼受之，态度十分尊敬。《圣经》中说，置一人份之食物于此钵中，便可使五人吃饱。大汗亲自试之，发现确实如此。就这样，大汗花费无数物力，方得到这些遗物，而这些遗物按当地人传说，为印度某国王子所遗。再无他事可述，我们来看加异勒（Cail）城。

第一七八章
加异勒名贵大城

加异勒是一名贵大城，其国王为上述马八儿州五位兄弟国王中的长兄阿恰儿（Asciar）。所有从西边怯失、忽鲁模思、阿丹和阿拉伯全境来的商船皆停泊于此，运来大量货物和马匹。此国地理位置优越，便于贸易，商人从各地云集于此，交易商品马匹等物。因此该国国王非常富有，身上佩戴许多珍贵宝石。他过着优裕生活，治国公平，欢迎异邦商人，所以商人喜欢来这里，也确实能在此地大获其利。马可·波罗阁下在此处逗留期间，在位国王有三百余妻妾，因为该国男子以娶妻众多为荣。上文已说过，马八儿省有五位国王，是同父同母的亲兄弟。如果他们之间有争斗，其在世的母亲就会居中阻止。有几次，她的儿子不听劝阻，继续大打出手，她就持刀说："如果你们不讲和，我就先割掉哺育你们的乳房，再开膛破肚死在你们面前。"兄弟们见母亲极为哀伤，还如此温柔地求他们讲和，同时想到还是保持和平对彼此更好，于是同意收手不打。这个过程已重复好几次。但其母死后，他们多半会互相残杀。此城居民，乃至印度全境居民，都习惯于随身携带一种名叫"茋叶"的树叶。他们咀嚼树叶，吐出津液。贵族和国王尤其爱此，用樟脑等味道浓郁的香料炮制叶子，掺以生石灰。据说嚼这种叶子有利于健康。若想侮辱别人，可在见面时将咀嚼过的叶子唾到对方脸上，说："你连这都不值！"对方会以此为奇耻大辱，向国王抱怨，说此人蔑视自己，要求国王允许自己复仇，说要带着帮手，向侮辱自己的人及其帮手挑战。然后国王允许双方决斗。双方一对一打斗，但各方都有副手，准备继续战斗。所有人都做好上场战斗的准备，国王赐他们武器，但盔甲是不允许穿的。他们站在围栏中，开始互相攻击厮杀，至死方休。因为没有防护，双方都易受伤。国王会到场观看，围观者也很多。若国王见双方死伤甚重，而胜负之势已分，就拿出一块布，叼住一角，抓住另一角，然后双方立刻住手。他们可以任意战斗，但国王禁止双方用剑尖互刺。他们能出色地用剑自卫并攻击对手。你知道，当地人肤色黝黑，于是一方会在另一方身上随意画个白圈，说我只攻击圈内，你好好防备吧；对手也会这样做。这样有利于身手更好的一方——无论攻击对方何处，对方都会有这种感觉。该国再无可述，我接下来要讲俱蓝（Coilum）国。

第一七九章
俱蓝国

从马八儿州出发，向西南行500英里，则抵俱蓝国，即俱蓝城。国中居民多崇拜偶像，也有许多基督徒、景教基督徒、萨拉森人和犹太人。当地人自有语言，该国不臣服于别国。此处广有苏木，名俱蓝苏木，质量上乘；还盛产俱蓝姜和胡椒。田野树林中胡椒树生长得非常茂盛，5月至7月可采胡椒。胡椒树于冬天种下，当地人经常浇水，是当地品种。正如我国人所说，胡椒并"不"是在烤炉中烘干的。胡椒产量很高，需要许多烤炉来使之干燥，但当地胡椒会自然起皱。这里产的胡椒被大批装船，就像小麦大批在我国装船一样。此处也盛产染房使用的优质靛蓝，由某种草的汁液制成。当地人将此草去根，放入大缸中，注水后等其腐烂，汁液溶于水中。然后他们将溶液放在骄阳下暴晒，等水分完全晒干后取出糊状残余物，晾干后切成小块，即为靛蓝。此处阳光酷热，可将浸于河水中的生鸡蛋很快煮熟。无数商船从蛮子州、阿拉伯和黎凡特（Levant）

载货来此，贩卖本国商品，又将此处商品运回国销售，大获其利。该国独有许多奇异动物，如通体漆黑的狮子，还有比大洋彼岸的我国国中同类更漂亮的鹦鹉和孔雀：有的鹦鹉毛白如雪，脚和喙为朱红色；有的羽毛为红色、白色；有的体型极小，但美丽非常。此处孔雀比我国内的更美更大，母鸡也和我国的很不一样，但比我们的好。他们的东西都与我们的不一样，都比我们的更漂亮、更好。该国产多种水果，但没有我国中的水果，鸟兽种类也不同。土人说，当地高温，水果也就与众不同。除了稻米，那里不产其他谷物。他们用椰糖大量酿酒，比葡萄酒更能醉人。他们的生活必需之物多数不同于我国，而且价格很低。他们有聪明的占卜师，也有许多医生，非常了解如何护理和保持人体健康。当地人无论男女老幼，肤色都很黑，平时全身赤裸，只以美丽布片遮盖下体。他们不以淫乱为罪过，可娶亲属为妻，甚至可以娶堂表姐妹。如果父亲或兄弟去世，他们还会娶父亲或兄弟之妻。据我所知，上述习俗流行于印度全境。再无可提及，我们离开该国，前往戈马利（Comari）城。

第一八〇章
戈马利城

戈马利是印度一国，从此处出发，向海中行约30英里，可勉强看到北极星，在水面上约一肘高——此前在小爪哇岛上是看不到它的。此地民智尚未开化，有种种奇兽，其中猴子体型大如人，尤其奇怪。此地多有狮子、豹子、猞猁和熊。再无其他事可提，我们离开此处，前往下里（Eli）国。

第一八一章
下里国

从戈马利出发，西行约300英里，可至下里国。国民自有国王和语言，崇拜偶像，不臣服于任何国家。我要详细介绍当地风土人情和物产，因为自此处起，我们就进入了更开化的地区。该州及该国没有港口，唯有一条大河入海，河口条件不错。尽管如此，那里船只仍往来不绝。该州盛产胡椒和生姜等昂贵香料。此处国王富有，但军队人数不多，士气不振。然而此处有天险，无人能入侵，因此他并不担心外患。若有赴别处之商船途经该地，在此处停泊，当地人会把船上所有人都带走，货物也洗劫一空。

"你们要去别处，但神明和我们的好运把你们送到我这里，所以这些东西都属于我们了。"然后他们把船上财货都据为己有，不认为这是犯罪。他们说船来此处只是为供其抢劫。但有意到此交易的商船会受到他们的礼遇和严密保护。因此全印度各州，若某商船因恶劣天气而中途停泊于此，待风停后再行，那么多半会被抢掠。蛮子州等地的船只于夏季来此，停泊三至八日装货，然后尽快离开——此处没有港口，只有沙滩，停泊非常危险。但蛮子州的船有大木锚，能在风暴中稳住船身，不像别处船只不易泊于海滩。当地有许多鸟兽，还有凶猛狮子可供狩猎。下里国再无他事可述，我们一起去马里八儿（Melibar）国。

第一八二章
马里八儿国

马里八儿是大印度的一大国，自有国王和语言。国民崇拜偶像，不臣服于任何国家。在此国中北极星清晰可见，高出海平面约两肘。邻省名胡茶辣（Goçuri），两州每年都有100余艘海盗船出海，抢掠所有经过此处海域的商船，是海上大盗。海盗大多携妻子儿女出海，全夏皆在海中，给商人和航海者造成巨大损失。他们大多四散各处，等待商船路过。没有商船能平安通过他们的势力范围。海盗船每20至30艘为一队，每五六英里由一队守望，在海面上连成一线，这样就能控制广100英里的海面。夜晚他们轮流守望，看到商船就以火或烟雾为号，争相奔赴商船，将其洗劫一空。有的商人知道此处海盗猖獗，把守严密，于是结队而行，全副武装，准备充分。遇盗时他们毫不害怕，勇敢自卫，常常能重创海盗，但也会付出几艘船的代价。海盗不伤人，只越货，然后对倒霉的商人说："回国再去进货吧，但如果你还走这条路，你的货就等于是为我们准备的了。"该国盛产胡椒、生姜、肉桂等香料，还有"图尔比特"（Turbit，药用蔓草根）和椰子，以及世上最好、最美丽的硬麻布。此外，他们还有很多贵重物产。来自蛮子州等东方诸国的商船运来铜（商船以此压舱），还有绸缎金锦、金银、丁香等当地没有的香料，以此交易国中商品，载之以归。世界各地均有商船来此。西行商船前往阿丹，此后再去埃及之亚历山大，但其运货量不如运往东方的十分之一，这是伟大壮举。马里八儿国再无事可述，我们继续前进，看看胡茶辣国。该城城镇村庄众多，我不会一一列举。

第一八三章
胡茶辣国

胡茶辣国离马里八儿国不远，是一大国，自有国王，富而强大，不臣服于任何国家。国民自有语言，崇拜偶像。它位于大印度之西，从此处可以看到北极星离海平面约六肘高。该国有世上最凶恶之海盗和陆上强盗。他们抓住商人，抢劫货物，折磨他们，勒索赎金。如果赎金支付不及时，人质就会遭受残忍折磨，多至于死。携带珠宝的商人在海上遇盗时，会吞其入腹，以免被海盗抢走。这样如果海盗抓住他们，他们会失去货物，但珠宝能保存下来，因为海盗抢走货物后，会立刻放走商人。但现在海盗们也有了经验——若他们没能从船上搜出珠宝，就立刻以罗望子掺海水，给商人灌下，待其上吐下泻，排出腹中珠宝。这样海盗就能尽得其财。总之，只要商人落到他们手里，就逃不掉被洗劫一空的命运。你可以自行判断海盗是否穷凶极恶。该国盛产胡椒、姜等香料，以及靛蓝和棉花。棉花产于树上，树高有六步，笔直，树龄可达20年。但老树所产之棉不适于纺织，只能用作棉被等粗劣之物。老于20年之树一文不值。该国有山羊、黄牛、水牛、野牛、犀牛等野兽皮革，炮制数量众多，每年都有大量商船载之前往阿拉伯等地，行销众多州国。当地人能制红蓝皮席，上面有精美的金银刺绣鸟兽纹样，美丽的不可思议。萨拉森人于其上睡卧，极爱之。他们也用同样方法制作长沙发靠垫，以金线缝合，非常漂亮，每件值六马克银币，上述席子有值十马克银币者。我已经告诉过你们，该国的皮革刺绣是世上最精巧的。此地再无可述，我们去看看塔纳（Tana）国。

第一八四章
塔纳国

离开胡茶辣国，向西航行可至塔纳国。塔纳国地域广大，适宜居住。之所以说"向西航行"，是因为马可·波罗由东方而来，发现的陆地以其航程为准。该国自有国王，不臣服于任何国家。国民崇拜偶像，自有语言。当地不像上述各州一样生产胡椒等香料，但树上盛产乳香，色褐非白，可大量交易。商船频繁往来此处，因此地各式优质皮革甚多，非常漂亮。该国还大量生产优质硬麻布，盛产棉花。来此之商船运来金、银、铜，以及该国需要的种种物品，同时商人收购他们认为可以获利的该国商品。此处也有很多海盗在海上游荡，使商人苦不堪言。他们与国王共谋，海盗会将抢到的所有马匹献给国王，因为他们常能抢到许多马匹。而正如上文所述，国王没有马匹。印度无马，商人为谋利，运大量马匹至印度贩卖，所以少有商船不带马匹。于是国王与海盗合谋：从商船上抢到的货物，金银珠宝等所有货物归海盗所有，国王仅取马匹。做此种恶事，真不配为王。塔纳国再无可述，现在我们离开它，去坎巴夷替（Cambaet）国。

第一八五章
坎巴夷替国

坎巴夷替是大印度一大国，位置更西，自有国王，不臣服于任何国家。国民崇拜偶像，自有语言。在此国中可见北极星，离海平面更高。从此以后，越向西走，可见北极星愈高。该国商业繁荣，盛产优质靛蓝，还有非常精细的硬麻布和棉花，远销各州国。此地也有大量兽皮交易，皮质细腻美丽，因为当地鞣制技艺不次于其他国家。还有其他物品，书中不再赘述。商人用船运来许多货物，其中最多的是金、银、铜和未加工的眼药，在此处卖掉，再购买本地商品回国，大获其利。此国中没有海盗，居民都聪明善良，以工商业为生。再无他事可述，我们离开它，去须门那（Semenat）国。

第一八六章
须门那国

须门那是更西一大国，自有国王，不臣服于任何国家。居民崇拜偶像，自有语言。此国中亦无海盗，国民靠工商业为生，都是安分良民。国中贸易繁荣，商人用船运来许多货物，在此处卖掉，再购买本地商品回国，大获其利。我听说寺庙中侍奉偶像的僧侣皆残忍歹毒，世上所仅见。再无他事可述，我们继续前行，去克思马可兰（Kesmacoran）国。

第一八七章
克思马可兰国

克思马可兰是一大国，自有国王及语言。居民大多为萨拉森人，少数为偶像教徒，以工商业为生。此地多产稻米等谷物，当地人以大米、肉和牛奶为食。商人走海路和陆路运货来此，又在此处购买商品回国。该国是大印度西部和西北部间最末一州。上述马八儿州至此州均属大印度境内，是世上最好的地方。本书只讲了大印度的沿海各州城，内地之众多州城不再赘述。现在我们离此州，再谈谈大印度的某些岛屿——就从男子岛和女儿岛开始。

第一八八章
男子岛和女儿岛

从克思马可兰国出发，向正南航行500英里，即至男子岛（Male Island），岛民都是受洗基督徒，遵守《旧约》的信仰和习俗：妻子怀孕时，丈夫不与其接触；若生子，产后四十日内亦不与其接触。岛上无女子，所有男人的妻子都住在女儿岛（Female Island）上。每年3月至5月，岛上男子赴女儿岛，住在妻子家中，纵情欢乐。三个月后，他们回到男子岛，从事耕种和贸易，一年中的其他九个月都在谋生计。此处海域多鲸鱼，是以岛上盛产龙涎香。岛民以大米、牛奶、肉和鱼为食，都是能干的渔民，捕获许多肥美鱼类，晒干以供食用，或卖给商人，获利颇丰。岛上没有国王或领主，只有一主教，隶属于住在速可亦剌（Scotra）岛的大主教。岛民自有语言。男子岛和女儿岛相距30英里。他们不能一年四季与妻子团聚，否则无法生活。女人们在女儿岛上养育他们的孩子。女孩会一直在女儿岛上生活，长到婚龄时嫁给男子岛民；男孩由母亲抚养至14岁后，被遣来男子岛上随父亲生活。两岛之习俗如此。妇女除养育孩子外，百事不做，生活必需品由男人提供。男子来到女儿岛时为她们播种，此后由女人照顾庄稼并收获。此外，女人还在本岛上采集各种水果。此外别无他事可提，我们离开这两个岛屿，继续前行，去速可亦剌岛。

第一八九章
速可亦剌岛

从男子岛和女儿岛出发，向正南航行约500英里，至速可亦剌岛。岛上有大主教,所有岛民都是受洗基督徒。此处盛产龙涎香,产自鲸鱼腹部和抹香鲸体内——现在它们是海中最大的两种鱼。我会介绍当地人如何捕鲸。他们先捕捉不少肥美之金枪鱼,切块加盐放于大瓮中。然后约12人持腌鱼瓮,乘一小船出海,将腌鱼的残渣捆好浸于盐水中,再用长绳绑好扔进海里,绳子另一端系在小船上。然后他们在海中游弋,鱼肉的油脂会在海水中留下味道,鲸鱼闻到后会赶来,即使远在100英里最终也能盯上小船。鲸鱼吃下腌鱼后昏睡,人们就爬上它头部,用一根带铁倒刺(这样不易脱落)的木桩钉入它头中。因为鲸鱼此时没有知觉,人们可以为所欲为。木桩另一端绑一根300步长的粗绳,上面每隔50步就拴一只瓶子和一块木板。瓶顶固定一面旗帜,底部有一秤锤,保持旗子直立。粗绳另一端系在船上。鲸鱼醒后感到伤口疼痛,会转身逃跑,此时去钉木桩的人就游回船边上船,粗绳随鲸鱼而走,固定旗子的瓶子会依次进入水中。鲸鱼逃走时,身后仍拖着那艘船,如果它速度过快,那么另一只带旗子的瓶子会进入水中,最后它会因劳累和伤口而筋疲力尽,终于死去。人们驾船循旗子航行,把死鲸鱼拖到船上,运至岛上或附近海滩,从其腹中取出龙涎香,从头中取出鲸脑油。他们从一条鲸鱼身上可获利1000英镑。此外,该岛有大量美丽棉布和肥美咸鱼等货物,销路很好。岛民以大米、肉、鱼和牛奶为食。此处不产其他谷物。当地人无论男女,平日都赤身裸体,唯遵从印度偶像教徒的习俗,前后遮盖下体。异邦商船来此出售货物,再带着岛上特产返乡,获利颇丰。所有想去阿丹的船只都要于此停泊。岛上大主教不属罗马教皇管辖,而属于驻报达之景教总主教。此位总主教向此岛派出大主教,或确认岛民自行选出之大主教;也与我们的罗马教皇一样,向其他地方派出大主教、主教及神职人员。有许多海盗抢掠结束后,驾船来这里扎营并出售赃物,销路很好。因为它们都是从偶像教徒和萨拉森人手里抢来的,所以基督徒认为自己购买这些东西合法。此岛基督徒是世上本领最大的巫师。虽说大主教实不希望他们使这些法术,并尽可能地禁止此事,还训诫他们,说这是罪孽,但毫无用处。他们说这是祖业,必须沿袭,大主教也只好听之任之。他不知操此业者具体为谁,因此也无法将其开革出教。所以岛上基督徒在需要时，无论在私下或公开场合，都会随心所欲地施法。比如他们会施法困住侵扰家园的海盗，使他们的船永不能离开该岛，直到海盗退回所有赃物为止。如果有船扬帆起航，顺风顺水，他们会施法让另一股逆风吹向它，迫它回到岛上。他们能召唤风暴，也能使海平波静。我不好在本书中详细讲述他们创造的奇迹，免得被你们斥为无稽之谈。此岛再无别事可述，我们离开这里，前往马达伽思迦儿（Mogedaxo）岛。

第一九〇章
马达伽思迦儿岛

马达伽思迦儿岛位于速可亦剌岛正南和西方之间，相距约1000英里。岛民是萨拉森。此岛没有国王，由四位长老治理。它是世上最高贵、伟大、富有的岛屿之一，方圆约4000英里。岛民以工商业为生。此岛上大象数量最多，又有僧祇拔儿（Çanghibar）岛与其情况类似，两岛大象和象牙贸易之盛令人难以置信。岛民以各种肉食为生，其中骆驼肉最多，亦有象肉。每天宰杀骆驼数量之多，若非亲见，无法相信。当地骆驼肉质量最优，利于健康，为当地人常年食用。岛上广有紫檀树，像我们国家的一样高大，大量出口至其他地区。在其他国家，紫檀会很昂贵，但此地紫檀极常见，就像我们国家的野生树木一样，因数量巨大，价格低廉。当地海域有大量鲸鱼和大头鲸，所以岛上产最好之龙涎香。当地人大量捕捉鲸鱼和大头鲸，获取龙涎香和鲸脑油。鲸鱼腹中产龙涎香，排出体外后，海浪会把它冲上海滩，被当地人收集起来。岛上鸟兽种类繁多，如豹子、猞猁、熊、狮子、獐子、狍子、黄鹿等；还有许多奇异鸟类，与我国鸟类大相径庭。各州商船至此，带来丝绸金锦等货物，与岛上商人交换当地特产，运回本国贩卖，获利颇丰。该岛位置过于偏南，船只离此岛或僧祇拔儿岛后不敢更往南方，怕南向洋流过急，无法返回。从马八儿州至此岛或僧祇拔儿岛极快，二十日至二十五日可达；从此返马八儿州则要三个月以上。出现这种情况，是因为洋流始终向南，不向其他方向。据说更南方有无数岛屿，但船多不敢至。少数去过的人说，那边岛上有可怕的狮鹫，每年某季度由南方飞来岛上。它们不像我国人民描绘的那样呈半鸟半狮状。我马可·波罗问过目击者，得知它们不是那种兽形鸟足的形态，而是完全呈鹰形，体型极大。它们力大无比，能独自攫象高飞，在空中杀之，掷之于地，使之粉身碎骨，再从容飞下撕食象尸。目击者说，它们的翼展可达30余步，翅羽长12步，且极粗，适合其长度。等下文时机合适，我再来谈它们吧。大汗曾派使者至此岛访问异闻，同时解救之前被羁縻于此的其他使者。使者归见大汗，陈述岛上奇事，并将鹫羽一根献与大汗。我马可·波罗测量了一下，发现它长至我掌宽的90倍，粗至我双手合围，真是奇物一件。大汗对它特别感兴趣，认为它奇妙而美丽，重赏献上羽毛的使者。使者还为大汗带来无比巨大的野猪牙，当时我马可·波罗也在场，见大汗为其称重，41磅有余——可以推想野猪本身有多大。据说岛上野猪大如野牛。使者还说岛上盛产长颈鹿和野驴。总之，岛上鸟兽都与我国的大不相同。现在我们回来再谈狮鹫。岛上人称其为"鲲鹏"（Rue），从不知"狮鹫"之名；其外形也不像我国人民描述的样子，唯体型极大这一点还有狮鹫的影子。因此，我还是称其为狮鹫。我已讲述了该岛的大部分风俗，再无甚可述。我们离开它继续向前，谈谈邻近之僧祇拔儿岛。

第一九一章
僧祇拔儿岛

僧祇拔儿岛是大印度的一大岛，方圆2000英里。岛民崇拜偶像，自有国王和语言，不臣服于任何国家。所有岛民都高大肥胖，但其身高与体壮及四肢不相称。若相称的话，他们无疑都是巨人。他们力气很大，负重能力是异邦人的四倍，食量也是异邦人的五倍。他们遍体皆黑，赤身裸体，只遮挡下身——这是个明智的做法，因为其下身大而丑陋。他们的头发卷曲，黑如胡椒，洗后也无法舒展。他们嘴大，鼻子红而扁平，鼻孔上翻，犹如猿猴。他们胡须浓密，鼻孔粗大，耳大唇厚，嘴唇外翻，眼睛大而红，看起来非常可怕。无论谁在其他国家见到他们，都会以为这是恶魔。然而他们是富商，饲养无数大象，交易大宗象牙。岛上有狮子，外观独特，也有无数熊、猞猁、豹子等动物，都与世上别处动物形象不同。当地公母羊都是头黑身白，没有其他品种。岛上的狗也是如此。此处还有多种长颈鹿，非常美丽：身体不长，后腿较短，所以臀部较低；前腿细长，脖子

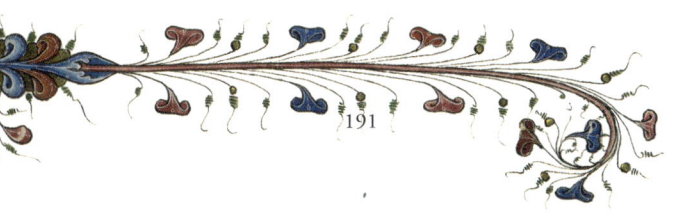

极长，头离地面有三步高；其头小；性情温和不伤人；皮毛红色，有白色美丽圆斑。现在我们再来看大象。公象要与母象交配时，在地挖大坑，母象仰躺其中。之所以这样，是因为母象生殖器离腹部很远。交配时公象伏于母象身上。岛上女子丑陋，嘴大，眼大而突出，鼻子大而粗短。其乳房有别处女子四倍大，尤为丑陋。她们肤黑如桑葚，身材高大，丑如魔鬼。当地人以米、肉、牛奶和枣为食，不喜葡萄酒，以米和糖等香料酿酒，供平时饮用。此酒味美，醉人程度不亚于葡萄酒。此岛商船云集，贸易繁盛，象牙、龙涎香（此处海域有大量鲸鱼）等特产销路极好。岛上领主们有时会互相开战。岛民皆精英战士，强壮不畏死。其勇气可与体型成正比。他们不骑马，只乘骆驼和大象作战。大象背负木楼，以兽皮蒙之。每木楼中有16至20名战士用长矛、剑和石头作战，战况极壮观。战士们没有盔甲，只以皮盾、长矛和剑互相残杀。大象上战场前，会饮酒（土人以香料自制的饮料）至半醉，这样它们会更好斗、骄傲且勇敢，更容易赢得战斗。我已介绍了该岛居民、牲畜和大多数物产，再无

他事可述。我们要离开这里，去阿巴西（Abasce）大州，但之前还要就印度再说几句。尽管我已介绍了印度及其岛屿的许多信息，但只注重较为大而尊贵的州国岛屿，并未介绍印度所有岛屿，因为世上无人能知其所有岛屿之真相。它们多如繁星，即使三代人也无法探索完所有岛屿，但我已介绍了其中的精华部分，其余大部分都隶属于它们。从西至东，计有12700个岛为人所知，人所不知者不计其数。据常在印度海航行的水手和能干领航员所说，以及相关航海记录显示，这万余岛屿中有的有人居住，有的荒无人烟。大印度境内，从马八儿州到克思马可兰国共有13个大国，我已简要介绍了其中10个，余下3个位于大陆，濒临海边。在小印度，从占巴国至木夫梯里国，共八大国都在大陆上。岛国为数众多，不在此数中。我现在要讲的阿巴西州属于小印度，或者更确切地说，位于中印度。

第一九二章
中印度之阿巴西

阿巴西州又称埃塞俄比亚，是一大州，人称"中印度"或"印度第二"，因其介于大小印度之间，位于大陆上，

臣服于大汗。该州分六国，疆域都很大。六王中有基督徒三位，萨拉森人三位，其中最高王是基督徒，位居其他五王之上。据说该州基督徒脸上都有三个金色十字架印记，均为十字形，表明自己高贵有别于常人。其一从前额延至鼻中，另两个在脸颊上。这些印记是其儿时受洗礼后，以烙铁烙下的，意为受水洗礼之后，再受火之洗礼。这种习俗表示此人出身高贵，据说也对其健康有好处。犹太人也有类似火烙印记，但只有颊上两个；萨拉森人只有额前一个。该州最大之国王居于中央，萨拉森人居

阿丹州，自光荣使徒圣托马斯首次入奴比亚国传教以来，他们纷纷皈依基督教。上文已说过，他布道并展示奇迹后，就去了马八儿州，劝无数人皈依后被杀害，遗体也葬在彼处。阿巴西州有众多优秀战士骑兵，马匹也不少。军备对他们来说非常重要，因为他们总是与阿丹和奴比亚的苏丹，以及边境诸国激烈战斗。他们屡经战阵锤炼，成为印度诸州中最优秀的战士。1288 年，阿巴西州的基督徒最高之王对诸臣说想去耶路撒冷，敬拜基督的圣墓，因为每年都有无数人去那里朝圣。但他若去耶路撒冷，必须经过与其为敌的阿丹州。诸臣和贵族们劝

阻他，说如果亲自前去，他就要长途跋涉，穿过萨拉森人诸州国，而那些基督徒的死敌对他本人乃至全州都是莫大的危险。他们说他会一去不返，建议他派位主教或大主教代他前去，送上他喜欢的祭品。国王见众人异口同声地反对，就同意他们的建议，派人去请一位被公认为非常圣洁善良的主教，命他代替自己去耶路撒冷敬拜基督的圣墓，并献上礼物。主教欣然领命。国王让他做好准备，尽快上路。主教准备完毕，告别国王，出发朝圣。他率无数随从，摆出符合身份的排场，跋山涉水，不辞辛劳地来到耶路撒冷，直奔圣墓，怀着极大的崇敬和虔诚之心拜倒在圣墓前，表达一位虔诚的基督徒应有的崇敬。这位智者献上极丰厚的祭品，庄严祈祷，此后与随从踏上归途，途中经过阿丹。当地萨拉森人非常讨厌基督徒，视其为死敌。阿丹的苏丹知道这位主教是基督徒，也是阿巴西国王的使者，就立即将此使团全部扣押。国王问主教是不是基督徒，主教回答说"是"。苏丹威胁他：如果不改信先知的教义，其使团将受奇耻大辱。主教及其随从如圣者般大声告诉他：他们不怕威胁，甚至不怕死亡，宁死也不会改变信仰。他们因耶稣基督的恩典而心中安慰，坚定信仰不动摇。阿

丹的苏丹听到这位神圣主教的回答，看到即使死亡威胁也动摇不了他的虔诚，极为蔑视，强迫对他行割礼。于是主教被人带下去，他们以萨拉森人的方式给他行了割礼。苏丹说这是对他本人、对基督教和对阿巴西国王的羞辱，此后放主教回国。主教受辱，非常悲痛，但使他安慰的是，他是为捍卫神圣的基督教义才落得这个结果，于是他认为死后自己的灵魂将得到救赎。主教伤口痊愈，能够骑马时，就与众随从上路，跋山涉水回到阿巴西，向国王复命。国王见他回来，设宴款待，问他圣墓等事。于是主教将所有事情如实相告，而国王虔诚倾听，信奉欲切。当主教讲到阿丹的苏丹如何捆绑殴打自己，还对自己行割礼，以此羞辱自己时，国王勃然大怒，悲痛几至于死。他说话的声音如此之大，以至于左右都听得很清楚。他说此仇不报，贻笑大方，有何面目居于王位，统治国家？国王召集大批骑兵、步兵和战象。战象背上木楼都装备精良，每座可容12至14人（平时每座最多可容20人，但上战场时一般只有12人，便于控制）。万事俱备后，全副武装的大军开至阿丹。阿丹王知道自己无法抵抗，于是向邻近两位萨拉森国王求援，计划派人严密防守关口。于是阿丹诸王率萨拉森人的骑兵步卒来到所有坚固隘口，保卫土地，抗击敌人。阿巴西国王及其大军正好赶到隘口，与敌军恶战一场。三位萨拉森人国王无法抵抗阿巴西国王的大军，因其士兵众多，且娴于战事。萨拉森人败逃，基督徒国王率军攻入阿丹，两方士卒均伤亡惨重。阿巴西国王攻破关防，从三四处同时进入阿丹，而萨拉森人退守一坚固隘口，但无济于事，一再战败，遭到重创。基督徒国王敌国疆土上逗留一个月，烧杀抢掠，直到认为已经为主教报了仇。因为再逗留下去，也不能再重创躲在易守难攻要塞里的敌人，于是他们离开阿丹上路，胜利而归。就这样，主教之仇已雪，而萨拉森人死伤无数，其国土也被践踏。此事就讲到这里，我们来看看阿巴西州的其他情况。此地物产丰富，当地人以大米、小麦、肉、牛奶为食，以芝麻榨油。此地多象，但并非土产，而是来自印度诸岛。当地长颈鹿繁殖不少，还有无数熊、狮子、豹子、猞猁等动物，与我国动物大不相同。当地人饲养不少野驴。此地鸟类独特，与别国不同：有世上最漂亮的母鸡、大如驴之鸵鸟、各种美丽鹦鹉等。我在此不再赘述。当地有几种猴子和长着人脸的狒狒。阿巴西州城镇村庄众多，人民以工商业为生，生产金锦、棉布和硬麻布，数量不少。这里黄金储量丰富，商人云集于此，获利颇丰。现在我们离开这里，讲述尊贵美丽的阿丹州。

第一九三章
阿丹州之风土人情

阿丹州有苏丹，凌驾于所有萨拉森人国王之上。该州居民皆为萨拉森人，切齿痛恨基督徒。该州城镇村庄众多，有海上最好港口，云集印度各地商船，船上载胡椒等印度香料。商人在此港购买香料，用小船装运，沿某小河航行约七日（时长取决于天气）后登岸，以骆驼装货，在陆上行约三十日，即抵达流经亚历山大的尼罗河。他们将货装上小船，顺尼罗河运至开罗，再通过人工运河直运至亚历山大。就这样，亚历山大的萨拉森人从阿丹把印度香料和其他贵重商品运至亚历山大——成本低，速度快，还很安全方便。也有无数商船自阿丹港出发，满载商品穿过印度群岛，贩卖良马和优秀阿拉伯战马。这些马匹价值昂贵，商人从中获利颇丰。阿丹是最大的货物交换港口，汇聚天下商人商船。阿丹的苏丹对商人课重税，聚敛起巨额财富，成为世上最富有的国王之一。他实力强大，基督徒曾因他蒙受巨大损失。1291年，巴比伦苏丹攻取阿迦，基督徒为其所苦。据说阿丹苏丹向巴比伦苏丹派援兵，共三万骑兵和四万战驼。萨拉森人大受其益，而基督徒深受其害。要知道，他这样做更多是因为恨基督徒，而非对巴比伦苏丹友善。来自阿丹、忽鲁模思和怯失等地的船只脆弱，经常沉没在印度海。如果那片海域像我们所在地区的海域一样动荡不安、波涛汹涌，那么就没有一艘船能顺利航行。但船上的人该怎么办？他们携带不少皮袋，若天气转坏，海浪汹涌，就把珠宝绸缎和必要食物装进袋子，把袋子绑在一起，像船或木筏一样。若船沉没，他们就伏在袋子上，等它们被风日复一日地吹向陆地——就算离岸有200英里远，最后也会被吹上海滩。漂流在海上时，他们若饥渴，就从袋子里拿食物饮料，然后吹气使皮袋膨胀如初。这样他们能逃得一命，但再也找不回装大型货物的商船了。关于苏丹之事就讲到这里，我现在讲述阿丹州的爱舍儿城（Scier）。它位于阿丹港西北方400英里，城主是一贵族，隶属于阿丹苏丹，能善治此大城。此城辖数个城镇村庄，居民都是萨拉森人。城内有优良海港，云集印度商人商船，商人在此城做完生意后载货返回印度，其中有许多优良战马和双鞍巨马，价格非常昂贵，使商人们获利颇丰，但无人能知其具体利润。该州广泛种植优质白色乳香和枣树，除大米外无其他谷物，唯赖进口。附近海域盛产金枪鱼，大而肥美，一威尼斯格罗特银币可买两条大金枪鱼。居民都是捕鱼好手，以大米、肉、牛奶和鱼为食。当地人酿酒不用葡萄，而是用糖、大米、枣和香料，非常好喝。此处羊无耳，原生耳之处长出小角，鼻下有两小洞代替耳朵。它们体型不大，但很漂亮。此处牲畜只有绵羊、牛、骆驼和小马，日常以鱼为食，因为这是世上最干燥酷热之地，全境没有草地或谷物。牲畜所食之鱼极小，每年只能于3月至5月间捕捉——这段时间内会出现许多小溪，其中有小鱼。捕获数量多至令人惊叹。当地人将其晒干后腌制，存于家中，全年以其喂养牲畜，就像用干草喂养它们一样。牲畜非常喜欢这种小鱼干，但刚从水里捕获的也能吃。除喂牲畜的小鱼外，此地另有肥美大鱼，数量多而价贱。因为缺乏谷物，当地人用下列办法以大鱼制作鱼干：把鱼切成重一磅左右的鱼肉块，煮熟后挤干汁液，撒上面粉，就像用面粉揉面团一样，最后做成鱼饼，在烈日下晒干，存于家中。这种食物能保存很久，一年四季供人食用。此地盛产乳香，爱舍儿国主以10比赞金币每坎塔尔的价格收购，此后再卖给外来商人，价格为40比赞金币，从中赚取巨大差价。这座城市再无可提，我们继续前行，去祖法儿（Dufar）城。

第一九四章
祖法儿城

祖法儿是一美丽尊贵之城，位于爱舍儿城西北500英里处。居民也是萨拉森人。其城主为某贵族，隶属于阿丹苏丹。该城位于阿丹州海边，有上好良港，无数商船往来于此。商人从此处运优秀阿拉伯战马至印度，获利不少。此城下辖多个城镇村庄。当地盛产优质乳香，销路很好。有小树类似松树，当地人用刀割开树皮，乳香便从伤口流出，如液体或树胶，产量很大。它们受热后变硬，即为乳香。此处也盛产优质枣子。此处再无事可提，我们继续前行，去哈剌图（Calatu）湾。

第一九五章
哈剌图城

哈剌图大城也是一国，位于祖法儿城西北约600英里的哈剌图湾内，濒临海边。城中人都是萨拉森人，隶属于忽鲁模思，生活富足。每当忽鲁模思王与更强之军争斗时，都要避来哈剌图城，因为这里地理位置优越，适于防守，他在此不惧敌军。此地不产谷物，赖商船载之前来贩卖。该城是上好良港，无数商船载印度货物云集于此，大受欢迎。香料等货物由此城运往内陆许多城镇村庄，大批优秀阿拉伯战马也从这里运往印度，商人获利颇丰。该城位于哈剌图湾的入口，若城主不允许，任何船只都不能进出此湾。于是隶属于起儿漫苏丹的忽鲁模思王，亦即哈剌图城主，可向苏丹施加巨大压力。若起儿曼苏丹向忽鲁模思王或其兄弟征收超出常理的重税，而后者拒绝缴纳，苏丹就会派军来讨伐。于是他们就离开忽鲁模思，乘船来此城，封闭海湾，不许任何船只进入，使起儿漫苏丹无法收取从印度等地运来商品的关税，损失不少钱财。于是苏丹只能与忽鲁模思王讲和，降低税率。忽鲁模思王有城堡一座，与哈剌图城同样坚固，甚至还要更坚固。城堡中人能随时监视往来船只，更好地控制或封锁海湾。居民以当地盛产的枣、鲜鱼和咸鱼为生，富贵人家可以吃从异邦运来的粮食。我已介绍了哈剌图城和哈剌图湾，现在我们离开这里，去看忽鲁模思城。从哈剌图城出发，向西北和北方之间走300英里，即至忽鲁模思城；走500英里，即至上文中之怯失城。我们放下怯失不提，先来看看忽鲁模思城。

第一九六章
忽鲁模思城

忽鲁模思是一大城，位于海边。其统治者名"蔑里"（Melic，等级名称，相当于侯爵或公爵），隶属于起儿漫苏

197

丹。该城辖数个城镇村庄，居民都是萨拉森人。当地气候酷热难耐，所有住宅都有通风装置，装在风吹来的那一边，引风入室，以此降温。此外再无别事可述，因为我们上文已讲过忽鲁模思、怯失和起儿漫等地，现在不过是经另一条路回到同一个地方。自此后我们离开这一带，讲述大突厥之事。

印度和埃塞俄比亚诸地已介绍完毕。结束本卷之前，我要回到北方极远处，补述相对尊贵强大的诸州国——简洁起见，我在前几卷中省略了它们。

第一九七章
大突厥

在马可·波罗时代，大突厥有位伟大国王名为海都，是大汗亲兄弟察合台之子、大汗之侄，治下有无数城镇村庄。他是鞑靼人，其部皆为鞑靼人，常有战斗纷争。海都与大汗向来交恶。上文中提到，离开忽鲁模思时，大突厥在其西北，起自基训（Gion）河，北抵大汗疆域。海都与大汗多次交手，因为他希望能分得大汗的部分土地，尤其是契丹和蛮子州的土地，认为这是自己应得的。大汗说很愿意分封土地给按规矩来宫中朝见自己的其他儿子，希望他能像其他受封藩臣一样来朝见，便可分封土地。海都曾多次反叛，不信任其叔父大汗，于是拒不入朝，只说无论身在何处，都会服从大汗，但必不会入朝觐见，怕有去无回。但大汗坚持要他来见。双方各不相让，不止一次兵戎相见。此外，大汗常年在海都国周围驻扎重兵，防止海都军入侵。但海都仍多次入侵大汗疆域，与大汗军队战斗。海都实力强大，其骑兵若倾巢而出可达十万，是百战之师。他手下贵族有不少延续了成吉思汗，也就是帝国奠基人的血脉。成吉思汗首先征服并统治了世上一半土地，因此我称之为"帝国血脉"。闲话少说，接下来我要介绍海都与大汗间的几次战斗，但首先，我要介绍鞑靼人如何全副武装上阵。鞑靼军队的常规武备是：每人上阵时须携剑、狼牙棒、弓和60支箭。其中30支较小，箭尖小而锋锐，用于追敌时远射，另外30支较大，箭尖大而宽，用于近射时中敌人面目、手臂、弓弦（箭尖两侧均可伤敌）。箭若射尽，他们就以剑、狼牙棒或长矛全力搏敌。鞑靼士兵作战之法大率如此。1266年，海都及其堂兄弟召集军队，其一名也速答儿（Iesudar）袭击了大汗手下两位贵族。这两位贵族本是海都之侄，受封于大汗，其一名只

198

伯（Cibai），另一名只班（Caban），均为察合台之孙。海都率六万骑兵进攻两藩主，而对方兵力合计亦有六万骑。十余万大军恶战一场，双方均伤亡惨重。最后海都军胜，落败的两藩主乘良马逃脱，毫发无伤。海都由此傲慢自大，胜利而归，休养生息两年，与大汗相安无事。两年后，海都听说大汗之子那木罕（Nomogan）与长老约翰之孙阔里吉思率重兵镇守哈剌和林，于是复起大军出征。大军长途跋涉，一路没有遇到任何抵抗，终至哈剌和林附近。大汗之子和长老约翰之孙知海都率大军来此，并未灰心丧气，而是振奋勇气，做好充分战斗准备。他们手下共有六万余装备精良的骑兵和大批步兵。知道海都军已距此不远，他们勇敢出战。抵平原上海都军营地后，他们发现其营绵延约十英里，井然有序。闲话少说，两藩主抵达战场的第三天，战斗开始。双方势均力敌，都有六万骑兵，都装备了弓箭、剑、狼牙棒、盾牌等武器。双方均列方阵，各由六中队组成，每中队有万名骑兵和优秀将领。如前文所述，双方士卒在战场上跃跃欲试，只等本方统帅击鼓，方敢接战，其间笙歌不绝于耳。鼓声一起，双方兵卒立刻冲向对方战阵，大战开始。弓箭手频频放箭，箭矢遮天蔽日，如雨如蝗，射死无数士卒战马。人喊马嘶，金铁交鸣，声如雷震，即使上帝此时降下雷电，人们也听不见。双方殊死搏斗，未受伤且精力充沛者先以箭互射，箭尽后收弓入匣，继之以刀棒互搏，战况惨烈。士卒全力互搏，人马之断肢残骸委地。海都身先士卒，提振士气。若其不在前线，其军早已败绩。而对方两位贵族勇武也不下海都，来往乱军之中，逞其英勇，使己方士卒欢呼不已。双方酣战良久，据说这是鞑靼人之间有史以来最残酷的战斗之一。双方都竭尽全力，由晨至暮混战，难分胜负。双方伤亡惨重。多少女子因此战成为寡妇，多少孩童成为孤儿，多少母亲失去了自己的儿子。日落时，大战被迫告一段落，不知胜败如何。双方四肢尚全的士兵退回营帐，疲惫不能行动。伤者无数，辗转呻吟，亟须休息。当晚他们因劳累而很快入睡。次日一早，海都的斥候来报，说大汗派来强大援军，距离已不远。他明白如果再战，自己很难取胜，再僵持下去也没有意义。于是黎明时海都率军带上武器，骑马返回封地。大汗之子和长老约翰之孙见海都军撤走也不去追赶，任其安然离开。他们的士兵已倦于战斗，疲惫不堪。海都率军长途跋涉，一刻不停地回到大突厥的撒马尔罕城。自此后有段时间，他不再挑起战端，但仍是大汗的心腹之患。

第一九八章
大汗言其侄海都为患事

大汗对侵扰其人民、侵略其土地的海都非常愤怒，说如果海都不是自己侄子，早就让他不得好死。但因为这血缘关系，大汗终究还是无法像对待其他敌人一样灭其国、枭其首。于是海都暂时逃过覆灭的命运。现在我要讲讲海都之女的勇武，可称为奇迹。

第一九九章
海都女之勇武

海都有女名阿吉牙尼惕（Aigiaruc），法语意为"明月"。此女美且强壮，其父国中无人能以角力胜之。海都多次要为她择婿，但她一定要嫁给能以武力胜过自己的男子，于是海都答应她自己择配。鞑靼人的习俗是，贵族娶妻不必门当户对，只要女子漂亮就可以。因为他们的社会地位承袭自父系，并非母系。因此娶妻时，男子注重的不是女方地位，而是优雅美丽。海都女见父王允许自己选择夫婿，十分高兴，立刻向各州国放出消息：若有贵族子弟认为能以角力胜她，尽可来宫中应征，胜者即为她夫婿。这消息传遍八方，于是不少年轻贵族来到国中与她比斗，但都被她打败。比赛时，国王、王妃等人集于宫中（他的帐篷搭在平原上，因为鞑靼人习惯在平原上搭帐篷)，王女独自来到国王面前。她穿着华丽的绸缎衣服，本人也非常漂亮。随后求婚者也盛装出场，角力前先达成协议：如果求婚者能胜，王女必嫁之；若王女胜，则求婚者须献上至少 100 匹马给王女。就这样，王女赢得无数赌注，获马万余匹，但始终找不到能胜过她的贵族子弟。她四肢有力，身材高大，是位女巨人。1280 年左右，有位年轻漂亮的王子前来求婚，说他听许多人说过这位少女的英勇，希望能娶她为妻。这位王子的父亲是富有强大的国王。他带着大批随从和千余匹骏马来一试身手。王子来见海都，说想向这位姑娘挑战。海都非常高兴，因为他知道这是个优秀的年轻人，而其父是位伟大国王，名浦马儿（Pumar）。他希望两人婚事可成，于是私下叮嘱女儿要故意输给这位王子。但姑娘严词拒绝，说父亲已经允许自己择婿，如果他想娶她，只有打败自己才可以。于是比赛当天，国王、王妃和宫中所有人都来围观。两位年轻人也来到正殿；男子英俊，女子迷人，就像两颗星辰一样，望之令人称奇。这位王子也很有本事，在他父亲之国中，无人可与他相比，所以他相当自信。两人来到大厅中央，重申了赌注：如果王子赢了，海都之女就会嫁给他；如果他输了，就要留下他带来的1000匹马。王子信心十足，以为自己会轻易取胜。双方说好后，两人就扭在一起开始角力。围观人等私下说，希望王子能取胜，能娶了海都女儿；海都本人及其王妃也盼着如此。两人相抱而斗，时而以足搏之，互相撕扯，非常精彩。僵持许久后，王子还是无法胜过那位少女，最终被她用力甩在宫殿的人行道上。王子恼羞成怒，以为奇耻大辱，起身后留下1000匹马，率随从急奔回国见父王。海都和王妃对此非常痛心，因为他们本希望年轻人获胜。围观人等皆为王子扼腕叹息，因为他是迄今为止最优秀的求婚者。这便是海都女

勇力，她与海都多次出征，参与多场战斗，再没有比她更英勇的战士了。这位少女多次径入敌阵，如擒鸟一般捉住敌方某人而归本队。我已讲完了海都女儿的事迹，现在来谈谈海都与东鞑靼国王阿八哈之子阿鲁浑间的一场大战。

第二〇〇章
阿八哈遣其子往战海都

拥有帝国血统的东鞑靼王阿八哈广有州城土地，其疆域与海都接壤于上文《亚历山大之书》所称之"孤树"。基训河[1]是两国间之界河。为防止海都入侵，阿八哈派其子阿鲁浑率大批骑兵镇守孤树与基训河间。阿鲁浑在此镇守许久，保护周围众多城镇村庄。海都召集大军，并任命其兄弟八剌为帅，去攻打阿鲁浑。八剌聪明谨慎，说愿意接受海都命令进攻阿鲁浑，必全力作战，尽灭阿鲁浑军。于是他率大军远征，一路无话，直至基训河边，距阿鲁浑军十英里处。阿鲁浑知八剌率大军来袭，于是令全军准备，至八剌军营迎击。三天内，双方军队便已全副武装，开进战场。战鼓声起，双方将士奋进，空中箭如雨

---

1 基训河，即为现阿姆河。

下。箭尽后，双方以长矛、剑和狼牙棒互搏，往来奔跑。这是世上有史以来最残酷的一战。人之四肢和马尸遍地，十分惨烈。人喊马嘶，其声大于雷鸣。几个时辰后，地上伤亡者相枕藉。最后八剌不敌阿鲁浑，带残部逃至河边。阿鲁浑乘胜掩杀，任意虐杀溃兵，八剌赖坐骑迅捷得脱。接下来我不再讲海都及其兄弟八剌，来谈谈阿鲁浑如何在其父死后继位。

第二○一章
阿鲁浑回宫夺位

阿鲁浑胜八剌后不久，就从海都处得知其父阿八哈去世，悲痛不已。于是他整顿军队，决定回宫继位，但必须行四十日方可到达。他有叔名阿合马苏丹，知兄弟阿八哈死且侄子阿鲁浑出征在外，欲取王位自立。他率大军赶在阿鲁浑之前径至阿八哈之宫廷，接手权力，自立为王，维持治下秩序。他在宫中发现大量财宝，价值令人难以置信。他将大部分财宝散与贵族军队，意在赢得他们支持。众人被收买，都说阿合马是好国王，都爱戴他、祝福他，说不愿再有其他国王。但阿合马做了件可耻之事——他尽收其兄阿八哈之妻妾，许多人都因此指责他。等侄子阿鲁浑率大军回宫时，他已大权在握。他毫不拖延，也不见慌张，而是勇敢地立即召集贵族和大军。一星期内，他召集大量拥护自己的骑兵，十分自信，认为自己必胜无疑，说要杀死阿鲁浑，或以酷刑折磨他。

第二○二章
阿合马率军迎战阿鲁浑

阿合马苏丹召集六万骑兵，迎战阿鲁浑，行军十日后，知敌军已近，人数与本方持平。阿合马在一美丽平原上扎营，等待阿鲁浑到来，因为此处利于作战。扎营后，他召集将领议事，因为这个狡猾的家伙想了解大家的态度。他说："诸位，你们很清楚，我理应继承我哥哥阿八哈的王位，因为我们同父亲，而且他打下现在的领土也少不了我的功劳。虽说阿鲁浑是他的儿子，而且有人认为阿鲁浑比我更有继承权，但我认为这个主张不公平。此国旧日属我父，他死后本该传位于我，况且我父亲在世时，我应有半国之份，不过是出于礼貌，才却而不受。今天我言尽于此，请你们拥护我，对抗阿鲁浑，那么这个国家仍归我与诸君共治。我只取荣誉和名声，会把治下之利益财产留于诸君。我不再多言。诸君明智且见多识广，必能做出公平抉择，有利于所有人之荣誉和利益。"在场将领贵族闻之，异口同声说：但有一口气在，决不奉他人为主，必将助其抵抗世上一切人，尤其是阿鲁浑。他们请阿合马不必疑惧，因为他们必将阿鲁浑活捉，献与阿合马。阿鲁浑探明手下态度，知道现在他们盼着与阿鲁浑军战斗。现在我们离开阿合马的营帐，去看阿鲁浑及其手下。

第二〇三章
手下劝阿鲁浑往战阿合马

阿鲁浑知阿合马率大军候于前方，非常愤怒。但他故作镇定，免得手下以为自己惧怕，致乱军心。他佯作无事鼓励士气，同时召手下议事。众人齐集于他帐中（因为他们在非常美丽之处安营扎寨），他说："诸位藩主，我的兄弟亲朋，你们肯定还记得，我父王昔日有多爱护你们，视你们为兄弟晚辈。你们的父亲也曾与他并肩厮杀，征服土地。而我作为他的儿子，也像他一样爱你们。既然如此，请你们帮我再次夺回曾属于我父亲和你们的一切。这是天经地义的。那个人失去理智，践踏了我的权利，犯下弥天大错，把我们和家人赶出了家园。你们都见到了，他不信奉我们的教义，却成为萨拉森人。萨拉森人如何能统治鞑靼人呢？这是大逆不道。亲爱的兄弟亲朋，既然你们明白所有情况，就必须鼓起勇气，坚定意志，采取行动，夺回我们的土地。请大家鼓起勇气，捍卫我们的权利，各尽自己最大能力行使职责，勇敢与他们对抗，赢得这场战斗，从萨拉森人手中夺回统治权。愿神惩罚他！公义属于我们，罪恶归于敌人。我言尽于此，请诸位三思。"

第二〇四章
手下答阿合马

在场诸人听阿鲁浑一席话，都暗自决定奋力而战，不惜与敌同归于尽。寂静之中，有位大藩主起身说："公正的阿鲁浑殿下，我们知道您是正义一方，所说的都是实情。我代表所有曾与您并肩作战的人发誓：有生之年绝不相负，必将死战以得胜利。我确信此战必胜，因为我们师出有名，而错在敌方。请您下令全军尽快出发，袭击敌军。请诸君奋力作战，以扬名于世。"在座人等都同意他的话，盼着与敌人作战。次日阿鲁浑军早起，满怀信心去攻击敌军。他们骑马来到敌人扎营的平原，营地布置井井有条，离阿合马的营地近十英里。扎营完毕后，有将领建议派使者至阿合马处，看看对方想说什么。于是阿鲁浑派两个亲信去见叔叔阿合马，捎去口信。

第二〇五章
阿鲁浑遣使见阿合马

这二位亲信均年事已高，得令后毫不拖延，立即骑马上路，径至阿合马营。他们在阿合马大帐前下马，见其与大批手下在一起。手下立刻引他们至阿合马面前，双方彼此认识。使者礼貌地见过阿合马，后者和颜悦色地请他们入帐赐座。寒暄后，两位使者中的一位起身说："阿合马大人，您的侄子阿鲁浑对您所做的一切非常惊讶，您从他手中夺走了封地王位，又率军来攻打他。叔侄间不应如此。阿鲁浑派我们来好言相请。他视叔如父，请您收手，不要与他自相残杀。他愿视您如父辈，尊您为他领土之主。这就是您侄子命我们转达的意思，愿您听取。"

第二〇六章
阿合马答阿鲁浑使者

阿合马苏丹听后回答："两位使者，我的侄子说的不是实情。我只是取回我应得之土地，并不是从他手中夺取。我与其父并肩作战，开疆拓土。如果我的侄儿愿意，我会待其如子侄，封他大片土地，让他成为大藩主，比之我宫廷中地位最高的贵族也毫不逊色。如果他仍不满足，就战场上见吧，我会不遗余力地杀掉他。不必再同我讨价还价了。"两位使者再次说："除此之外，再没有解决办法了吗？"阿合马说："除非我死，此议不变。现在赶紧回去吧，别把小命丢在这里。"使者不再停留，骑马回到本营，在大帐前下马，将阿合马的态度转告阿鲁浑。阿鲁浑勃然大怒，扬声说："吾叔犯此大错，行此大恶事。此仇不报，我有何面目活于世上？如何再治国？"其声甚大，左右皆闻。他对手下说："不必再拖延，要尽快杀掉那些背信弃义的人。明天一早我们就上战场，尽一切努力打败他们。"他命大军连夜做好准备，而阿合马从斥候处得知，阿鲁浑要在清晨发起战斗，于是也做好准备，鼓励士气，命手下奋勇出击。

第二〇七章
阿鲁浑与阿合马之战

次日黎明,阿鲁浑令全军准备,排兵布阵,叮嘱将士,此后率军迎敌。阿合马苏丹也召集大军,不等阿鲁浑至,即出营迎敌,不久两军即接。已而鼓声大震,两军皆急于作战,于是冲向对方阵线。箭矢遮天蔽日,如同飞蝗。双方恶战一场,骑兵坠马,哀号喊叫惊天动地。箭射尽后,士兵以剑和狼牙棒互搏,人之四肢头颅坠地者无数。人喊马嘶,金铁交鸣,声震如雷。双方死伤甚重,无数遗孀将终生号泣。阿鲁浑在阵上颇神勇,能为大军表率,但终究不敌命运,一再败退。阿合马率军掩杀,重创阿鲁浑军,生擒阿鲁浑。此后他们就不再追赶,欣喜若狂地返回营地。阿合马命人严加看守阿鲁浑,自己入后宫享乐,把军队委托给副手,一位大藩主代管,还命他像在意自己身体一样看管阿鲁浑。阿合马还命他缓缓行军,免得士卒疲劳。然后阿合马率大队随从迅速回宫,因为他距宫中有十五日程。另一方面,阿鲁浑被囚,悲伤欲死。

第二〇八章
被囚之阿鲁浑谋划脱身

阿合马帐下有一富有之鞑靼贵族,年事已高,非常同情本应是自己的合法领主的阿鲁浑,认为囚禁自己主人,是极大之罪恶和不忠,愿尽力放他自由。他立即联络其他贵族,说囚禁领主乃是大错,应放其自由,奉其为主,因他本该在其位。其他贵族视此人为最贤明者,觉得他言语不虚,愿与之共谋。诸人议定,主谋不花(Boga)以及从者宴之歹(Elcidai)、脱欢(Togan)、忒罕纳(Tegana)、塔哈(Tagaciar)、兀鲁鰐、撒马合儿(Samagar)等同去见阿鲁浑。入其被囚之帐中后,领头的不花说:"阿鲁浑殿下,我们囚禁您,是犯了大错,愿有机会改正。我们会放了您,拥戴您为我们的领主,王位本该是您的。"

第二〇九章
阿鲁浑脱困得王位

阿鲁浑以为不花在嘲笑自己,悲愤答道:"诸位大人,你们本应奉我为主,却把我投入囹圄,这已是极大的罪过。难道你们还不满足，现在还要来嘲笑我吗？请走开吧，不要再嘲笑我了。"不花说："阿鲁浑殿下，我们以信仰和教义发誓：我们句句实言，并不是在嘲笑您。"然后所有贵族发誓奉阿鲁浑为主，而阿鲁浑也答应永不因他们囚禁自己而报复，将像自己父亲阿八哈一样，视其为兄弟手足。随后众人立释阿鲁浑，认其为主。阿鲁浑命人向代阿合马统军之将领帐中射箭。话音刚落，便有箭矢射入其帐，阿合马之副手立毙。随后全军拥戴阿鲁浑，阿鲁浑言出必随。那位奉阿合马之令暂统军队的藩主名琐勒聃（Soldan），是阿合马之下最大藩主。就这样，阿鲁浑夺回统治权。

第二一〇章
阿鲁浑夺权

阿鲁浑掌控全军后，便回宫廷，希望能打阿合马一个出其不意。他们立即班师。某日，阿合马于宫中举行盛大宴会，有使者来报："领主，我虽不愿，但还是给您带来了极坏的消息。众藩主释放了阿鲁浑并奉其为主，还杀死了您的密友琐勒聃。他们正向此处急行军，要尽快抓住并杀死您。快做准备吧。"阿合马知此人值得信赖，对此沮丧而害怕，茫然无措。但他强自振作，镇定地命此使者守口如瓶，不要将此事告诉任何人。使者欣然从命。阿合马立即与亲信上马，飞奔回巴比伦老巢，以期逃得一命。除了与他同行者，无人知其何往。六日后众人至一狭窄隘口，乃是必经之地。守卫者认出阿合马，见他仓皇逃命，决心擒之——这不难做到，因为阿合马所带随从不多。事实也正是如此，守卫立刻捉住了他。阿合马向守卫求释，许以重金。然而守卫忠于阿鲁浑，说即使送他世上所有财宝，他也要把俘虏献给自己的真正主人阿鲁浑。守卫知阿鲁浑已夺权，于是立即召集多人随自己上路，去宫中见阿鲁浑。众人看守阿合马甚严密，阿合马苦不得脱。他们马不停蹄，直抵宫中见阿鲁浑。当时他已入宫三日，见阿合马窜逃，十分愤怒。

第二一一章
阿鲁浑杀其叔阿合马

守卫带阿合马来见阿鲁浑，说："殿下，我带这个不忠不义的恶徒来见您，您可任意惩罚他。"阿鲁浑欣喜若狂，再没比这更大的乐事了。他对阿合马说："哦，你这恶棍、叛徒。你想怎么造我的反？做我一人之下的大藩主都不够吗？还要夺走我的王位，置我于死地吗？被我抓住，你算是死到临头了。"他说要以彼之道，还施彼身。他愤怒地命人把阿合马带下去，乱箭射死，弃其尸。他的命令被即刻执行，于是这对叔侄的恩怨就这样结束了。

第二一二章
众贵族效忠阿鲁浑

阿鲁浑处死叔父后，即升正殿继位。曾臣服于其父阿八哈的四方藩主均来朝贺，奉其为主。阿鲁浑站稳脚跟后，即派儿子合赞率三万骑兵前往枯树(孤树)，像自己之前那样镇守一方，免得有敌军侵略，1286年。阿合马苏丹在位两年，阿鲁浑六年。六年后，阿鲁浑因病去世，但有人说他是被鸩亡的。

第二一三章
阿鲁浑死后乞合都掌权

阿鲁浑死后，其叔乞合都（阿鲁浑父亲阿八哈之亲弟）知其子合赞领军在外，抢先夺取王位。合赞听闻父亲噩耗，极其悲痛；又知乞合都夺位，勃然大怒。但他怕有外敌入侵，不敢擅离职守，只好说要伺机复仇，一如其父向阿合马复仇那样。乞合都夺位，除合赞一党外，人人尊奉他。其遂沉溺于女色，在位两年后死，据称为人鸩杀。

第二一四章
乞合都死后伯都掌权

乞合都死后，其叔伯都（Baidu）于1294年得位，人人服从，唯合赞及其军不奉命。合赞知乞合都死，其叔伯都掌权，十分愤怒，因其无法亲自向乞合都复仇，但称要对伯都复仇，必使世人皆知。于是他不再伺机，立刻召集人马，准备回宫夺位。伯都知合赞来攻，也集结军队，行十日后安营扎寨，鼓舞士气，等合赞军至。扎营不过二日，合赞军即至，两军当即交锋，战况激烈。伯都本应能与合赞打持久战，但天公不作美，开战后他麾下不少将领转投向合赞。于是伯都战败被杀，合赞取胜，为全境主宰。他回宫夺位，所有藩主都效忠于他，奉他为主。合赞于1294年夺位。这就是东鞑靼国主由阿八哈至合赞的传承。此外，征服了报达的旭烈兀是

伟大的忽必烈汗的兄弟，也是上述诸王之祖（他是阿八哈之父）。我已讲完东鞑靼国，现在再次转向大突厥。但大突厥及其王海都之事上文已述，在此不再赘述。我们离开此地北上，介绍北方各州。

第二一五章
北境之王宽彻

在马可·波罗的时代，北极之外的北境有国名宽彻（Conci），与其臣民皆为鞑靼人。与成吉思汗及其他真正鞑靼人一样，他们遵循古时祖先传下来的野蛮鞑靼律法和风俗，崇拜偶像。他们以毛毡制成神像（正如本书第一卷第六十九章所述鞑靼风俗一样），称其为纳的该，并为其妻造像，认为这两位神明能保佑他们和他们的妻子，以及所有牲畜和土地出产之谷物。他们极尊崇此二位偶像，凡有美食，便以油涂神口，谓神已享用过，但其生活如禽兽。宽彻国王不向任何人称臣，但其确为成吉思汗后裔，有帝国血统。该国无城镇村庄，居民住在平原山谷，或高山森林（此地多林）中的帐篷里，随季节迁移。人民以畜肉牛奶为生，不食谷物。国王所辖人口众多，但不愿与别国争战，以和平为王之职责，因此居民生活平和。他们有羊、骆驼、马、牛等众多牲畜。当地有大如公牛之白熊（高二十余掌）、黑色大狐、大野驴、大如猫之貂等众多野兽。当地人以貂皮作裘（见本书第二卷第九十三章），价格极高，男裘一件价值一千贝赞特银币。此处灰鼠甚多，皮毛精美而昂贵。夏季有旱獭可捕，不必再狩猎其他野兽，因其体型虽小，但数量奇多，整个夏季可以其肉为食。他们生活的地方蛮荒而偏僻，野兽极多。该国王治下大多地域荒无人烟，如同沙漠。有片地区多水源，地面泥泞不堪，又因天寒地冻而常结冰（一年中唯有数月融化），冰面却又不够厚，所以无论马牛驴驼等大牲畜，还是船只都无法通过。这片地区绵延十三日程，虽路途难行，但有上述珍贵皮毛，利润奇大，所以当地人想方设法去那里。这十三日程中，相隔每一日程，都有一驿站，有几处木屋，可供人舒适居住。外来商人和领主信使都在那里住宿。每驿站都有专人饲养大狗，体型仅比驴小一点，善于拉雪橇，就像我国的牛一样，被称为"sliozola"，在意大利语中被称为"tragie"或"tregule"。信使往来即以其拖拽雪橇。雪橇是此处主要交通工具，因为马匹和马车无法在泥泞中或冰面上行走。雪橇以轻质木材制成，无车轮，底部平坦光滑，末端翘起呈半圆，可在冰面和泥沼上飞速滑行。雪橇犬很强壮，也习惯于此工作，若雪橇负载不重，它们可以轻易将其拖过泥沼，不会陷于泥中。我国也有不少人使用雪橇，比如山民和农人在冬天雪后或雨后以雪橇搬运干草。每橇铺一熊皮，使者坐其上。驿站中人以轭套六犬，两两成对，有序排列。这些大狗不必引导，就能穿过冰面和泥潭，径直奔向下一驿站。驿卒亦乘一雪橇，一方面为照应使者雪橇，一方面为了喂狗。他抄捷径至下一驿站，通知另一雪橇及驿卒已准备就绪，要再奔下一驿站。使者便换乘雪橇，前一驿站的驿卒便带雪橇犬返回前站。十三日中日日如此，盖因雪橇犬无法连奔十三日，必须轮流奔行。如此直到使者入山，购买皮毛后再回到平原上的出发地。这十三日程中，所见之山民皆为优秀猎人，猎取有珍贵毛皮的貂、银鼠、灰鼠、黑狐等小动物无数，获利颇丰。聪明的猎人设置陷阱，任何动物都无法逃脱。此外，此地严寒，所有住宅都埋于地下，否则居民无法生活。当地人都不甚美。再无他事可述，我们离开此地，去一常年黑暗之州。

第二一六章
黑暗之州

从此国北上甚远，有一州被称为"黑暗谷"，名副其实，一年四季那里不见日月星辰，终年黑暗，与我国之黄昏拂晓相同。因为此地被浓雾笼罩，从未散开，使人视物不清。当地居民没有国王，野蛮不开化，如野兽般生活。鞑靼人住在他们附近，偶然会入侵该地，抢劫牲畜财物，给他们造成巨大损失。因此处黑暗，入侵鞑靼人怕劫掠后找不到归途，便骑着带马驹的母马来此地，将马驹留在该国入口外面，由专人看管。这样他们劫掠归来时，母马自然会循气味找到小马，比人类更能识路。骑手松开缰绳，任母马自行寻路，长嘶着回到马驹身旁。于是鞑靼人马能出此地。当地人有大量珍贵毛皮，因其境内多有上述极贵之貂，又有银鼠、北极兽、灰鼠、黑狐等其他毛皮野兽。他们都是能干猎人，于夏天太阳终日不落时能搜集许多毛皮，比鞑靼人更多，所以鞑靼人才来此抢劫。此外，夏天他们会将所有毛皮出售给邻近光明之国的居民，后者再将其转卖给商人，获利颇丰。这些人外表英俊，体型魁伟，四肢匀称，唯因常年少见阳光而皮肤苍白。大斡罗思（Rosie）州一端与此地相接，上述之毛皮部分销至大斡罗思。再无他事可叙，我们离开这里，去斡罗思州。

第二一七章
斡罗思州及居民

斡罗思州地域广大，位于极北之境（上述黑暗之州所在处），被分为不少地区，有国王数人。其居民是基督徒，遵守希腊教的准则和仪式，自有语言。他们生性简朴，无论男女皆肤色白皙，金发碧眼。他们有重兵把守坚固的入口和关隘，除西鞑靼国王脱脱（Toctai）外，不向任何人纳贡，即便纳贡也不算多。西鞑靼国与其东部相接。此地人不以商业为生，但饶有貂、狐、银鼠、灰鼠、北极兽等珍贵毛皮，堪称世上最好最美，而且价值极高。当地银矿储量丰富，盛产白银。该州广大，直抵北海，辖海中岛屿，岛上有许多猎鹰矛隼，销往世界各地。斡罗思与诺罗克（Noroech）之间道路不多，若不是严寒，很快可达。斡罗思是世间最冷之处，人或动物都深为之所苦。若没有窑屋，当地人难免冻死。当地人虔诚地修建窑屋，就像我国人修医院一样。若有需要，当地人就跑去取暖。当地无处不冷。若有人外出做生意，途中可能在赶到窑屋前就被冻僵。据说窑屋间相距仅60步，但若动作不快，行人仍可能冻僵在中途。他靠一个又一个火炉窑屋取暖，直至到达家中或其他目的地。他们总是尽快奔跑，但若有衣着不够厚、年纪大或身体弱的人，抑或离窑屋太远，常会冻僵在中途。其他路人便立即将他抬到窑屋中，脱掉他的衣服，取暖后他会恢复知觉。窑屋的建造方式如下：以粗木层层重叠，围成方形，木材之间紧密无间，接缝填以石灰等物，免得漏入风雨。屋中有许多木柴供炉子燃烧。天花板上开窗，以放出烟雾。烟散尽时，天窗被厚毛毡挡住。炉中尚有余烬，仍相当热。炉子下部侧面也有一扇窗，平时用厚毛毡挡着。若刮大风，但里面的人又想有光线，就打开天窗。供人出入的门也挡着毛毡。富贵人家有私人窑屋。为御寒，所有门窗都关得很严。他们用蜂蜜和麦子酿出美酒，被称为"瑟伯西亚"（Cerbesia）。常有一大家子三五十人聚在一起，大肆饮酒，富贵人家尤甚。每当喝酒时，人们先推举出一"国王"，

210

若有人说话不恰当或行事不妥，就会受"国王"惩罚。有客栈老板出售瑟伯西亚，于是有人带着一大家子，呼朋唤友，整天都泡在那里喝酒。晚上打烊前，老板会过来算账，每人支付自己家人消费的那部分。有嗜酒如命的人，还会把孩子卖给来自加卡里（Gacarie）、速达克等地的商人，换到的钱用来喝酒。有时女士们终日待在桌边，懒得离席去解手，便命女仆把大海绵垫在身下偷偷解手，别人不会看到。一名女仆装作同女主人讲话，另一名女仆把海绵垫在下面，等海绵接满后撤走。当地人使用的大额货币是半步长的金条，每根价格约为五格罗西；小额货币是貂的头。再无他事可述，我要离开斡罗思，讲讲黑海周围有何州城居民——首先要谈君士坦丁堡。但我要先讲瓦刺乞（Lac）州。它位于北方与西北方之间，与大斡罗思州接壤，自有国王。居民包括基督徒和萨拉森人，以工商业为生。此地盛产优质毛皮，行销各地。再无其他可提，我们现在去黑海，首先从其海口和君士坦丁堡海峡开始。

第二一八章
黑海口

黑海口西侧有山名发罗（Far）。黑海已有多人熟悉，我在此不再赘述。我要离开它，介绍西鞑靼国及其君主。

第二一九章
西鞑靼国王

西鞑靼国首位君主名赛因（Sain），是一强大国王，曾取斡罗思（Rosie）、克里米亚（Comanie）、阿兰刺克（Lac）、蒙吉儿（Mengiar）、西克（Cic）、古提亚（Gutia）和加卡里（Gacarie）部分地区，此前上述各地都属于库蛮。然而他们未经统一，居民流离失所，散居各方，留在当地的人都成了赛因王的奴隶。赛因王之后有拔都王，拔都王之后有别儿哥王，别儿哥之后有忙哥帖木儿（Mongutemur）王，忙哥帖木儿后有脱脱蒙哥（Totamongu）王。接下来我要讲述东鞑靼国王旭烈兀和西鞑靼国王别儿哥之间一场大战的原因、过程和结果。

第二二〇章
旭烈兀与别儿哥之战

1261 年，东鞑靼国王旭烈兀和西鞑靼国王别儿哥之间爆发大战，其导火索是两王均欲将两国间一州收为己有，都自以为国力强盛，相持不下。二者均挑衅对方，说要取此州，看何人敢阻挡。于是二王各召军队，以前所未见的规模筹措军备，倾尽全力，必要成功。互相挑衅后不满六个月，他们就各自召集 30 万名骑兵，全副武装，准备迎敌。东鞑靼国王旭烈兀率军上路，行军多日，一路无话，直到铁门及里海（Sea of Saray）间一大平原。他们安营扎寨，井井有条，营中有许多华丽亭台帐幕，望之似富人居所。旭烈兀说要在此等待别儿哥及其大军。此地位于两国边界。现在我们离开旭烈兀军，去看看别儿哥军。

第二二一章
别儿哥率军攻旭烈兀

别儿哥准备就绪，知旭烈兀已出征，便也出发，骑行多日后亦至大平原安营扎寨，距旭烈兀不到十英里。其营地与旭烈兀之营一样富丽，有镶金嵌宝之金锦帐幕，见者无不称赞，说再没有比这富丽的营地。别儿哥有 35 万骑兵，多于旭烈兀之军。全军在帐篷里休息两天。第三天，别儿哥召集手下议事。他说："诸君知我治国以来，爱汝如爱兄弟儿子。汝等曾与我并肩作战，征服了大半国土。我与君共治此国。既如此，每人必须尽力，维护吾等荣誉。目前为止，大家都做得很好。但旭烈兀这位强大人物向我们挑战，师出无名。公义在我们这边，大家必须振作起来，赢得这场战斗。别忘了，我方士兵多于敌方。他们只有 30 万骑兵，而我们有 35 万，都身经百战，甚至比敌人更强。显而易见，我们将是这场战争的胜利者。我军远道而来，就是为了打这场仗。希望我们能在三天后胜利。我尽我所能为大家祈祷，愿你们奋力作战，震慑敌军。我言尽于此，唯求人人在上战场前都能做好充分准备，奋勇向前。"现在我们离开别儿哥及其大军，介绍旭烈兀得知别儿哥军来袭时，如何准备应战。

第二二二章
旭烈兀之战前动员

旭烈兀知别儿哥率大军来此，于是又召集大量优秀将士议事。见众人聚集，他说："诸兄弟友朋，我一生赖你们帮助，赢得许多战斗，无往不胜。今天我们要与别儿哥大战，两军人数相等，甚至敌军还要更多，但他们的士兵不如我们勇敢善战。就算他们的人数翻一倍，我们的战士也要打他们个落花流水，让他们无地自容。有斥候来报，他们将在三天后进攻。我闻此信非常高兴，请大家届时做好万全准备，奋勇杀敌一如往昔。请别忘记：宁马革裹尸，保护自己的荣誉，这样才能击溃敌人。"这就是旭烈兀的战前动员。现在我已介绍了双方的战前准备，他们正翘首期盼战斗打响。

第二二三章
旭烈兀、别儿哥之大战

大战当日，旭烈兀清晨即起，命全军武装，明智地排好阵形。他分全军为30队，每队有一万骑兵，以良将统率。他分兵已毕，便命诸队进击敌军。大军立刻全速出发，至两军营帐之间，静立于彼，以待敌军。另一方的别儿哥军也清晨即起，全副武装。他精心排列35队，每队有一万骑兵，以良将统率。布置完毕后，别儿哥令全军进发，行至距敌军半英里之地，稍作停顿，然后继续向前，迎击旭烈兀军。两军行至相距两箭之地，皆停止以待将令。战场位于远近所知最平坦开阔之平原，便于骑兵作战。很少有这么多士兵同时作战——双方共有65000名骑兵。旭烈兀和别儿哥均是世上雄主，都是成吉思汗的后裔，有血缘关系，但不属同一支系。

第二二四章
再言旭烈兀、别儿哥之大战

双方对峙，俄顷战鼓大作，于是双方士兵立刻向敌阵冲锋。弓箭手开弓放箭，箭矢遮天蔽日，如雨点般落下。人马死者卧于地，不可胜数。每轮能射出这么多箭，令人难以置信。只要箭袋中有余箭，弓箭手就不断射出，地上伤亡者无数。箭尽后，士兵以长矛、剑和狼牙棒拼尽全力相搏，战斗之酷烈令人心悸。地上人马之四肢及尸体无数。从来战事未见有死伤胜于此战。人喊马嘶，金铁交鸣，胜似雷鸣。满地伏尸，血流漂杵，生者须踏尸以进。长久以来，世上不见此恶战。受伤不起者哀号哭泣，令人心痛。战后将有无数妇女守寡，无数孩童失怙。他们都深恨敌人，是以战斗毫不留情。旭烈兀王久经战阵，表现出色，无人能及，配得上他的国土和王冠。他身先士卒，以做大军表率。士兵见其勇武，士气大振，重创敌军。他就像上帝降下的风云雷电，不似凡人。旭烈兀在此战中表现如此。

第二二五章
别儿哥之勇武

别儿哥亦勇武，值得人称赞，但无益于战况。其军士死伤太多，士气消沉。战斗至晚不休，别儿哥军终至溃逃。他们纵马疾驰，而旭烈兀军从后掩杀，又杀之甚重。别儿哥军受追杀之惨，观之可悯。久之旭烈兀军不再穷追，而别儿哥军归营帐卸甲，伤者得清洗包扎。他们筋疲力尽，迫切需要休息。次日黎明，旭烈兀命将己方及敌军尸体火化，此后率余部归国。他们虽赢得此战，仍伤亡惨重——当然他的敌人死伤更多。亡于此战者不计其数，听到的人都难以相信。关于此战再无可述，接下来我要介绍西鞑靼国某场战斗。

第二二六章
脱脱蒙哥成西鞑靼国王

西鞑靼国王忙哥帖木儿死后，年轻的秃剌不花（Tolobuga）继王位。然有强大领主脱脱蒙哥与邪恶鞑靼国王那海（Nogai）共谋，杀秃剌不花，夺得政权。脱脱蒙哥在位不久即死，王权落入英明慎重的脱脱（Toctai）之手。此时被杀害的秃剌不花两子年纪渐长，娴于武事且聪明谨慎。两兄弟召集人手，赴脱脱王之宫廷，为其被夺走之封地鸣冤。他们来到脱脱面前跪倒，执礼甚恭，因脱脱威严故也。脱脱礼遇二人，命他们平身。两人中之兄长说："公正的脱脱王，请听我们来见您的原因。我们是您最忠实的仆人，我们的父亲秃剌不花被脱脱蒙哥和那海共谋杀害。脱脱蒙哥已死，不必多言。但我们求您对尚在世的那海伸张正义。您是位公正的统治者，而他杀害了我们的父亲。这就是我们来此的请求。"

第二二七章
脱脱遣使问秃剌不花之死于那海

脱脱知此二子所讲是实情，于是回答："你们求我治那海罪，我乐为之。我会召他来庭上，依律办事。"随后他派二使者召那海前来，要问秃剌不花死之罪。那海嘲笑使者，拒绝前往。于是二使者回到脱脱宫中，转致那海的回答。脱脱勃然大怒，大声说："若神佑我，必使那海来此向秃剌不花之子认罪，否则我必起大军讨之。"然后他立即派另两名信使给那海捎去口信。

第二二八章
脱脱再遣使见那海

两名信使骑马径至那海宫廷，上前行礼，那海欢迎他们。其中一信使说："大王，吾脱脱王称，若您不去他的宫廷向秃剌不花之二子认罪，他会尽起大军来讨，给您的财产和人身造成重大伤害。请您三思，吾等可转致您的回复于吾王。"那海听后轻蔑地回答信使："请立刻回报汝主，要战便战。若他敢来进攻我，我必率军迎之于路。"信使听罢不再停留，立刻骑马上路返见脱脱，把那海的回答原封不动地告诉他。脱脱见不免一战，便立即派使者至各地，召唤部众，命其率军讨伐那海。他大筹军备，而那海也料到脱脱会带着两兄弟及大军来攻，也开始准备。然而其手下部众不少，但兵力不如脱脱之强，但他仍尽全力召集军队。

第二二九章
脱脱征讨那海

脱脱准备好后就率20万骑兵上路，一路无话，直到抵达美丽的赖儿吉（Nerghi）平原，扎营等待那海，知那海将领兵来战。秃剌不花之二子亦率精锐骑兵随行，准备为父报仇。另一方面，那海知脱脱进军，于是马上率军出征。他手下有15万骑兵，皆勇敢战士，比脱脱军士更优秀。脱脱抵达平原两天后那海即至，在十英里外扎营，井井有条。营地中多有美丽的金锦帐幕，如富强国王之营。脱脱帐篷亦极华丽，犹有过之。平原之上有如此多的富丽大帐，令人惊叹。双方在平原上休整十日，为战斗养精蓄锐。

第二三〇章
脱脱之战前动员

脱脱召集手下议事,说:"诸位勇士兄弟,我们来此与那海战,师出有名。那海不向秃剌不花之子认罪,反而傲慢地要求他们去他的宫廷,这样才有了这场战争。既然他背离正道,此战就必输无疑,而我们将会获胜。请大家振作精神,坚定必胜的信念。我希望诸位勇敢作战,超越自我,置敌于死地。"在另一方,那海也召集将士,说:"亲爱之兄弟友人,我们已经多次赢得伟大战斗,打败过无数比当下敌人更强大的人。既然真相如此,我们要有必胜的信念。道义在我方,不在敌方,因为你们大家都知道,他不是我的领主,却命我去他的宫廷认罪。我不再多说,唯愿大家同心协力赢得此战,扬名世间。"两王各自动员大军后,不再拖延,令全军武装,准备次日交战。脱脱手下有20队,每队有一良将统领;那海有15队,每队有一万骑兵,由一良将统领。双方整队已毕,即相向而行,至一箭之距停止。俄顷,战鼓声起,震耳欲聋,双方将士冲向敌军阵营,箭矢遮天蔽日,坠落如雨。人马死伤者甚众,尸体相枕藉。箭尽后,士兵以剑和狼牙棒全力打斗,战况惨烈。四肢头颅被砍断,骑兵们伤亡倒地,地上尸体无数,血流漂杵。人喊马嘶,金铁交鸣,压过雷声。此战中死亡人数,此前没有哪场战斗能比得过。但毫无疑问,脱脱军受创更重,因为那海军作战较强。此外,秃剌不花之二子表现出色,武功超群,奋勇杀敌欲报父仇。但所有这些都是徒劳——要置那海于死地,是一大难事。此战残酷,有无数精锐战士死于是役。无数妇女因此战寡居。脱脱临敌勇武,竭尽全力提振士气,维护自己的荣誉。他表现出色,不慎生死,以身作则。他左冲右突,所过之处,杀人无算,友军敌军皆受其害。因其手刃敌军甚多,而友军被其鼓励也殊死搏斗,因此阵亡者不少。

第二三一章
国王那海之勇武

那海之神勇冠绝一时,两军阵中无人能比,此役之赞誉独归于他。他来去敌阵中,如狮入兽群,杀人伤人无数。每见敌军聚拢,他便冲杀过去,击溃敌军如驱小畜。其手下见主将勇武,皆效之,全力杀敌,大破敌军。脱脱军全力对敌，但也是徒劳，大势已去。他们伤亡惨重，心下明白若再拖延，只会白白丢掉性命，于是败逃。那海军趁势掩杀，又杀人无算。是役死者达六万，伤者无数，然脱脱及秃剌不花二子得脱。要知道，此战脱脱并未出全军，因那海军比他的军队人数少四分之一，他以为当下兵力足以取胜。但那海军更勇敢，且更娴于战阵，是以大败脱脱。后脱脱集全部武力击败那海，杀那海及其四子（皆勇武且久经战阵之人），得为秃剌不花复仇。

我已讲述了鞑靼人和萨拉森人的风土人情，以及世上不少国家的情况，独余黑海沿岸诸州，因该地为众人熟识，有威尼斯人、热那亚人、比萨人等终日探索航行。因此若我再介绍，难免被视为画蛇添足，令人厌烦。本书开头讲述了大汗如何殷切挽留马菲奥、尼科洛和马可，不许其返乡，以及他们得以归国的良机。若无此良机，吾等离开大汗便是千难万难，甚至也许永不得返乡。但我相信，是上帝佑我等回乡，以使吾等之见闻传于世间。正如本书引言所说，没有哪位基督徒、萨拉森人、鞑靼人和异教徒像尼科洛·波罗的儿子、威尼斯之尊贵公民马可阁下一样，游历过世上那么多地方。

感谢上帝　阿门

[全文完]

马可波罗行纪

作者 _ [意] 马可·波罗　编 _ [英] 慕阿德　[法] 伯希　译者 _ 兰莹

产品经理 _ 陈悦桐　装帧设计 _ 文薇　产品总监 _ 李佳婕
技术编辑 _ 顾逸飞　责任印制 _ 刘世乐　出品人 _ 许文婷

营销团队 _ 果麦经典营销组：王维思 谢蕴琦

鸣谢

马晓林

果麦
www.guomai.cn

以 微 小 的 力 量 推 动 文 明

图书在版编目（CIP）数据

马可波罗行纪 /（意）马可·波罗著；（英）慕阿德（Arthur Christopher Moule），（法）伯希和编；兰莹译. —— 南京：江苏凤凰文艺出版社，2024.3
　　ISBN 978-7-5594-8176-4

Ⅰ.①马… Ⅱ.①马… ②慕… ③伯… ④兰… Ⅲ.①《马可·波罗游记》 Ⅳ.①K919.2

中国国家版本馆CIP数据核字（2024）第008157号

马可波罗行纪

［意］马可·波罗 著　［英］慕阿德　［法］伯希和 编　兰莹 译

出 版 人	张在健
责任编辑	白　涵
特约编辑	陈悦桐
出版发行	江苏凤凰文艺出版社
	南京市中央路165号，邮编：210009
网　　址	http://www.jswenyi.com
印　　刷	河北尚唐印刷包装有限公司
开　　本	710毫米×1000毫米　1/16
印　　张	14
字　　数	200千字
版　　次	2024年3月第1版
印　　次	2024年3月第1次印刷
印　　数	1—8,000
书　　号	ISBN 978-7-5594-8176-4
定　　价	88.00元

江苏凤凰文艺版图书凡印刷、装订错误，可向出版社调换，联系电话：025-83280257